DONAU

DUMONT REISE-TASCHENBUCH

Daniela Schily

DONAU

LAND & LEUTE

An den Ufern Europas

Kultur und Leben

Inhalt

REISEINFOS VON A BIS Z

REISEATLAS

LAND & LEUTE

An der Donau

… Die Donau strömte.
Wie im Schoße schön

der schwangeren Mutter
(sie gibt nicht darauf Acht)

das Kind spielt, konnte ich
Wellen spielen sehn,

und manchmal haben sie
mir zugelacht,

Grabsteinen gleichend,
auf dem Strom der Zeit

erzitternd, stürzend in
Vergänglichkeit …

Attila József

Rudern ist im Delta
nicht nur Männersache

An den Ufern Europas

Unberührte Natur –
Auwald im Donaudelta

EIN FLUSS MIT MEHR ALS ZWEI SEITEN

Etwas Flüssiges als fest umrissene Form zu beschreiben, ist ein schwieriges Unterfangen, zumal, wenn es sich um 203 Mill. m^3 Donauwasser handelt, die alljährlich von Schwaben bis ins Schwarze Meer fließen. Außerdem will sich dieses gewaltige Nass partout keinen festen Regeln im Hinblick auf seine Messbarkeit unterwerfen: Einteilungen nach Quelle, Mündung und Gesamtlänge führen bei der Donau zu ersten Verwirrungen – das Quellgebiet ist umstritten, 270 Tage im Jahr verschwindet der eben erst geborene Fluss unter der Oberfläche und trifft Anstalten, zur Nordsee abzudriften; und die übrigen Wasser bringen so viel Schlamm mit zum Schwarzen Meer, dass sich Jahr für Jahr das Mündungsgebiet um fast 50 m Richtung Meer hinausschiebt …

Nicht einmal die Namensgebung ›Donau‹ erscheint wissenschaftlich korrekt – steuern doch etliche andere Flüsse (etwa die Iller und der Inn) weit mehr Wasser und Fließkraft bei als die Donau selbst. So ist bei der Donau vieles nicht eindeutig, der Anfang ist das Ende, das Ende der Anfang, das ›Zwischendrin‹ kompliziert. Eine ähnliche Doppelnatur zeigt der Fluss als Verbindungsweg und Grenze, als Schöpfer einsamer Naturidyllen und als pulsierende Lebensader der Ufermetropolen. Auch die zahllosen Umweltsünden, die das Wasser verseuchen und gleichzeitig die wundersamen natürlichen Klärungsvorgänge, mit denen sich die Donau immer wieder selbst reinigt, gehören ins widersprüchliche Bild.

Donaureisende sehen sich einem äußerst reichhaltigen Angebot gegenüber: Zahlreiche kulturelle Sehenswürdigkeiten und Traditionen der Vergangenheit an den Flussufern geben Anschauungsunterricht in europäischer Geschichte – schließlich werden die ersten Reiche an der Donau bis zu den Kelten und Thrakern zurückdatiert; inzwischen sind es zehn Staaten, die sich in langen und oft schmerzhaften Prozessen als Anrainerländer herausgebildet haben. Römer, Habsburger und Osmanen, Kapitalismus und Kommunismus – die verschiedensten Groß- und Glaubensreiche manifestierten sich entlang der Donau, immer wieder stellt sich der Fluss hier als Straße oder Grenze dar.

Auch dem Kunstfreund bietet die Donau ein regelrecht gigantisches Potenzial: Unzählige Architekten, Komponisten und Literaten sind von der Donau geprägt worden und haben gleichzeitig entscheidend an allen existierenden Donaumythen und -wahrheiten mitgewirkt. Schließlich ist die Donau noch *das* Betätigungs- und Bestätigungsfeld vieler Naturliebhaber, Geologen und Biologen: In Feld, Wald und Wiesen und natürlich im Wasser selbst verstecken sich selten gewordene Naturformen, lässt es sich gleichermaßen forschen und bewundern. Doch das ist noch längst nicht alles: Ob sportliche Aktivitäten, Gourmetfreuden, technische Entwicklungen oder traditionelle Folkloreangebote – wer sich an der Donau darauf einlässt, wird ständig

STECKBRIEF DONAU

Namen: *Donau* (Deutschland, Österreich), *Dunav* (Serbien, Kroatien, Bulgarien), *Duna* (Ungarn), *Dunaj* (Slowakei), *Dunarea* (Rumänien).

Quelle und Mündung: Donaueschingen bzw. im Zusammenfluss von Brigach und Breg. Die Donau mündet im Schwarzen Meer.

Länge: 2888 km (von Sulina bis zur Bregquelle, 2840 km von Sulina bis Donaueschingen).

Schiffbarkeit: Ab Kelheim sind 2415 km der Donau schiffbar.

Hochwasser: Durch die Regulierung der Donau sind die Folgen von Schmelzwasser und Niederschlägen oft dramatisch. Die letzten Hochwasser waren 1954, 1988, 2002 und 2005.

Bedeutendste Nebenflüsse: Iller, Inn, Lech, Isar, Drau und Save.

Angrenzende Staaten: Deutschland, Österreich, Slowakei, Ungarn, Kroatien, Serbien, Rumänien, Bulgarien, Moldawien, Ukraine.

Staatlich geschützte Naturparks: Immendingen, Naturpark Obere Donau, Donauleiten, Donauauen, Kopački Rit, Donaudelta.

Wasserkraftwerke/Schleusen: Bad Abbach, Regensburg, Geisling, Straubing, Kachlet, Jochenstein, Aschach, Ottensheim-Wilhering, Wallsee-Mitterkirchen, Ybbs-Persenbeug, Melk, Altenwörth, Greifenstein, Freudennau, Gabčikovo, Eisernes Tor I und II (größtes Wasserkraftwerk Europas).
Österreich bezieht bis 25 % seines öffentlichen Energiebedarfs aus den Donaukraftwerken, in der Slowakei ist die Donau mit 16 % die wichtigste Energiequelle nach der Braunkohle, Serbien bezieht 37,1 % und Rumänien 27,6 % des öffentlichen Energiebedarfs aus dem Kraftwerk am Eisernen Tor.

Fischerei und Weinbau: Im Bereich der oberen Donau und der Mitteldonau ist der Fischfang zurückgegangen bzw. zur bloßen Freizeitbeschäftigung geworden, im Delta lebt noch ein Großteil der Bevölkerung davon. Die bedeutendsten Weinbaugebiete an der Donau liegen in Deutschland, Österreich und Ungarn.

Tourismus: Der Donautourismus nimmt ständig zu. Seit der Eiserne Vorhang gefallen ist, bieten mehr als 90 Kreuzfahrtschiffe Touren bis ins Donaudelta an.

Neues entdecken. Zudem bietet eine Reise entlang dieses ›Stromes der Superlative‹ auch gute Möglichkeiten, einige alte Vorurteile über Bord zu werfen. Damit färbt der Strom dann vielleicht auch auf Europa und nicht nur Europa auf den Strom ab. Der reale zivilisatorische Restmüll sollte möglichst schnell anderswo entsorgt werden. So wird die Donau vielleicht irgendwann das, was ihr im gängigsten Klischee bisher nur angedichtet wurde – nämlich »so blau, so blau«, wie sie bisher noch undefinierbar graubräunlich ist.

Die Quelle bei Donaueschingen

GESCHICHTE IM ÜBERBLICK

Urdonau

vor 7 Mio. Jahren	Entstehung im Miozän durch Entwässerung von Niederösterreich. Die Fließrichtung des Gewässers kehrt sich später um, die Quellgebiete verschieben sich durch die neue Wasserscheide zwischen Rhein und Donau. Dadurch ist das Quellgebiet der Donau (Brigach und Breg) bis heute umstritten.

Erste Besiedlungen, Kelten und Thrakerreiche

8000 v. Chr.	Prähistorische Siedlungsformen bis in den oberen Donauraum.
2000–800 v. Chr.	Protokeltische Völker breiten sich von Westen längs der Donau aus, Hellenen, Thraker und Illyrer besiedeln den östlichen Donauraum, am Schwarzen Meer entsteht das thrakische Odrysenreich.
700–200 v. Chr.	Keltische Hallstadt- und La-Tène-Kultur an der oberen Donau. Längs des Flusses Stadtgründungen (Oppida) mit hoch entwickelter gesellschaftlicher und wirtschaftlicher Struktur (Eisenverhüttung, Salzgewinnung, Goldschmiedekunst, Glasherstellung). Das keltische Wort *Dan* (großer Fluss) gilt als Ursprung des heutigen Namens.

Die Donau als römische Grenze

1. Jh.	Expansion des Römischen Reichs donauabwärts. Unter Octavianus Augustus (27 v. Chr.–14 n. Chr.) wird das Königreich zwischen Inn und Wienerwald (Noricum) friedlich übernommen, weitere Feldzüge gliedern Rätien (mit dem Donauquellgebiet Vindelicia), Pannonia (Wiener Becken, Burgenland, ungarisches Donauufer, Gebiet von Save und Drau) und Moesia (von der Save bis zum Meer) am rechtsseitigen Donauufer in das Reich ein.
98–107	Die Römer erobern die Provinz Dakien. Ausbau der Straßen am Eisernen Tor und Bau der Trajanbrücke.
150–272	Nach den Markomannenkriegen und der Niederlage von 251 wird Dakien aufgegeben.
3. Jh.	Der Donauraum wird von einfallenden Völkern bedrängt.
4. Jh.	Letzte Einigung des Reichs unter Theodosius dem Großen. Einführung des Christentums als Staatsreligion (391). Teilung des Römischen Reichs und des Donauraums in ein weströmisches und oströmisches, byzantinisches Gebiet.
5./6. Jh.	Beginn der Völkerwanderungen, an der oberen Donau entstehen germanische Königreiche. Hunnen- und Awarenkämpfe am Eisernen Tor. Slawen und Protobulgaren überqueren die untere Donau.

Karl der Große, Reichsbildungen im Mittelalter

7. Jh. Erstes Bulgarisches Reich unter Khan Asparuh.

8. Jh. Die Franken werden zur neuen Großmacht im Westen, Karl der Große übernimmt das bajuwarische Herzogtum und das schwäbische Herzogtum von Alemannien. Vertreibung der Awaren aus dem Tullner Feld. Zur Truppenversorgung plant Karl der Große einen Rhein-Donau-Kanal, der aber nicht fertig gestellt wird.

9./10. Jh. Einfall der Magyaren in die Tiefebene des Alföld. Eroberung des großmährischen Reichs von Fürst Swatopuk und Aufeinandertreffen mit den Franken bei Wien. Um sich gegen die Überfälle des Reitervolks zu sichern, entstehen entlang der oberen Donau immer mehr Burgen.

955 Schlacht am Lechfeld. Der siegreiche König Otto wird 962 zum Kaiser des Römischen Reiches Deutscher Nation gekrönt.

973 Das Magyarenreich unter Gezá wird christlich. Sein Sohn wird mit der Schwester des deutschen Königs Heinrich II. verheiratet und erhält vom Papst die Königskrone (Stephanskrone).

10./11. Jh. Kreuzzüge entlang der Donau. Das ungarische Königtum festigt seine Grenzen und unterwirft dabei das altkroatische Reich, das zwischen Ost- und Weströmischem Reich entstanden ist. Das unter Stefan Nemanja 1166 geeinte Serbische Reich fällt wieder in byzantinische Hand. Weitere Eroberungen der Byzantiner führen zum Ende des ersten Bulgarenreichs und zur Rückgabe der unteren Donaugarnisonen an Byzanz.

12.–14. Jh. Zweites Bulgarenreich (1185–1393). Im mittleren Donauraum herrschen die Ungarn, während sich von Westen allmählich das seit 1156 (von Bayern) unabhängig gewordene Herzogtum der Babenberger ausdehnt.

13. Jh. Einfall der ›Goldenen Horden‹ unter Khan Batu. Bulgarien und Ungarn werden völlig zerstört. Vierter Kreuzzug (1202–1204) und siegreiche Einnahme Konstantinopels durch die Kreuzfahrer.

14. Jh. Aufstieg der Wittelsbacher in Bayern und der Habsburger in Österreich. Ungarn versucht die Grenzen im Osten erneut zu festigen. Im östlichen Karpatenland machen sich die Fürstentümer Moldau und Walachei selbstständig, das Bulgarische Reich wird von den Osmanen übernommen.

Habsburger und Osmanen

15. Jh. Der türkische Sultan Murad II. besiegt bei Varna das Kreuzfahrerheer unter dem polnischen König Wladislaw III. Jagiello. Im Jahr 1453 zieht Sultan Mehmed in Konstantinopel ein. Walachei, Moldau und das Tartaren-Khanat im Donaudelta werden zu tributpflichtigen Vasallenstaaten der Osmanen. Beginn des habsburgischen Kaisertums am Oberlauf der Donau (1438).

16./17. Jh. Vordringen der Türken bis Mohács (1526) und Wien (1529). Türkenkriege und Friedensschluss zwischen den Osmanen und dem Habsburgerkaiser Rudolph II. Das ungarische Reich wird Habsburg zugesprochen, Kroatien wird aufgeteilt und in den nächsten Jahren als habsburgische Militärgrenze befestigt.

1674 Erneuter Aufruhr in Ungarn (Adelsunruhen), ungarische Kuruzzen und Türken (›Kruzitürken‹) ziehen gemeinsam gegen Österreich. Die ›Heilige Liga‹ (Bayern, Habsburg, Polen) gewinnt den ›großen Türkenkrieg‹ (1683–1699), die Habsburger erhalten die Vormachtstellung im mittel- und südeuropäischen Donauraum.

Donaumonarchie, Russland und Osmanenreich

ab 1700 Beginn der österreichischen Donaumonarchie.

1711 Unter Zar Peter dem Großen dringen die Russen erstmals bis zur Donau vor. Obwohl der Sultan die Russen zum Rückzug zwingen kann, verliert er zusehends die Kontrolle über das ottomanische Reich. In Bulgarien und Serbien wächst der Widerstand.

1716–39 Österreich erhält mit dem Friedensvertrag von Passarowitz (1718) vorübergehend die Donauherrschaft bis Vidin und am linksseitigen Ufer sogar bis zur Oltmündung in der Walachei.

1723–87 Schwabenzüge: Besiedlung des durch die Kriege entvölkerten Donaulandes durch deutsche Kolonisten, denen Land und Privilegien versprochen werden. Binnenkolonisten aus weiteren Regionen sorgen für ein buntes Völkergemisch an der Donau.

1774 Unter Katharina der Großen dringt Russland abermals ins Donaudelta vor. Die Zarin erhält die »Schutzherrschaft über die orthodoxen Untertanen an der Hohen Pforte«.

1782–92 Kaiser Josef II. erobert im Bündnis mit Russland Belgrad und die Donaustädte bis Svištov. Russland erlangt die Vorherrschaft an der Schwarzmeerküste, die Österreicher hingegen müssen Belgrad bereits im Jahr 1792 erneut an die Osmanen abtreten.

Napoleon und Wiener Kongress

um 1806–12 Napoleon erobert Ulm, Passau und Wien. Kaiser Franz II. muss abdanken, Württemberg und Bayern werden neben Österreich zu Königreichen erhoben, Baden wird zum Großherzogtum. Das Fürstentum Hohenzollern-Sigmaringen bleibt (bis 1848) innerhalb Württembergs souverän. Zeitgleich beginnt im serbischen und bulgarischen Donauraum ein Aufstand gegen die Osmanen. Zahlreiche bulgarische Freiwillige kämpfen im Russisch-Türkischen Krieg (1806–1812) auf Seiten des Zaren.

1813–29 Niederlage Napoleons gegen die Heilige Allianz (Russland, Österreich und Preußen). Im Wiener Kongress werden die westlichen Donaustaaten erneut dem österreichischen Kaiser unterstellt. Die mittelalterlichen Zoll- und Stapelrechte auf der Donau werden abgeschafft. Walachei und Moldau gelangen kurzzeitig unter das Protektorat Russlands (Frieden von Bukarest 1812). Das Donaudelta wird russisch, Bulgarien bleibt weiterhin osmanisch. Die Souveränität Serbiens wird 1829 bestätigt.

1830 Die Handelsschifffahrt auf der Donau wird für Anrainer liberalisiert und bis zum Schwarzen Meer geöffnet.

Unabhängigkeitsbewegungen und Kriege im 19. Jh.

1848 Völkerfrühling, bürgerliche Aufstände. Die Donaumonarchie wird zu nationalstaatlichen und liberalisierenden Verfassungsänderungen gezwungen. Wenige Monate später werden die Revolutionen niedergeschlagen und die Reformen zurückgenommen.

1853–55 Krimkrieg: Russische Truppen ziehen gegen die Türken, werden aber (mit stillem Einverständnis Österreichs) durch ein türkisch-französisch-englisches Bündnis besiegt.

1853 Gründung der Donaukommission für die ›Freiheit der Schifffahrt auf der Donau‹, nun auch für Nichtanrainer. Bis zur Gründung der Europäischen Donaukommission (1865) haben nur die souveränen Uferstaaten (Württemberg, Bayern, Österreich und Osmanisches Reich) Stimmrecht.

1856 Nach dem Frieden von Paris stationiert Österreich seine Flotte vor den linksseitigen Donaustaaten. Die Walachei und Moldau werden als ›vereinte Fürstentümer‹ zusammengefasst. Das Delta gelangt wieder in osmanische Hand.

1856–66 Vereinigung der rumänischen Länder.

ab 1867 K. u. k. Monarchie Österreich-Ungarn.

1870 Ausbaggerung des Sulina-Kanals.

1875–78 ›Aprilaufstand‹ (1876) in Bulgarien. Die blutige Niederschlagung der Unruhen löst in Russland, aber auch in Westeuropa Empörung aus.

1877 Russland marschiert in Bulgarien ein und erklärt den Türken den Krieg. Rumänien erklärt sich unabhängig.

1878 Präliminarfrieden von San Stefano. Auf dem Berliner Kongress werden Serbien und Rumänien als unabhängige Staaten anerkannt, Bulgarien wird Fürstentum. Die rumänischen Gebiete Bessarabiens und das Donaudelta werden russischer Oberhoheit unterstellt.

1888/89 Bau eines Umgehungskanals am Eisernen Tor.

Erster und Zweiter Weltkrieg

1914–18 Das habsburgische Thronfolgerpaar fällt einem Attentat in Sarajevo zum Opfer. Österreich erklärt daraufhin Serbien den Krieg, unterstützt von Deutschland, Bulgarien und der Türkei bringt es bis 1916 den gesamten Donaulauf unter Kontrolle. Russland und die französische Entente können das anfänglich neutrale Rumänien mit Gebietsversprechen (Dobrudscha) auf ihre Seite bringen. Im August 1916 nehmen rumänische Kanonenboote Russe unter Beschuss.

1918 Nach der Machtergreifung Lenins erklärt sich die Ukraine unabhängig, Bessarabien vereint sich mit Rumänien.
Vorstoß der österreichisch-deutschen Truppen bis zur Krim und nach Bukarest. Die Gegenoffensive führt zum Sieg der Alliierten und zum Ende des Krieges. Versailler Vertrag: Die k. u. k. Monarchie wird aufgelöst, Rumänien erhält Siebenbürgen, Serbien die Vojvodina, die tschechischen Verbündeten Pressburg und die Slowakei.

1919–37 In den Zwischenkriegsjahren stagnieren Handel und Fortschritt an der Donau. Die neuen östlichen Donaustaaten leiden unter den zermürbenden ethnischen Konflikten und der rückständigen Infrastruktur. Im Westen beginnt der technische Fortschritt an der Donau 1921 mit dem Wasserkraftwerk von Kachlet, wodurch erstmals elektrische Energie aus dem Fluss gewonnen wird.

1933–35 Beginn der nationalsozialistischen Herrschaft in Deutschland. In Passau wird zu Propagandazwecken die Nibelungenhalle gebaut, in Mauthausen werden Juden interniert.

1938–44 Einmarsch der Deutschen in Österreich, Achsenbündnis. Die Donau wird als ›Versorgungsraum‹ (Erdöl, Kupfer, Rohstoffe zur Aluminiumherstellung) in die Planung des Großdeutschen Reichs einbezogen. Rumänien (1940) und Bulgarien (1941) treten dem Achsenbündnis bei. Jugoslawien wird im ›Blitzkrieg‹ zur Kapitulation gezwungen. Über die Donau werden in den nächsten drei Jahren neben Nachschubflottillen und U-Booten auch unzählige Menschen verschifft, die entweder ›heim ins Reich‹ geholt oder umgesiedelt werden oder zu flüchten versuchen. 1944 dringt die Rote Armee über Rumänien, Bulgarien und Ungarn nach Österreich vor. 1945 erreichen die Russen Wien, während die Amerikaner Linz einnehmen. Französische Truppen erobern den Donauraum zwischen Sigmaringen und Ulm.

1945 Auf der Konferenz von Jalta wird das Donaugebiet zwischen den Westalliierten und der UdSSR aufgeteilt. In den Nachkriegswirren wird die Mehrheit der donaudeutschen Siedler (Ausnahme Siebenbürgen und später Ungarn) aus den unteren Donaustaaten vertrieben, in Arbeitslager gebracht oder getötet.

Der Eiserne Vorhang über der Donau

1945–67	Niederösterreich und das oberösterreichische Mühlviertel bleiben noch zehn Jahre unter sowjetischer Besatzung, anschließend verläuft die Ost-West-Grenze zwischen der Tschechoslowakei und Österreich. Jugoslawien distanziert sich als zwar sozialistischer, aber föderativer Bundesstaat von Moskau und wird 1948 aus der ›Kominform‹, einem überstaatlichen Bündnis kommunistischer Parteien, ausgeschlossen. Die ukrainische Donau wird zum Stützpunkt der sowjetischen Donauflotte. Während sich in Deutschland und Österreich ein erster wirtschaftlicher Aufschwung abzeichnet, beginnt im Ostblock 1955 der Entstalinisierungsprozess. Der Aufstand in Budapest unter Regierungschef Imre Nagy wird von sowjetischen Panzern niedergewalzt (1956), ebenso wie man die als ›Prager Frühling‹ (1968) bekannten Aufstände in Bratislava und Prag blutig niederschlägt.
1972	Fertigstellung des rumänisch-jugoslawischen Doppelstauwerks am Eisernen Tor.
1975–84	Bau des Donau-Schwarzmeer-Kanals. Wien wird neben New York und Genf dritter Sitz der UNO.

Politische Wende und die Donau nach 1989

1989	Friedlicher Systemwechsel in Ungarn und der Tschechoslowakei. In Bulgarien wird Todor Schivkov während einer ZK-Sitzung gestürzt, in Rumänien wird Ceaușescu hingerichtet.
1990/91	Moldawien und die Ukraine sowie Slowenien und Kroatien erklären ihre Unabhängigkeit.
1992	Tschechien und die Slowakei teilen sich in souveräne Staaten.
1991–95	Serbisch-kroatischer Krieg und Bosnienkrieg. Österreich tritt in die EU ein.
1999	Kosovo-Konflikt. Die NATO zerstört in Belgrad, Pančevo und Novi Sad die Donaubrücken.
2000	Umweltkatastrophen in einem rumänischen Bergwerk vergiften Theiß und Donau.
2004	Abkommen von Visegrád. Die Slowakei und Ungarn werden Mitglieder der EU.
2005	Hochwasser, vor allem Rumänien ist massiv betroffen. Die Brücke in Novi Sad wird wieder eröffnet. Der EU-Beitritt Rumäniens und Bulgariens für 2007 unter Auflagen geplant.
2006	Um Rumänien und Bulgarien beschleunigt an die Union heranzuführen, erhalten die Länder 1,16 Mrd. bzw. 500 Mio. € sowie Erleichterungen beim Zugang zum Binnenmarkt. Dennoch wird erst bei den Ratifizierungsgesprächen im April/Mai entschieden, ob der Beitritt 2007 oder 2008 stattfinden soll.

DIE DONAU ALS RÖMISCHE GRENZE

Nachdem die Römer im Laufe des 1. Jh. sämtliche rechtsseitigen Donaugebiete zwischen Quelle und Mündung eingenommen hatten, wurde zur militärischen Sicherung fast ein Drittel der römischen Legionen an die Donau verschoben. Hinzu kamen etliche Auxiliartruppen, die aus nicht-römischen Völkern rekrutiert wurden. Anfangs errichteten diese Soldaten primitive Holz-Erde-Wälle, die von einem tiefen Graben und einer ringförmigen Verteidigungsstraße umgeben wurden. Schon bald wurden die Wälle durch wuchtige steinerne Befestigungsanlagen ersetzt. Mit der Eingliederung der eroberten Gebiete in das römische Verwaltungsgebiet konnten sich im Schutz der Kastelle schließlich kleine ummauerte Siedlungen *(canabae)* entwickeln – die meisten größeren Donaustädte gehen auf diese ›Munizipien‹ zurück. Thermen, Versammlungsplätze, Theater- und Tempelanlagen und nicht zuletzt die gut ausgebauten Verbindungsstraßen dokumentierten zunehmenden Wohlstand.

Neben den Legionen und den Auxiliartruppen wurden auch Schiffsflotten an die Donau verlegt. Diese Marineeinheiten beförderten Truppen und sorgten für Proviant und Nachschub. Die Grenzüberwachung wurde hingegen durch die Flottenabteilungen der Legionäre sichergestellt, deren wendige Boote mit hoher Geschwindigkeit entlang des Flusses patrouillierten. Den Auxiliarsoldaten eröffnete das römische Recht soziale Aufstiegschancen. Die meist aus armen Bauern- und Hirtenfamilien stammenden Rekruten erhielten nach 25-jähriger Dienstzeit zwar keine Abfindung, wurden aber zu freien römischen Bürgern und konnten so in die Legionärseinheiten (höherer Sold, Aussicht auf Abfindung) eintreten. Allerdings entwickelte sich in diesen Truppen bald ein ausuferndes System von Bestechung: Wer als Donaukommandant mehr Einfluss in Rom gewinnen wollte, beschenkte zuerst seine Soldaten.

Vor allem der mittlere und untere Donauraum blieb durch einfallende Völkerstämme ständig bedroht. So sicherten die Römer allein die Abschnitte rund um das Eiserne Tor und am Donaudelta mit 48 bzw. 35 Kastellen. Schließlich gelang es Kaiser Trajan, das linksseitige Ufer zu erobern, den dakischen Kaiser Decebal zu schlagen und Dacia in die römischen Provinzen einzugliedern. Die Trajansäule in Rom und die Trajantafel am Eisernen Tor künden bis heute von dieser aufwendigen kriegerischen Operation, bei der erstmals eine Straße durch den Engpass des Donaudurchbruchs und eine 1070 m lange Brücke über die Donau gebaut wurde. Spätestens durch den Sieg über die Daker hatten die Donaulegionen entscheidend an Macht gewonnen. Von daher ist es nicht verwunderlich, dass selbst die römische Kaiserwürde in die Hände von Donaulegionären gelangen konnte: Maximus Thrax (235– 238), der erste ›Donaukaiser‹, war ursprünglich ein Schäfer, der als Rekrut in den Auxilien seine Laufbahn begonnen hatte. Nach ihm kamen mit Decius (249–251), Aurelian (270–275) und Probius (276–282) zwei weitere Soldatenkaiser aus dem Donauraum an die Macht. Zur Ironie der Geschichte gehört es, dass gerade unter diesen Kaisern das Ende der römischen Herrschaft an der Donau eingeleitet wurde.

LANDSCHAFTEN UND NATURRAUM

Quelle(n) und Mündung

Im Schlosspark der Familie Fürstenberg in Donaueschingen steht eine Figurengruppe mit der erläuternden Inschrift: »Mutter Baar schickt die junge Donau auf den Weg nach Osten«. Dieser Weg führt umgehend zur Brigach, die sich wiederum mit der Breg vereinigt. Doch die Breg entspringt einer geografisch höher gelegenen Stelle im Kreis Furtwangen und so findet sich auch an ihrer Quelle eine Inschrift: »Hier entspringt die Hauptquelle der Donau, die Breg, in der Höhe von 1078 Metern über dem Meer, 2888 km von der Donaumündung entfernt.« Während die Touristen noch hin- und herschwanken, wem sie mehr glauben sollen, den Überzeugungskünsten der Gemeinde Donaueschingen oder denjenigen von Furtwangen, hat der italienische Schriftsteller Claudio Magris längst schon eine dritte, weit vergnüglichere Hypothese angeführt: Oberhalb der Breg werden die sumpfigen Wiesen von einigen Rinnsalen durchzogen, die auf die undichte Wassertraufe eines alten Bauernhauses zurückzuführen seien – dies sei mithin die wirkliche ›Donauquelle‹ – leider aber auch ein Fall für den Installateur. Verständlicherweise waren die zehn an die Donau grenzenden Staaten bei den notwendigen Kartografierungen weniger an den zahlreichen adelig-akademischen und poetischen Ursprungsstreitigkeiten interessiert; man brauchte eine allgemein nachvollziehbare Lösung und behalf sich mit einem Trick, indem man die Donaukilometer von der Mündung stromaufwärts zählte. Damit ist die erste Markierung – Flusskilometer 2845 – am Zusammenfluss von Brigach und Breg zu finden, was wiederum die alte Schulweisheit »Brigach und Breg bringen die Donau zuweg« bestätigen mag. Allerdings ist auch diese Zählung nicht mehr ganz korrekt: Da die Donau die mitgeführten Schwemmstoffe an ihrer Mündung ablagert, steht Donaukilometer Null mittlerweile im Binnenland bei Sulina.

Auch im Zwischenlauf ist der Fluss nicht leicht zu berechnen – zumindest bis Beuron kommt die gen Osten fließende junge Donau ihrer Bestimmung nämlich nicht nach: Immer wieder versickert sie im Karstgestein. Unterirdisch verläuft sie sich dann in einem verschlungenen System von Höhlen und Kavernen und bringt ihr Wasser zu einem Teil in die Ache-Quelle ein. Letztere aber mündet in den Bodensee, der wiederum den Rhein versorgt, sodass mit einigem Recht behauptet werden darf, die Donau münde auch in die Nordsee. Des Öfteren hat man versucht, die Versickerungsstellen der Donau zu verschließen, da in trockenen Sommern das Verschwinden des Flusses zu erheblichen Problemen führte, doch die immer neu aufbrechenden Kalktrichter machten alle Anstrengungen zunichte. Schließlich wurde ein Teil des Sickerwassers durch einen Druck-

Herausforderung für Extremkletterer: die Felswände nahe Dürnstein

stollen umgeleitet und das ›unartige‹ Nass so wieder auf den richtigen Weg gebracht. Ganz und gar ›wohlgeraten‹, strebt die Donau seither in vielen Windungen durch das von schroffen Felsen gesäumte Tal der Schwäbischen Alb.

Obere Donau

Noch lange behält die Donau den Charakter eines malerischen Bergflusses, auch wenn sie ab Kelheim und Ulm bereits für den Schiffsverkehr zugänglich geworden ist. Schmale Täler und Felsdurchbrüche wechseln im oberen deutsch-österreichischen Teil mit den flachen Landstrichen der ehemaligen Donauauen, die im Lauf der Zeit reguliert und trockengelegt wurden. Durch die Kanalisierung haben Strömung und die Gefahr von Überschwemmungen zugenommen. Anstatt in die ursprüngliche Sumpf- und Auenlandschaft ausweichen zu können, tritt der Fluss häufig über die Ufer und richtet vielerorts Schaden an. So ist die Erhaltung der Naturschutzgebiete erneut in den politischen Brennpunkt gerückt.

Bis Regensburg fließt die Donau in Richtung Nordosten, ab Passau gen Südosten, bis sie sich schließlich ab Linz ganz auf ihre östliche Route einpendelt. Durch die Vereinigung mit dem Inn, der – ebenso wie die vorher zugeflossene Iller – weit mehr Wasser beisteuert als die Donau selbst, ist der Fluss nach Passau mehr als doppelt so groß und bahnt sich in vielen Schlingen seinen Weg durch die Hügellandschaft nach Wien. Zwischen Passau und Jochenstein erstreckt sich das Naturschutzgebiet Donauleiten im Bayrischen Wald. Erst das Kraftwerk Jochenstein hat die anschließende Passage für den Schiffsverkehr entschärft, da der Fluss sich hier zwischen steilen Berghängen hindurchpressen musste und zahlreiche Engstellen und Felsenriffe die Durchfahrt erschwerten. In der ›Schlögener Schlinge‹ beschreibt die Donau sogar eine Kehre von fast 180 Grad, um den hohen Bergen auszuweichen, die hier malerisch emporragen. Dann wieder weitet sich die Landschaft bei Linz, nur um anschließend erneut in dramatischen Kehren und romantischen Schluchten die Region des Strudengaus zu passieren. Auch hier waren die gefährlichen Untiefen, Felsen und Strudel bis zur Erbauung des Kraftwerks Ybbs-Persenbeug gefürchtet. Erst mit der Wachau wird die Landschaft wieder sanfter und lieblicher, öffnet sich schließlich zum Tullner Becken, sodass die Donau nach einem letzten bergigen Hindernis – der Wiener Pforte – sich weit ausbreiten und in zahlreiche Seitenarme verzweigen kann. Glücklicherweise ist der Nationalpark Donauauen, der sich ab Wien in der Ebene zwischen den Gebirgszügen der Alpen und Karpaten ausbreitet, streng geschützt und dadurch zu einem ebenso schönen wie ökologisch wichtigen Lebensraum geworden.

Mittlere Donau

Mit der slowakischen Grenze wird die Donau nach Bratislava für eine Weile zum slowakisch-ungarischen Grenzfluss. Durch Anschwemmung des mitgeführten Gerölls ist hier ein Labyrinth aus zahlreichen Seitenarmen entstan-

VON DONAUESCHINGEN BIS REGENSBURG

Vieles, was sich zwischen Regensburg und dem Schwarzen Meer an Natur- und Kulturwundern längs der Donau findet, zeigt sich im kleineren Maßstab bereits im ersten Flussabschnitt zwischen Donaueschingen und Regensburg. So kann diese Strecke für alle, die nicht in die ›Ferne schweifen wollen, wo das Gute so nah liegt‹, zu einem besonderen Erlebnis werden. Im Vordergrund stehen erst einmal natürliche Wunder: Die Region der Donauversickerung bei Immendingen und das sich anschließende Tal der oberen Donau sind ideal zum Wandern, Zelten und Angeln. Auch kann man auf dem Flüsschen bereits paddeln, Rad fahren ist hingegen auf den teils steilen Schotterwegen noch etwas mühsam. Die Aufstiege auf die schroffen Kalkgipfel belohnen den Wanderer mit sagenhaften Ausblicken über die bis zu 300 m abfallenden Wände des gewundenen Tals. Wer die schöne Natur ausgiebig genießen möchte, mietet sich idealerweise auf dem Campingplatz Wagenburg ein, direkt am Flußufer unterhalb der Felswände. Dieser Campingplatz gilt als *der* Geheimtipp der Region: Die angenehme Atmosphäre und umsichtige Organisation sowie die freundliche Fürsorge des Besitzers sorgen für absolute Erholung.

Ausflüge führen von hier zu den direkt oberhalb gelegenen romantischen Burgen, zur Abtei Beuron oder zu den Schlössern in Donaueschingen und Sigmaringen. Auch die kleinen Ortschaften mit ihren verwinkelten Gassen und alten Fachwerkhäusern (z. B. Mühlheim) oder das berühmte Keltenmuseum bei Heuneburg sollte man nicht versäumen. Wer sich städtische Vergnügungen leisten will, findet diese in und um Ulm herum. Spannende Architektur, etliche Museen und Kirchen und nicht zuletzt die alljährlich im Juli stattfindende Ulmer ›Schwörwoche‹, wo alles zu Wasser gelassen (und zugelassen) wird, was entfernt fahrtüchtig aussieht, bilden ein dichtes Besichtigungs- und Unterhaltungsprogramm. Zwischen Ulm und Ingolstadt bietet das Feuchtgebiet des Donaurieds ideale Bedingungen für Naturwanderungen, Kanu- und Paddeltouren und nicht zuletzt fürs Schwimmen in herrlich sauberen Badeseen. Fürs Kulturprogramm sind die alten Residenzstädtchen der Umgebung (beispielsweise Güntzburg und Dillingen) zuständig, die mit barocker historischer Pracht aufwarten.

Zwischen Weltenburg und Kelheim überwindet die Donau eine enge Durchbruchstelle durch den felsigen Jurakalk der Fränkischen Alb. Die fast 20 km lange Passage durch die von steilen Wänden gesäumte Schlucht ist eines der eindrucksvollsten Naturerlebnisse an der Donau, am besten genießt man es auf dem Schiff. Zu Fuß oder per Rad muss man sich dieses Panorama nämlich hart erarbeiten – am Ufer ist kaum Platz, der Weg führt über die Berge … Am Anfang und am Ende wird die Schlucht von kulturhistorischen Monumenten würdig gerahmt: Das Kloster Weltenburg, eines der ältesten in Bayern, ist mit kostbaren Deckenfresken verziert. Die ›Befreiungshalle‹ bei Kelheim, die unter Ludwig I. entstand, beeindruckt vor allem durch ihre Dimensionen.

den. Auf den sumpfigen Schüttinseln leben ebenso wie in den österreichischen Naturparks viele seltene Vogelarten, doch ist die Landschaft durch das bereits begonnene Staudammprojekt von Gabčikovo gefährdet. Hinter Bratislava staut die erste Stufe der geplanten Anlage das Donauwasser bereits zu einem großen See auf. 1992 beendeten die Ungarn aufgrund zahlreicher Proteste die Bauarbeiten, beide Staaten stritten vor dem Internationalen Gerichtshof (s. S. 32).

Hinter Esztergom vollzieht die Donau einen 90-Grad-Knick, um dem hohen Gebirgsmassiv des Cserhát auszuweichen. Die Region des so genannten Donauknies ist eine der schönsten Donaulandschaften in Ungarn. In der sich anschließenden Weite der ungarischen Tiefebene breitet sich der Fluss wieder aus, verliert an Strömung und Tiefe und windet sich um etliche Inseln und Sandbänke. Hier beeindruckt vor allem die Hauptstadt Budapest, die auf beiden Seiten den Fluss umschließt und in die Stadtkulisse integriert. Dann sind es wieder Felder und kleine Siedlungen, welche die Ufer des nun träge gewordenen Gewässers säumen. Etwa an der ungarisch-kroatischen Grenze hat die Donau die Hälfte ihrer Gesamtstrecke zurückgelegt. Die Flusslandschaften sind auf der zweiten Hälfte weitaus einsamer und unregulierter, immer wieder kann sich die Donau nun in weiten, urwaldähnlichen Auenwäldern verlieren. Wasserdurchzogene Naturreservate (Obere Donau, Kopački Rit, Fruška Gora, Đerdap) prägen den Flusslauf in

Im Delta ist die Fischerei bis heute einer der wichtigsten Erwerbszweige

Serbien und Kroatien. Durch die reichhaltigen Zuflüsse von Theiß, Drau und Save schwillt die Donau zu einem breiten Strom an, bei Belgrad hat sich die Wassermenge gegenüber Budapest mehr als verdoppelt. Nach der serbischen Hauptstadt Belgrad kommen die Wassermassen hinzu, die durch das gigantische Kraftwerk am Eisernen Tor zurückgestaut werden, sodass die Donau kaum mehr zu fließen scheint.

Dann jedoch, nachdem sich die Donau auch noch mit der Morava vereint hat, muss sie diese gewaltigen Wassermassen durch eine enge Durchbruchstelle zwischen Balkan- und Karpatengebirge hindurchzwängen. Dabei hat sich der Strom tief in das Kalkgestein der Berge gegraben, um in insgesamt zehn Windungen die mehr als 1000 m hohen Gebirgsmassive des Eisernen Tors zu meistern. Strudel, Felsenriffe, Untiefen und Engstellen machten bis ins 19. Jh. die Passage nahezu unmöglich, erst das gemeinschaftliche Staudammprojekt, das 1972 zwischen Rumänien und Jugoslawien beschlossen wurde, entschärfte die gefährliche Situation. Nun strömt die Donau durch vier Engstellen und einige Talbecken, ihre Wasser bedecken etliche untergegangene Siedlungen.

Untere Donau

Mit dem Eisernen Tor wechselt die Donau wieder einmal die Grenzen. Serbien, Rumänien und Bulgarien stoßen in dem Dreiländereck aneinander. Von der Einmündung des Timok an fungiert die Donau als Grenzfluss zwischen Rumänien und Bulgarien. Auf der nördlichen rumänischen Seite erstrecken sich die flachen Landstriche der Walachei, in die sich der Fluss ausweiten kann. Die südliche, bulgarische Seite ist durch das allmählich zum Balkan ansteigende Tafelland etwas geschützter, allerdings auch stärker besiedelt als das nördliche Ufer. Bei Silistra bewässert die Donau die mittlerweile streng geschützte bulgarische Naturlandschaft von Srebarna, ein schilfreiches Seengebiet und Heimat vieler seltener Vögel. In Rumänien hat man 1984 den langen Umweg durch Sumpf- und Seenlandschaften für Schiffe verkürzt und von Cernavoda bis Constanța einen Stichkanal gebaut, sodass die Donau hier bereits nach 64 km ins Meer mündet, während der sich nach Nordosten seenartig ausweitende Hauptstrom noch mehr als 200 km bis zur Mündung vor sich hat. Man nimmt an, dass der ursprüngliche Donaulauf vormals dieselbe Route wie der Stichkanal beschrieb und erst die Erhebung des Dobrudscha-Tafellandes zur Auffächerung des Flusses führte. Heute schwenkt die Donau erst bei Galați (Galatz) wieder in Richtung Schwarzmeerküste. Nur knapp 1 km des Nordufers gehört zu Moldawien, anschließend bildet die Donau die rumänisch-ukrainische Grenze. Bevor der Fluss endgültig ins Schwarze Meer mündet, öffnet er sich bei Tulcea zu einem breiten Delta – mit fast 5000 km^2 eines der größten Naturschutzgebiete Europas. Drei große Arme durchziehen diese Urwaldlandschaft, die mit ihrer reichen Flora und Fauna bis heute eine in sich geschlossene und noch wenig erforschte Welt darstellt.

WIRTSCHAFT UND UMWELT

Geteilter Donauraum

Die Donau ist eine der ältesten und bedeutendsten europäischen Handelsrouten – und doch ist der Donauraum seit jeher gerade in wirtschaftlicher Hinsicht gespalten – in einen westlichen und einen östlichen Raum. Einzig die Römer haben während der Zeit ihres riesigen Imperiums den Fluss in seiner ganzen Länge als Handels- und Wirtschaftsraum erschlossen. Der ›Donaulimes‹ garantierte den prosperierenden Ortschaften ein einheitliches Verwaltungswesen und Schutz, wodurch an den Ufern des Flusses die Entwicklung einer vergleichsweise wohlhabenden ›Mittelschicht‹ gefördert wurde. Die meisten großen Donaustädte gehen auf diese Gründungen zurück. Markt- und Versammlungsplätze, vor allem aber die ausgebauten und geschützten Fernwege sorgten für wirtschaftlichen und kulturellen Austausch. Sogar die Engstellen des scheinbar unüberwindlichen Eisernen Tors, geologisches Haupthindernis im Donauhandel, wurden unter dem römischen Kaiser Trajan durch den Bau einer Straße in die Handelsroute integriert. Dennoch sollte diese gefahrvolle Passage noch bis ins 20. Jh. hinein den Handel erschweren.

Eine weitere Spaltung resultiert aus der unterschiedlichen Ausprägung religiöser Kulturkreise. Im Westen formte das Christentum von Rom aus das Mittelalter, aus dem sich die Bewegungen der Reformation und der Aufklärung entwickelten. Die Ständegesellschaft etablierte sich, die Städte entwickelten allmählich eine selbstbewusste, wohlhabende Bürgerschaft. Allerdings wanderten die wirtschaftlichen Erträge oft genug in die Taschen der geistlichen und weltlichen Lehnsherren, die seit dem Mittelalter die westlichen Donauufer mit zahllosen Zoll- und Mautstellen bestückten. Im Osten dominierte die Christianisierung durch Byzanz, aufkeimende nationale Bestrebungen und städtische Souveränität wurden, ebenso wie in der langen Epoche der Osmanenherrschaft, schnell wieder unterdrückt. Zwischen den beiden mächtigen Donaureichen, die sich schließlich im Westen als Habsburgerreich bzw. Donaumonarchie und im Osten als Osmanenreich manifestierten, blieb der Austausch gestört. Vor allem die mittleren Donauregionen des heutigen Serbien und Kroatien litten unter den Grenzkonflikten. Landwirtschaft und Städte wurden durch die Kriege immer wieder verwüstet, auf dem Fluss patrouillierte fast nur Militär. Erst durch den Pariser Frieden (1856) und die Gründung der Donaukommissionen wurde für ein Jahrhundert erneut ein freier wirtschaftlicher Austausch möglich. Im 20. Jh. senkte sich dann für Jahrzehnte der Eiserne Vorhang über die Donau und trennte die sowjetisch beherrschten Donaustaaten von den westlichen Ländern. Einzig in Jugoslawien gab es durch das geschickte politische Taktieren Titos eine Öffnung zum Westen.

Wirtschaftliche Öffnung

Bis zum Wiener Kongress (1814/15) galten auf der westlichen Donau das mittelalterliche Zollsystem und die Stapelrechte; der Frieden von Adrianopel (1829) brachte zwar eine Liberalisierung der Schifffahrt für die Donauanrainer mit sich, doch erst 1853 wurde der freie Zugang zur Donau auch für Nichtanrainerstaaten durchgesetzt. Die wirtschaftliche Öffnung entwickelte sich parallel zum technischen Fortschritt an der Donau: Die Industrialisierung begann, 1829 wurde mit der Gründung der Donaudampfschifffahrtsgesellschaft (DDSG) ein Meilenstein im Verkehrs- und Handelswesen auf der Donau gesetzt. In kürzester Zeit wurde die DDSG zur größten Binnenreederei der Welt, übernahm bayrische, württembergische und ungarische Schifffahrtsgesellschaften und erweiterte ihr Liniennetz bis zum Schwarzen Meer, auf Inn, Theiß, Save und Drau. Im Lauf des Jahrhunderts erhielt sie schließlich das Monopol auf der gesamten Donau. Im westlichen Teil bis hinunter nach Turnu Severin entstanden zahlreiche Werften, Kohlebergwerke und Fabriken gehörten zum Besitz der Gesellschaft, Güter- und Personenverkehr wuchsen in rasantem Tempo.

Als 1856 mit dem Frieden von Paris eine erste internationale Regelung zur freien Handelsschifffahrt auf der Donau verabschiedet wurde, nahmen die beiden verantwortlichen Kommissionen (Seedonau, von Brăila bis zum Schwarzen Meer, und eine weitere für den Flusslauf aufwärts bis Ulm) ihren Auftrag ernst: Der Sulina-Kanal wurde ausgebaggert, die Städte im Delta nahmen einen wirtschaftlichen Aufschwung. Die Passage am Eisernen Tor, bereits zuvor durch Sprengungen verbreitert, wurde durch einen Umgehungskanal weitgehend entschärft. Allerdings konnten durch die starke Strömung, die in dem geraden Kanal herrschte, aufwärts fahrende Schiffe nur noch mit Hilfe eines Schleppdampfers vorankommen. Erst im Ersten Weltkrieg wurden seitlich des Kanals Schienen verlegt, nun konnte eine Lokomotive die Schiffe schleppen.

1921 wurde die Arbeit der ›Europäischen Donaukommission‹ (Seedonau) und die der ›Internationalen Donaukommission‹ (Flussdonau) vertraglich festgeschrieben, doch dann beendeten der Zweite Weltkrieg und seine politischen Folgen abermals die wirtschaftliche Öffnung des Handelswegs.

Der Eiserne Vorhang

Im Westen

Nach dem Zweiten Weltkrieg begann im westlichen Donauraum allmählich ein wirtschaftlicher Aufschwung. Vor allem in Österreich spielte die Donau als wichtige wirtschaftliche Lebensader eine tragende Rolle. 1953 wurde ein Forschungsinstitut für den Donauraum eingerichtet, das sich seither mit wirtschaftlichen, politischen und hydrologischen Fragen beschäftigt. Wenig später begann man mit dem Bau des ersten österreichischen Donaukraftwerks bei Ybbs-Persenbeug. Diesem folgten bald weitere, sodass Österreich bis heute mit neun eigenen und einer gemeinsam mit Deutschland betriebenen Anlage (Jochenstein) mehr als 20 % seines Strombedarfs decken kann. Fast zwei Drittel der Industrie des Landes befindet sich in unmittelbarer Nähe der Donau. Linz und Wien etablierten sich zu urbanen Ballungszentren und wichtigen Industriehäfen. Doch die industrielle Entwicklung zeitigte auch bedenkliche Folgen: Durch die Abholzung der Auwälder, die Regulierungen des Flusslaufs und die vielen Schleusen und Wehre hat sich die Fließgeschwindigkeit verändert. Es kommt vermehrt zu Überschwemmungen bei Hochwasser und zum Absinken des Grundwassers, das ökologische Gleichgewicht ist empfindlich gestört. Engagierte Bürger verhinderten immerhin den Bau weiterer Kraftwerke bei Zwentgendorf, Hainburg und in der Wachau. Vor allem die große Bürgerbewegung für die Auenlandschaft bei Hainburg ist in die Geschichte von Österreichs ›Grünen‹ eingegangen, seit 1996 steht der Naturpark Donauauen nun sogar unter staatlichem Schutz. Gleichzeitig verfügt Österreich längs der Donau über enorme landwirtschaftliche Ressourcen. Die Weinbaugebiete der Wachau sind berühmt, das Marchfeld gilt als Kornkammer des Landes. Nicht zuletzt in Verbindung mit dem Donauradweg ist der Tourismus in der reizvollen Hügellandschaft und den ausgedehnten Auwäldern zu einem bedeutenden Wirtschaftszweig geworden.

In Deutschland tragen sechs Wasserkraftanlagen zur Energiegewinnung bei. Als Industriestandort ist die ›junge Donau‹ im baden-württembergischen Teil jedoch weitgehend verschont geblieben – der Fluss ist noch zu schmal und wasserarm. Allerdings versorgt die Donau hier und auch an der Mündung des Lechs über mehrere Pipelines die Regionen Stuttgart und Nürnberg mit Trinkwasser. Außerdem hat die Donau hier eine reizvolle deutsche Urlaubsregion mit weitreichender Infrastruktur geprägt. Der bayrische Donauraum spielt mit seinen barocken Ortschaften und historischen Städten gleichfalls eine wichtige Rolle im Fremdenverkehr, daneben nehmen Agrarwirtschaft und Industrie einen hohen Stellenwert ein. Zwischen Straubing und Vilshofen wurden die neuesten Pläne zur Vertiefung der Fahrrinne bzw. Verbesserung der Schiffbarkeit durch massive Bürgerproteste zwar verhindert, doch säumen bereits zahlreiche Kraftwerke und Schleusen den Fluss. So haben sich etwa die Städte Ingolstadt (Ölraffinerien, Autoindustrie) und Deggendorf (Werften) zu modernen Industriestandorten entwickelt. Der Ausbau des Regensburger Hafens war weniger erfolgreich. Passau hingegen ist schon allein durch seine sich hier kreuzenden Fahrradfernwege zu einem touristischen Knotenpunkt geworden – alljährlich sind etwa 85 000 Radler von hier nach Wien unterwegs. Auch der Kreuzfahrttourismus boomt: 2005 haben 97 Kabinenschiffe den Hafen angesteuert. Regensburg wie auch Passau sind außerdem namhafte Universitätsstädte.

Als größter Flop entpuppte sich der Rhein-Main-Donau-Kanal, der in der Hoffnung geplant wurde, den Warenaustausch zwischen West und Ost um das Achtfache zu steigern. Hitzige Diskussionen begleiteten das aufwendige

Projekt (fast 5 Mrd. DM), der damalige Verkehrsminister Hauff schimpfte den 171 km langen Kanal das »dümmste Projekt nach dem Turmbau zu Babel«; dennoch wurde die Wasserstraße 1992 eröffnet. Sei es durch die Kriege im ehemaligen Jugoslawien, sei es aufgrund falscher Berechnungen – der Kanal erwies sich als vollkommen unrentabel. Fast sieht es so aus, als werde der stetig abnehmende Güterverkehr auf dieser Strecke irgendwann die satirische Prophezeiung des Kabarettisten Dieter Hildebrand bestätigen, der das Projekt dahingehend kommentierte, dass nun bald nicht mehr ›Schiff ahoi‹, sondern ›hoi a Schiff‹ gerufen würde …

Im Osten

Die Donau als Handelsweg zwischen den sozialistischen Anrainerstaaten spielte in der sowjetischen Politik eine wichtige Rolle. Doch trotz ›Freundschaftsbrücken‹ wie in Russe (1954), Giurgeni (1970) und Cernavoda (1987) und entsprechenden ideologisch-wirtschaftlichen Programmen blieben die Beziehungen zwischen den östlichen Donaustaaten zumeist gespannt und nur durch entsprechende Direktiven aus Moskau relativ stabil. Den Konzepten der Fünfjahrespläne entsprechend, entstanden längs der Donau riesige Industriekombinate, meist ohne Rücksicht auf gewachsene Agrarstrukturen. Giftige Abwässer, die ungefiltert in die Donau geleitet wurden, belasteten zunehmend den Fluss, das Delta und das Schwarze Meer. Bei Budapest entstand ein Ballungsraum der Metallverarbeitung; bei Paks steht das einzige ungarische Atomkraftwerk.

Im rumänischen Turnu Măgurele und in Giurgeni dominiert die Petrochemie, auf bulgarischer Seite entstanden bei Lom und Russe Maschinen- und Textilfabriken und das Atomkraftwerk von

Fokus ungarischer Geschichte: der Heldenplatz mit dem Millenniumsdenkmal

Kosloduj. Der nördliche Donauarm ist ab Galatz bis zum Meer mit Hochseehäfen bestückt, entlang derer sich Werften und Docks ausbreiten. Die mittlerweile fast museal anmutenden Schiffe der Kriegsflotte dümpeln in den Häfen von Izmail und Tulcea vor sich hin.

Jugoslawien ging eigene Wege und wurde dafür vom Ostblock mit wirtschaftlichem Boykott bestraft. Obwohl der Vielvölkerstaat wirtschaftlich durch die USA unterstützt wurde, konnte sich Tito 1964 mit dem rumänischen Staatsführer Gheorghiu-Dej über den gemeinschaftlichen Bau und die Nutzung des Kraftwerks am Eisernen Tor einigen, das seit seiner Fertigstellung 1972 einen bedeutenden Teil der Energiewirtschaft beider Staaten ausmacht. Durch die Aufstauung des Wassers wurden für den Güter- und Personenverkehr optimale Bedingungen geschaffen – die ökologischen Folgen sind jedoch unübersehbar: Durch die gigantischen Ausmaße der Anlage kommt es zu starker Sedimentation und Anreicherung von Schadstoffen, die Trinkwasser, Flora und Fauna auf dem weiteren Weg der Donau beeinflussen.

Ökologische Proteste haben ein weiteres staatenübergreifendes Staudammprojekt zwischen Ungarn und der Slowakei zum Scheitern gebracht: Der 1977 geschlossene Vertrag über die Staustufenanlage Gabčikovo-Nagymáros mit zwei Dämmen und gemeinschaftlich genutzter Energie ließ ungarische Umweltschützer 1984 auf die Barrikaden gehen, da der Grundwasserspiegel bedenklich absank und das Ökosystem der Schüttinseln schwer beeinträchtigt wurde. 1989 wurden die Bauarbeiten auf ungarischer Seite eingestellt, die Slowaken vollendeten ihren Abschnitt mit dem Argument, dass sonst über eine Milliarde Mark sprichwörtlich umsonst ›den Bach runter gegangen‹ wären. Die Fronten verhärteten sich zusätzlich durch den Umstand, dass auf der gefährdeten slowakischen Schüttinsel eine ungarische Minderheit ansässig ist. Der von den beiden Staaten vor dem Internationalen Gerichtshof in Den Haag angestrengte Prozess hat kein befriedigendes Ergebnis gebracht: Das Gericht entschied 1998, dass beide Staaten die Arbeiten an dem Projekt fortsetzen können, jedoch dem Umweltschutz Rechnung zu tragen hätten. Wie? Das blieb und bleibt dahingestellt.

Auch zwischen der Ukraine und Rumänien sind mit der politischen Wende die unterschwelligen Konflikte wieder aufgebrochen: Nachdem Ceauşescu einen eigenen Seezugang durch den Bau des Donau-Schwarzmeer-Kanals (1975–1984) durchgesetzt hatte, konterte die Ukraine 2004 mit dem Ausbau des Bystre-Kanals, um Hochseeschiffe auf eigenem Hoheitsgebiet ins Binnengewässer zu bringen. Obwohl viele Umweltorganisationen auf die Folgen für das ökologische Gleichgewicht im Delta aufmerksam machten, wird das Projekt von der Ukraine weiterverfolgt.

Mit der politischen Wende sind fast alle ehemaligen Kombinate längs der Donau privatisiert worden. Die Agrarwirtschaft krankt vielfach noch an veralteter Technik, die Industrieanlagen sind überwiegend in einem katastrophalen Zustand. Viele der alten Betriebe wurden von ausländischen Investoren aufgekauft und stillgelegt.

AUSBLICK INS 21. JAHRHUNDERT – GIBT ES EINE NEUE DONAUVEREINIGUNG?

Nach der Öffnung des Eisernen Vorhangs und der politischen Wende im östlichen Donauraum erfuhr der gerade erst hoffnungsvoll vereinte Donauraum durch den Krieg im ehemaligen Jugoslawien zunächst erneut einen Rückschlag. Fracht- und Personenschiffe konnten wieder einmal nicht den ganzen Donaulauf passieren, die historischen Städte Vukovar und Osijek wurden vollkommen zerstört. Erst im Oktober 2005 wurde die Durchfahrt für Schiffe, die wegen der bombardierten Brücke in Novi Sad und den daraus resultierenden Bauarbeiten nur zu bestimmten Zeiten möglich war, wieder uneingeschränkt freigegeben.

Der Bürgerkrieg und der Wechsel von der Plan- zur Marktwirtschaft hat die ohnehin angeschlagene Wirtschaft in den Ländern der unteren Donau kollabieren lassen. Kapitalmangel und die hoffnungslos veralteten, umweltgefährdenden Anlagen lähmen den Aufschwung. Armut, Arbeitslosigkeit und Auswanderung sind die Folgen. Dabei erfreuen sich Bulgarien und Rumänien als potenzielle EU-Kanditaten immerhin noch milliardenschwerer Zuwendungen, die Ukraine hingegen erscheint innerhalb des Donauraums wirtschaftlich isoliert. Die EU-Beitrittsverhandlungen mit Kroatien wiederum lassen auf positive Entwicklungen hoffen. In Ungarn und der Slowakei zeichnet sich dank EU-Subventionen und dem Engagement ausländischer Investoren, die hier gut ausgebildete Arbeitskräfte zu niedrigen Kosten suchen und finden, eine wirtschaftliche Stabilisierung ab. Die Autoindustrie und Informatikdienstleistungen sind auf dem Vormarsch. Dennoch sind die Zukunftsprognosen auch hier alles andere als rosig, denkt man an das globale Muster, nach dem Investoren nach Ablauf ihrer Subventionszeiten allzu schnell ihre Standorte schließen. Die ›Karawane‹ wird auch in Ungarn und der Slowakei weiterziehen, um neue, dann noch günstigere Wirtschaftsstandorte zu suchen.

Doppelt wichtig sind die Bestrebungen der internationalen Werbe- und Arbeitsgemeinschaften im Donauraum, die sich um ein langfristiges wirtschaftliches Konzept vor allem für den touristischen Sektor bemühen: Die Internationale Werbegemeinschaft Donau etwa schließt mittlerweile acht der zehn Donaustaaten zusammen. Projekte wie der Ausbau des Donauradwegs bis zum Schwarzen Meer, Kreuzfahrtangebote und der regionale Ausbau der touristischen Infrastruktur locken immer mehr Besucher auch über Budapest hinaus in Richtung Schwarzes Meer. Internationale Umweltschutzorganisationen unterstützen die ökologisch wichtigen Naturparks an der Donau, gerade erst hat die ›Naturfreunde Internationale‹ das Donaudelta zur »europäischen Landschaft des Jahres« erkoren und arbeitet an einem Konzept zur Regionalentwicklung des Deltas. Und seit mehreren Jahren zieht die ›Donaubörse‹ immer mehr Aussteller und Besucher in wechselnde Donaustädte, um das vielseitige technische und kulturelle Angebot des Donauraums zu präsentieren.

Kultur und Leben

Bibliothek des Stifts St. Florian

LEBENSART AN DER DONAU

Bevölkerungsgruppen

Die fruchtbaren Niederungen an der Donau haben im Laufe der Jahrhunderte immer wieder neue Siedler angelockt. So nimmt es kein Wunder, dass sich hier bis heute zusätzlich zu den Nationalitäten der zehn Anrainerstaaten viele weitere Volksgruppen finden. Türkische, russische und griechische Minderheiten leben an der unteren Donau, während die im 15. und 16. Jh. aus Indien eingewanderten Familien der Sinti und Roma vor allem in Rumänien (ca. 1 Mio.), Ungarn (0,2 Mio.) und der Slowakei (0,1 Mio.) größere Gemeinschaften bilden. Gleichzeitig sind durch die politischen Grenzverschiebungen, durch Umsiedlungs- und Fluchtprozesse viele Nationalitäten der Anrainerstaaten zu Minderheiten eines anderen Donaulandes geworden. Deutsche Donauschwaben siedeln immer noch in Ungarn und im rumänischen Siebenbürgen. Diejenigen, die nach dem Zweiten Weltkrieg nach Deutschland zurückkehrten, haben sich oftmals an der Donau (Passau, Ulm und Regensburg) niedergelassen. Ungarn sind in der Slowakei, Slowaken in Ungarn zu Minderheiten geworden. Eine Biografie als rumänischer Ukrainer, als ukrainischer, ungarischer oder bulgarischer Rumäne ist durchaus typisch. Aber auch massenfluchtartige Bevölkerungsbewegungen wie die Flucht serbischer und kroatischer Minderheiten zurück in ihre jeweiligen Nationalstaaten in den 90er-Jahren des 20 Jh. sind eine traurige Regel in der Bevölkerungsdynamik am Fluss. So zogen nach den Weltkriegen fast 400 000 bulgarische Türken gezwungenermaßen in die Türkei ›zurück‹. Von den jüdischen Donauanwohnern, die bis zum Zweiten Weltkrieg in allen Donauhandelsstädten eine bedeutende Bevölkerungsschicht gebildet hatten, ist kaum jemand zurückgeblieben. Diejenigen, die nicht fliehen konnten, wurden zu Tausenden deportiert und ermordet.

Eine kleine, wenig beachtete russische Minderheit lebt im Donaudelta: Die Lipowaner haben sich auf den Schilfinseln der Mündungsregion über Jahrhunderte von allen anderen Bevölkerungsgruppen abgeschottet.

Stadt und Land

Im Donauraum zeigt sich das Spannungsfeld zwischen Großstadtkultur und agrarischer Lebensform. Während die großen Städte, unter denen sich immerhin fünf Hauptstädte befinden, einen wirtschaftlichen Aufschwung erleben, kämpfen vor allem die Bauern und Fischer im mittleren und unteren Donauraum um die nackte Existenz. Der Fremdenverkehr, der in Deutschland und Österreich für die ländlichen Donauanwohner längst zum zweiten wirtschaftlichen Standbein geworden ist, liegt hier noch in den allerersten Anfängen, die landwirtschaftlichen Erträge reichen oftmals kaum für den Eigenbedarf. Hoffnungslos veraltet sind technische Geräte und die Strom- und Wasserversorgung vor allem in den rumänischen, bulgarischen und ukrainischen Dörfern – viele Anwohner beziehen ihr Wasser sogar direkt aus der hier stark verschmutzten Donau. Andererseits zeigt sich gerade in den bäuerlichen Gemeinwesen das Improvisationstalent: Verwandte und Nachbarn helfen sich ganz selbstverständlich bei der Versorgung der Ältesten und Jüngsten, Hilfsleistungen beruhen oft auf dem Prinzip der Gegenseitigkeit und werden nicht bezahlt.

Religion

Schon die Einführung des Christentums hatte den Donauraum in einen byzantinisch-orthodox missionierten Osten und einen durch Rom christianisierten Westen geteilt. Durch das Schisma von 1054 ist diese Teilung bis heute erhalten geblieben, gleichzeitig sind mit den Unabhängigkeitsbestrebungen im Osten und durch die Bewegung der Reformation im Westen in beiden Bereichen weitere selbstständige Kirchenformen entstanden. Zahlreiche Kirchen und Klöster säumen den oberen Donaulauf, besonders unter den Habsburgern wurden die katholischen Gotteshäuser in barocker Üppigkeit ausgebaut. Gleichzeitig sind auch die während der Reformation entstandenen Strömungen in Deutschland und der Calvinismus in Ungarn und der Slowakei bis heute zumindest präsent. Am mittleren und unteren Donaulauf wurden die alten orthodoxen Kirchen durch Kriege immer wieder zerstört,

Zurückgezogenes Leben – in einem Kloster in Bulgarien

der Kirchenbau unter osmanischer Herrschaft verboten. Trotzdem entstanden gerade während dieser Periode zahlreiche, oft regelrecht versteckt liegende Klöster und Kirchen, die neben ihrer religiösen Funktion auch die Organisation des nationalen Widerstands und die Vermittlung von Bildung übernahmen. Nach den Befreiungskriegen riss man wiederum die Moscheen ab, die während der Osmanenzeit u. a. die bulgarischen und serbischen Städte prägten.

Nach der sozialistischen Epoche, in der die Kirchen mit vielerlei staatlichen Repressalien zu kämpfen hatten, ist es in den postkommunistischen Donaustaaten zu einer wahren Renaissance der Religionen gekommen. Kirchen und Klöster wurden restauriert, die kirchlichen Gemeinden erleben einen ständigen Zuwachs. Auch religiösen Minderheiten wird wieder Raum zugestanden: griechisch-orthodoxe, lutherische und katholische Kirchen gehören ins Stadtbild einer jeden größeren Ortschaft und auch Synagogen und Moscheen werden restauriert.

Traditionen und Feste

Allein der christliche Festtagskalender bietet an der Donau unerschöpfliche Ressourcen zum Feiern: Die vielen alten Klöster und Kirchen im oberen Donauraum, von denen nicht wenige derzeit ihr 1000-jähriges Bestehen feiern, laden mit feierlichem Glockenklang und festlichen Prozessionen zu den Festtagsgottesdiensten. Chorkon-

Das ›Pflasterspektakel‹ in Linz, eines der größten Straßenkunstfestivals der Welt

zerte und Messen in alten Abteien wie Melk, Beuron und Weltenburg oder in den großen Kathedralen in Regensburg (Domspatzen), Passau, Wien, Budapest und Esztergom beeindrucken dabei ebenso wie die mehrstimmigen Priestergesänge vor den reich geschmückten Ikonostasen in den orthodoxen Gotteshäusern am mittleren und unteren Donaulauf. Der orthodoxe Kalender unterscheidet sich zeitlich und inhaltlich vom römischen, Ostern etwa gilt als höchster kirchlicher Feiertag und findet eine Woche später als in Westeuropa statt.

Natürlich werden die christlichen Feiertage auch mit weltlichen Freuden gewürdigt: Festtagsmärkte, Festmahlzeiten und Geschenke gehören in allen Donaustädten dazu. Hinzu kommen regional ausgeprägte, traditionelle Anlässe des Feierns, die vor allem am oberen Donaulauf fest in eine touristische Struktur eingebunden sind. Historische Burgfeste, Barocktage, Sonnenwend-, Winzer- und Erntefeste (vor allem in Deutschland und Österreich) stehen hier ebenso auf dem Programm wie Karnevalsumzüge und Kuriositäten, etwa das ›Schwörfest‹ in Ulm und das ›Fischsuppe-Wettkochen‹ in Ungarn.

In den Donaustaaten Kroatien, Serbien, Bulgarien und Rumänien sind die meisten kirchlichen und regionalen Feiertage deutlich weniger kommerziell organisiert als in den westeuropäischen Staaten. Verkaufsmärkte sind selten, stattdessen finden sich die Nachbarn nach den Gottesdiensten oder Prozessionen privat zusammen, wobei ausgiebig gegessen, getrunken und getanzt wird. Anders als in Westeuropa haben der Frauentag (8. März) und die kirchlichen Namenstage große Bedeutung.

In allen größeren Donaustädten finden alljährlich diverse Musik- und Theaterfestivals statt. Einen Namen haben sich vor allem das Budapester Frühlingsfestival (März/April), die Musikfestivals in Novi Sad und Belgrad (August bzw. Oktober) und das Jazzfestival in Bratislava (Oktober) gemacht. Im Mai gibt es zahlreiche Kulturveranstaltungen im Zuge des ›Donaufestival Niederösterreich‹. In Deutschland werden Folklore, Musik und Theater durch einen ›Donaukalender‹ (www.donaukalender.de) koordiniert. Seit zwei Jahren gibt auch der ›Internationale Donautag‹ Anlass zum Feiern. Von der Quelle bis zur Mündung werden dabei in den Sommermonaten festliche Musik- und Theaterdarbietungen, Ausstellungen und Konferenzen organisiert. Aber auch Gemeinschaftsaktionen wie die Beseitigung von Müll in den Donauauen oder Bootsausflüge und Kinderprogramme gehören dazu (Information unter www.danubeday.org).

Weitere Informationen zu Kulturveranstaltungen erhält man über die Tourismusvereine, lokale Fremdenverkehrsämter oder indem man im Internet den Ortsnamen mit entsprechendem Länderkürzel eingibt.

Musik

Die Donau ist keineswegs nur »so blau, so blau« in die Musikgeschichte eingegangen, wie es durch die noch immer eifrig gewalzerten Melodien von Johann Strauß auf den ersten Blick erscheinen mag. Tatsächlich haben sich ihr auch eine ganze Reihe anderer Komponisten thematisch zugewandt oder sind durch ihr Leben in den Donaustädten von ihr musikalisch inspiriert worden.

So hat Mozart, dessen 250. Geburtstag 2006 auch an der Donau gefeiert wird, in seine Wiener Klassik Töne aus der östlichen Donaugeschichte gemischt: In der ›Janitscharenmusik‹ hört man die osmanischen Besatzer förmlich mit den Säbeln rasseln. Andererseits ist gerade Mozart zusammen mit Haydn und Beethoven selbst zu einem Teil der habsburgischen Donau geworden: Obwohl keiner der drei berühmten Männer hier geboren wurde, sind sie gemeinsam als ›Wiener Klassiker‹ in die Musikgeschichte eingegangen. Beethoven wiederum hat den zwölfjährigen Liszt so nachhaltig beeindruckt, dass der Künstler aus dem Burgenland später neun Kompositionen von Beethoven zu Klavierwerken umarbeitete. Liszt selbst wurde durch seine virtuose Spielweise und die ›Zigeunertonleitern‹ (kleine Terz, übermäßige Quarte, kleine Sexte, große Septime) berühmt, mit denen seine Kompositionen schließlich fast bis an die Grenze zur Atonalität gelangten. Der Komponist Johann Nepomuk Hummel aus Bratislava wurde von Mozart gefördert, der dem siebenjährigen Talent begeistert Musikunterricht anbot. Das virtuose und typische ›Krabbeln‹ der Hummel-Werke scheint nur mittels präziser Technik realisierbar, für die der slowakische Meister seine theoretischen Anleitungen gleich mitgeliefert hat.

Der zehnjährige Bela Bartok hat über die Donau musikalische Szenen geschrieben (op. 18), die er mit sprechenden Überschriften versah, z. B. ›Die Donau freut sich, dass sie sich Ungarn nähert‹, ›Die Donau unterhält sich mit ihren Nebenflüssen‹ oder ›Die Donau ist traurig, weil sie Ungarn verlässt‹. Daneben hat der erwachsene Bartok die musikalische Donaugeschichte in Budapest auch sachlich vorangetrieben, indem er unzählige rumänische und ungarische Lieder sammelte und die Struktur ihrer 9/8-Takte erforschte und in seine Kompositionen einbrachte. Der rumänische Komponist Eugen Enescu verband die mitreißenden Volksrhythmen mit byzantinischer Kirchenmusik zu spätromantischen Symphonien.

Der österreichisch-amerikanische Jazzmusiker Joe Zawinul, Mitbegründer der legendären Gruppe ›Weather Report‹, hat in seinen ›Stories of the Danube‹ (1993) die Geschichte des Flusses mit den Mitteln des Jazz zu beschreiben versucht und unlängst in Wien den Jazzclub ›Birdland‹ gegründet. In den Balkanstaaten und in Rumänien haben die regionalen Donauvolksweisen und Instrumente ihren Weg bis in die neuesten Entwicklungen von Rock und Pop gefunden. In der Weltmusik eines Goran Bregovic wie auch bei vielen anderen populären Bands stoßen moderne Rhythmen auf folkloristische Motive und verbinden Synthesizer und E-Gitarre mit traditionellen Instrumenten wie Hirtenflöte und Dudelsack.

AUS DEM LEBEN EINES DONAUKAPITÄNS

»Der Rhein ist wie eine Autobahn, die Donau hingegen wie eine Landstraße, auf der man mit allem rechnen muss«, sagt mir ein junger Käpt'n, während ich gebannt auf die Apparaturen im Steuerhaus schaue. Dabei wirkt alles so gemütlich: Rote Punkte ziehen nachts gemächlich über den Bildschirm, bei Tage kann man die Abbildungen als Ufer, Boote, Enten, Schwäne und sogar Wellen erkennen und einordnen. Doch auf der Donau ist nicht nur das, was auf dem Wasser schwimmt, entscheidend, sondern viel mehr das, was sich unter der Oberfläche verbirgt. Bei Visegrád sind es z. B. scharfkantige Felsen, und auch sonst bleiben bei Niedrigwasser mitunter schon mal nur noch 30 cm Wasser unter dem Kiel. Das sind eben die Tücken der ›Landstraße‹: Engstellen, Hoch- und Niedrigwasser erfordern hier bis heute einen variablen Fahrstil. Eine klar definierte Fahrrinne gibt es an vielen Stellen nicht, Begegnungs- und Überholmanöver werden zumeist nach Absprache geregelt. Die Sprache ist jedoch schon der nächste Haken im Donauschifffahrtgeschäft: Zwar gilt auch hier wie allgemein auf europäischen Binnengewässern Deutsch als Verkehrssprache, doch das lässt sich den ukrainischen, russischen, serbischen, ungarischen und rumänischen Schiffern auf der unteren Donau im Fall der Fälle recht schlecht erklären. Damit trotzdem nichts schief geht, gibt es zum Glück einige international gültige Regeln und Signale: ›bergfahrende‹ Schiffe dürfen immer bestimmen, ›talfahrende‹ müssen sich danach richten. Dazu gibt es einen ›blauen Blinker‹ – und das Funkgerät, durch das dann meist ein Schwall dunkler slawischer Worte dringt. Die Kapitäne, die aus Holland, Deutschland und Österreich die obere Donau herunterschippern, akzeptieren dies, und die Lotsen, die in Budapest, Bratislava oder Belgrad die westeuropäischen Urlaubsschiffe begleiten, sind damit mehr als zufrieden: Dank ihrer noch nicht vergessenen sozialistischen Schulbildung können sie zumindest auf Russisch fluchen und leisten so bei Schleusungsvorgängen oder im kommunikativen Austausch wertvolle Dienste. Viele von ihnen haben früher selbst einmal als Kapitän ein Schiff geführt und erzählen gern und ein bisschen wehmütig von den alten Zeiten, wo man als Frachtschiffkapitän noch ein kleines Schmuggelgeschäft leiten konnte und Probleme mit Wodka gelöst wurden. Allerlei Seemansgarn ist natürlich auch dabei.

Und wie wird man heutzutage Kapitän auf der Donau? Zuerst muss selbstverständlich – egal ob westliche oder östliche Donau – die übliche Schifferlaufbahn absolviert werden. Nach zwei Jahren als Schiffsjunge und zwei weiteren als Matrose kann man zum Steuermann aufsteigen. Wer weiterkommen will, muss abermals zwei Jahre fahren, möglichst gleich die Strecken, auf denen er sein Patent erwerben möchte. ›Achtmal im Jahr flussaufwärts und achtmal wieder zurück‹ heisst die Devise, bevor man sich zur Prüfung bei der Wasserstraßendirektion anmelden kann.

KUNST UND ARCHITEKTUR

Schlachtenszenen, Stadtansichten und Naturlandschaften an der Donau bezeugen den Reiz, den der Fluss zu allen Zeiten auf Maler ausgeübt hat. Unzählige Museen und Galerien zwischen Regensburg und Russe präsentieren inzwischen diese Bilderwelten, die sich z. B. als ›Donauschule‹ im 15./16. Jh. in Deutschland und Österreich einen eigenen Namen machten. Heute gilt das ungarische Szentendre als das Künstlerzentrum an der Donau. In Wien wurde im Jahr 2005 unter dem Titel ›Blau: Die Erfindung der Donau‹ ein internationales Spektrum fotografischer Donauansichten vereint.

Noch mehr hat die Architektur den Donauraum geprägt. Von den romanischen Einflüssen des Frühmittelalters, die sich in Burgen und Wehranlagen spiegeln, bis hin zu den aufstrebenden Türmen der gotischen Kathedralen in Regensburg, Wien, Bratislava und Budapest und Belgrad ist die obere Donau zum Schauplatz architektonischer Machtpräsentation geworden. Vor allem aber ist es der habsburgische Barock (s. S. 153), der sich – vorangetrieben durch die Gegenreformation – während der Donaumonarchie hier durchgesetzt hat. Ob kleine Städtchen oder Kirchlein, ob gewaltige Paläste, Klöster oder Kathedralen – der gesamte Oberlauf der Donau zeugt von den üppigen Stilformen dieser Epoche. Aber auch Rokoko, Renaissance, Klas-

Perle des Jugendstils: Joseph Maria Olbrichs Secessionsgebäude in Wien

sizismus und Jugendstil haben in sämtlichen Donaustädten ihre Spuren hinterlassen. Vor allem die städtischen Bürgerhäuser, die sich wohlhabende Kaufleute entlang der Donau bauen ließen, zeigen alle Spielarten dieser Architekturepochen. In der Baukunst sind Impulse immer wieder vor allem in Wien und Budapest gesetzt worden, man denke etwa an Friedensreich Hundertwasser und die ›organische‹ Architektur von Imre Makovecz.

Im östlichen Donauraum haben osmanische Einflüsse die Architektur mitgeprägt. Von den zahlreichen Moscheen und Minaretten ist allerdings kaum etwas erhalten geblieben. Doch man findet noch typische Ensembles, etwa den ›Konak‹ in Vidin und Belgrad oder auch orientalisch-europäische Mischformen wie in etlichen Palästen. Hinzu gesellt sich der ›Balkanstil‹, der mit seinen Holzveranden und Innenhöfen ebenfalls von den Osmanen inspiriert wurde. Die Gotteshäuser und Klöster wiederum zeigen byzantinische Vorbilder. Auch die gigantischen sozialistischen Bauprojekte gehören in das architektonische Donaupanorama. Das ›Haus des Volkes‹ in Bukarest oder die Stadtarchitektur von Dunaújváros in Ungarn sind Beispiele dieser gigantomanischen Bauphantasien. Mehr als unvollständig wäre die Donaulandschaft jedoch ohne ihre Brücken. Die Steinerne Brücke in Regensburg, die sieben Brücken Budapests, die Brücke der Freundschaft in Russe oder die gerade erst wieder aufgebaute Brücke von Novi Sad spannen ihren Bogen nicht nur über den Fluss, sondern auch über die Geschichte der Donauarchitektur.

Literatur

Ob als Istros, auf dem Jason erfolgreich mit seinem gestohlenen Vlies nach Hause segelte, oder als Wegweiser bei den Nibelungen – schon frühzeitig hat die Donau ihren Weg in die Literatur gefunden. Immer noch faszinieren diese Mythen durch die Mischung aus realistisch-historischen Bezügen und beabsichtigter oder zufälliger poetischer Verfremdung. Daran hat sich auch in der neueren Donauliteratur nichts geändert: Friedrich Hebbel beschreibt die Ertränkung der Agnes Bernauer bei Straubing in Form einer Tragödie, der ›Schneider von Ulm‹ geht in Brechts Werke ein, das mittelalterliche Kloster Melk taucht in Umberto Ecos Roman ›Der Name der Rose‹ auf. Und auch der ›halbe Türke‹ aus Ludwig Uhlands Kreuzfahrerhymne und Friedrich Hölderlins ›Donaugedichte‹ behaupten ihren Platz in der Literatur. Weniger bekannt ist Jules Vernes Donaukrimi ›Die gelbe Donau‹, der einen ironischen Kontrast zum ›Blau‹ des Donauwalzers setzt.

Neben der literarischen Verarbeitung historischer Ereignisse spiegelt sich die Donau in Dokumentationen und Reisebeschreibungen: Von den »schrecklichen Sümpfen und schaurigen Wäldern« bei Regensburg ist bei Tacitus die Rede, Plinius nennt sechs Mündungsarme mit der Insel Peuke, die von »einem großen Sumpf aufgesogen« wird, und Herodot erwähnt gar »todbringende Bienenschwärme«.

Leichter nachvollziehen lassen sich die Reiseerlebnisse, die u. a. von Ludwig Bechstein, Ida Pfeiffer oder Felix

Kanitz verfasst wurden. Politik und Architektur, aber auch die Gefahren der Schifffahrt auf der Donau werden anschaulich vermittelt. Das 20. Jh. hat weitere ›Donauautoren‹ hervorgebracht: In den einfühlsamen Donaubeschreibungen von Ernst Trost und Franz Fühmann, in Claudio Magris' brillanten kulturgeschichtlichen Donauessays und in Michael Weithmanns umfangreicher Donaugeschichte ist der Fluss eindrucksvoll fassbar geworden.

Nicht zuletzt lebt die Literatur über die Donau auch von den Literaten, die hier geboren wurden oder gelebt haben. Hans Carossa, der als Arzt in Passau lebte, Adalbert Stifter, der 20 Jahre in Linz verbrachte, Franz Kafka, der sich die letzten Wochen seines Lebens in einem Lungensanatorium bei Wien aufhielt, sowie Franz Grillparzer, Robert Musil und Joseph Roth gehören als deutsch-österreichische Klassiker zur Weltliteratur. Wien hat mit seiner surrealistisch-dadaistischen ›Wiener Gruppe‹ (Bayer, Achleitner, Artner), ihren Nachfolgern (Ernst Jandl) und den modernen, oft bös-satirischen Kabarettisten (Georg Kreisler) eine besondere literarische Donaudynamik entfaltet. Auch die psychologischen Schriften Sigmund Freuds entstanden in Wien.

In Budapest, das u. a. durch die Poesie Attila Joszefs und die Philosophie Georg Lukacs' literarischen Weltruhm erlangte, steht das spezifisch Donautypische bis heute auf dem literarischen Programm: In der literarischen Anthologie ›Kettenbrücke‹ nehmen die Autoren ihre Heimatstadt unter die Lupe. In seinem satirisch-essayistischen Werk ›Donau abwärts‹ kommentiert der Budapester Autor Peter Esterhazy sein Schreiben gar frech-lakonisch mit »Was die Donau ist, bestimme ich«.

In der Slowakei, in Serbien und Kroatien haben die Kriege und die schwierige nationale Identitätssuche wenig Raum für spöttische Distanz gelassen. Zur Donauliteratur gehört auf jeden Fall aber auch die eindringliche Beschreibung der zwischen Großmächten zerrissenen Nationen, wie sie in den ›blutigen Sonetten‹ des slowakischen Dichters Hviezdoslav anklingt. Der ›Vater der slowakischen Nationaldichtung‹ sitzt somit vollkommen zu Recht auf seinem Denkmal an dem nach ihm benannten Hauptboulevard in Bratislava.

Im ehemaligen Jugoslawien zeigt sich die spannungsreiche Donauliteratur oft schon im biografischen Hintergrund der Autoren. Vasko Popa, ein

Apostelfiguren, 14. Jh., Pfarrkirche Spitz

zeitgenössischer serbischer Dichter, begann seine Literaturkarriere noch in rumänischer Sprache. Miroslaw Kreza aus Zagreb lebte in Ungarn und schrieb auf Deutsch. Und der Verfasser des berühmten Romans ›Die Brücke über der Drina‹, Ivo Andric, stammt zwar aus Bosnien und lebte in Belgrad, doch seine habsburgisch-katholischen Wurzeln liegen in Kroatien. Was Andric als Anliegen für sich formuliert, wird in der kroatischen und serbischen Gegenwartsliteratur zunehmend deutlicher: Die Schriftsteller werden ›Brückenbauer zwischen Ost und West‹.

Bulgarien war in seinem literarischen Schaffen bis ins 20. Jh. hauptsächlich mit der Bewältigung des ›osmanischen Jochs‹ beschäftigt. Ivan Vasovs Buch ›Unterm Joch‹ ist zum national-patriotischen Klassiker geworden. Alltagsspezifischer entwerfen die ›Balkanlegenden‹ Jordan Jowkovs und die Erzählungen von Jordan Raditschkow das Leben im Donauraum. Auch Elias Canetti, Literaturnobelpreisträger von 1981, hat zur Donauliteratur beigetragen. In seiner Autobiografie beschreibt er seine Heimatstadt Russe als lebendige Handelsstadt, in der zahlreiche Nationen friedlich zusammenlebten.

Schließlich sind es noch Rumänien, Moldavien und die Ukraine, die die Donauliteratur bereichern. Auch hier sind Grenzziehungen schwierig: Rumänische Exilautoren wie Paul Celan und Rose Ausländer stammen aus der Region von Cernovitz (heute Ukraine), Eugène Ionescu und Mircea Eliade lebten in Paris, Herta Müller gehört zu den Banater Schwaben. Die Kindheitserinnerungen des in Brăila geborenen Panait Istrati und die Erzählungen von Mihail Sadoveanu und Daniel Banulescu liefern einen lebendigen Eindruck von der Natur und dem Alltagsleben im Delta.

ESSEN UND TRINKEN

Entlang der Donau darf auch der Gaumen nicht zu kurz kommen. Dank der Fantasie unzähliger Donauhausfrauen und den fruchtbaren Weinanbaugebieten längs des Flusses besteht diesbezüglich glücklicherweise keine Gefahr. Oft genug begleiten kleine Anekdoten die landesspezifischen Genüsse. So soll z. B. der bekannte österreichische Kaiserschmarrn ursprünglich für Kaiserin Sisi auf den Tisch gebracht worden sein. Statt ihrer vertilgte Gatte Joseph das opulente Mahl und erklärte es schnurstracks zum Leibgericht …

In Ungarn wiederum erledigt man die Kalorienzufuhr – so will es die Statistik – über den jährlichen Genuss von 20 kg Schweinefleisch und 15 kg Geflügel (Jahr/Person). Gänse mussten aber schon früher dran glauben – ursprünglich wurden die als Wächter gehaltenen Vögel nämlich von den Kelten einmal jährlich rituell geschlachtet. Die ›typisch ungarische‹ Salami hingegen ist ebenso wie der berühmte Tokajer von Italien aus an die Donau gelangt. Vor allem der Wein gedieh auf dem vulkanischen Boden so gut, dass er an allen Königshäusern getrunken und sogar als Medikament gehandelt wurde. Der Arzt und Naturforscher Paracelsus gab sich der Erforschung dieses Tropfens intensiv hin, das Ergebnis seiner Studien ist entsprechend schwer zu verstehen. Einfacher lässt sich der ungarische Gulasch erklären: Da ihn ungarische Hirten (*gulyas*) erfanden, trägt das Nationalgericht *pörkölt* im Ausland den Namen ›Gulasch‹.

Die kroatische und serbische Küche wird aufgrund ihrer osmanischen, griechischen und slawischen Einflüsse auch ›Küche der Regionen‹ genannt. Der gemeinsame Nenner heißt wohl ›Essen bis zum Umfallen‹: Zu jedem Feiertag, ob kirchlich, staatlich oder privat, gehören endlose Speisefolgen. Mohnnudeln mit Dörrobst, Fleisch und jede Menge Sliwowitz scheinen obligatorisch.

In Bulgarien und Rumänien ist man sich hingegen kulinarisch darüber einig, dass Kraut und Kohl, aber auch Aubergine, Zucchini und Tomaten zum Leben dazugehören. Der Bulgare serviert dazu Joghurt und Schafskäse. Während der selbst über die Pommes Frites geriebene Schafskäse echt bulgarisch ist, ist der Joghurt nachweislich eine Erfindung der Thraker: Das Reitervolk band seinen Pferden ein Proviantsäckchen mit Milch um, und als diese dann säuerlich wurde, rief man erstaunt *jog* (dick) und *urt* (Milch). Dem Schlechtwerden von Getränken beugt man heute in Bulgarien vor, indem der *raki* (Schnaps) hier vor der Mahlzeit getrunken wird. Das Essen kann hingegen warten – Bulgaren mögen ihre Speisen lieber lauwarm.

Honoré de Balzac, der im 19. Jh. die Ukraine bereiste, blieb absolut nüchtern: Nur so konnte er sich nicht beim Brotzählen vertun. Er kam auf 77 verschiedene Sorten. Wenn die Ukrainer darauf keine Lust mehr haben, essen sie heute Borschtsch, von dem sie behaupten, er seine keine russische, sondern ihre ganz persönliche Erfindung.

Donautropfen

An deutschen Donauufern hat sich der Baierwein als kleines, aber feines Unternehmen einen Namen gemacht. In den benachbarten österreichischen Donaugebieten bildet die Wachau mit etwa 16 000 ha Anbaufläche eines der größten Weinbaugebiete Österreichs. Im Sortiment dieser mehrheitlich weißen Weine gehört der Riesling sicherlich zu den besten Empfehlungen. Auch die Obstschnäpse aus Birnen, Himbeeren und Marillen (Aprikosen) sollte man sich nicht entgehen lassen.

In der Slowakei lässt sich mittels der vielen dort beheimateten Mineralwasser eine kleine Alkoholpause einlegen. Aber nur kurz, denn die slowakischen Biere wie Zlatý Bažant, Smadný mnich oder Topvar darf man nicht stehen lassen: Sie sind qualitativ mindestens so hochwertig und ebenso schmackhaft wie die international anerkannten tschechischen Biersorten. Auch der slowakische Wacholderschnaps und der Demänovka, ein Likör aus Heilkräutern und Waldfrüchten, gehören zu den regionalen alkoholischen Genüssen.

In Ungarn muss natürlich der fruchtige Dessertwein Tokajer gewürdigt werden, eine Weinprobe sollte auch in die Keller von Hajos führen: Der feinherbe, rubinrote Cabernet-Sauvignon aus Hajos ist unbedingt zu empfehlen. In Serbien und Kroatien steht der als Sliwowitz bekannt gewordene Pflaumenschnaps ganz oben auf der Getränkehitliste. Bulgarien und Rumänien sind bisher mit ihren Donautropfen nur wenig bekannt geworden – zu Unrecht, denn die Obstler aus dem bulgarischen Donauraum (Aprikosen, Birnen und Trauben) sowie die fruchtigen Weine der Dobrudscha bei Murtfatlar lohnen auch eine wiederholte Verkostung.

Stimmungsvolles Abendessen vor der Kulisse der Budapester Kettenbrücke

Tipps für Ihren Urlaub

Im historischen Zentrum von Bratislava

DIE DONAU ALS REISEZIEL

Pauschalreisen

Viele Veranstalter haben ›Reisepakete‹ entlang der **Donau bis Budapest** und zurück im Programm, wobei man zwischen den unterschiedlichsten Arrangements wählen kann. Thematische Fahrten wie ›Opern-, Advents- oder Culinariakreuzfahrten‹ gehören ebenso ins Angebot wie kombinierte Schiffs-, Fahrrad- und Wandertouren. Über Budapest hinaus ist das Angebot deutlich schwächer, doch zeichnen sich auch hier immer mehr Möglichkeiten ab.

Eine **Kreuzfahrt** auf der Donau gehört sicherlich zu den schönsten europäischen Flusstouren, verbindet sie doch ein breites kulturelles und landschaftliches Angebot mit Komfort und Bequemlichkeit. Das Schiff ist Verkehrsmittel, Hotel und Restaurant in einem, man lernt verschiedene europäische Länder kennen und kann doch immer in sein ›Schiffszuhause‹ zurückkehren. Wer dies zu schätzen weiß und nicht unbedingt Wert darauf legt, alles auf eigene Faust zu entdecken, hat mit einer Kreuzfahrt und den dazugehörenden Landausflügen die wunderbare Möglichkeit, unzählige Sehenswürdigkeiten entspannt zu genießen.

Reisenden, die den Schwerpunkt auf die Erkundung einer der Großstädte setzen wollen, sei der Flug nach Budapest, Wien, Belgrad oder Bratislava empfohlen, wobei sich die Rückfahrt mit einem Schiff organisieren lässt. Einige Kreuzfahrtschiffe bieten sogar die Fahrt zum bzw. vom Donaudelta als **Oneway-Tour** mit Flug von bzw. nach Wien an.

Bequemlichkeit und Aktivurlaub lassen sich verbinden, wenn man die Angebote einer **kombinierten Fahrrad-Schiffstour** wahrnimmt: An schönen Tagen radelt man, während das Hotelschiff das Gepäck zum Zielpunkt der Tagesetappe transportiert; je nach Stimmung und Wetterlage kann man aber auch auf dem Schiff bleiben (Auskunft siehe S. 222).

Individualreisen

Wer es individueller mag, kann mit **Linienschiffen**, die von Anfang April bis Oktober zwischen Regensburg und Bratislava verkehren, die Donau befahren. Dabei empfiehlt sich die Reservierung der Unterkunft vorab, da vor allem im Sommer zwischen Passau und Wien reger Andrang herrscht. Individualreisende, die die Donau zwischen Serbien und dem Delta bereisen wollen, scheitern oftmals an den Grenzübergängen. Wer nicht vorab eine Tour gebucht hat, wird meist nur innerhalb der Landesgrenzen von den lokalen Linienschiffen mitgenommen.

Auf die Linienschiffe dürfen Individualreisende ihre **Fahrräder** mitnehmen. Auch etliche Busse zwischen Passau und Wien und natürlich die Bahn sind auf Fahrräder eingestellt. So lässt sich diese sehr angenehme Reisekombination durchaus privat organisieren.

Die **Bahnverbindungen** in Deutschland und Österreich sind schnell und problemlos, weiter nach Osten braucht es Zeit und Geduld. Mehr als ein Zubringer ist die Bahn dann, wenn die Gleise über längere Zeit direkt am Fluss entlangführen – ein besonderes Reiseerlebnis, vor allem in Bayern und Österreich (etwa zwischen Ardagg und Melk), aber auch in Rumänien (Eisernes Tor!).

Zu günstigen Preisen bieten etliche **Busunternehmen** für hartgesottene Individualreisende die Fahrt bis bzw. durch die östlichen Donauanrainerstaaten an.

Die **Autostrecke** entlang der Donau büßt ihre Qualitäten in Relation zur Verkehrsdichte ein. Während in der Sommersaison auf den österreichischen und deutschen Donaustraßen der Verkehr kollabiert, ist es ab Budapest zwar einsamer, aber schlaglochreicher, es sei denn, man bleibt auf den großen Transitstraßen. Vorteilhaft ist die Unabhängigkeit von öffentlichen Verkehrsmitteln, andererseits ist man gerade am unteren Donaulauf auf die sparsam verteilten Brücken angewiesen (Auskunft zum Schiffslinienverkehr, zu Bahnen, Bussen und Fernstraßen siehe S. 219).

Donauhighlights

Wo auch immer man sich gerade befindet – stets versichern einem die Donauanwohner, dass der momentane Aufenthaltsort zu den schönsten, kulturträchtigsten und spannendsten Donauabschnitten zählt. Und meist wird dies schnell mit Daten und Fakten belegt. Dem lässt sich in der Regel schwer widersprechen, und so ist es vielleicht gerade die Vielseitigkeit, der Wechsel von Landschaftseindrücken, Wetter- und Tagesstimmungen, die gemeinsam *das* Highlight der Reise bzw. des Reisens an der Donau ausmachen. Das Spannungsfeld reicht

Die Restaurants vieler Kreuzfahrtschiffe verwöhnen auch anspruchsvollste Gäste

dabei von deutsch-österreichischen Landschaftsimpressionen mit vielen Burgen, Klöstern und hübschen Dörfern über die malerischen Stadtkulissen von Wien, Bratislava, Budapest und Belgrad bis hin zu einsamen, grünen Landschaften, die schließlich im Delta von der menschlichen Zivilisation ganz unberührt zu sein scheinen.

Die schönsten und wichtigsten Sehenswürdigkeiten wird kaum ein Donaureisender übersehen können. So kann man auch bei organisierten Reisen jede der großen Städte erkunden und Touren durch die Wachau, zum Kloster Melk, nach Esztergom und Szentendre, in die Puszta oder auf einem Ausflugsschiffchen ins Delta buchen. Auch auf einer Kreuzfahrt braucht man nicht zu fürchten, ein wichtiges Motiv zu verpassen, denn die Nachtstrecken der Hinfahrt gehören meist zu den Tagesetappen der Rückfahrt. Besonders für die Strecke an der Schlögener Schlinge und am Eisernen Tor ist dies von entscheidender Bedeutung. Manch einer wird sich trotzdem ein Lieblingsmotiv für eine ausführlichere Besichtigung vormerken, denn die üblicherweise zwei- bis dreiwöchigen Reisen reichen für die gründliche Besichtigung aller Highlights auf der mehr als 2000 km langen Strecke natürlich nicht aus.

Wer wandert oder mit Fahrrad, Auto oder Bahn entlang der Donau reist, wird mehr ins Detail gehen können. In den zahlreichen Naturparks kann man Panoramaausblicke von hohen Bergen auf den Fluss, versteckte Klöster und Kirchen oder Ausgrabungsstätten genießen. Und selbst ornithologische Laien werden den Vogelartenreichtum bewundern, der sich in allen Ländern in den geschützten Donauauen erhalten hat.

Naturerlebnis und sportliche Aktivität in perfekter Symbiose

Radeln

Rad fahren entlang der Donau ist in Deutschland und Österreich ein beliebtes Freizeit- und Ferienvergnügen. So ist man auf den **gut ausgebauten Fahrradwegen** links und rechts des Flusses selten allein, vor allem in der Hochsaison sollte man rechtzeitig an die Reservierung von Quartieren denken. Mittlerweile wagen sich viele Fahrradtouristen bis Budapest, einige sogar bis zum Mündungsgebiet der Donau vor. Der markierte und kartografierte **›Donauradweg‹** reicht bis Budapest, soll aber bald auch in Kroatien, Serbien, Bulgarien und Rumänien weitergeführt werden. Die Umsetzung des Projektes, das mit Unterstützung der GTZ (Gesellschaft für Technische Zusammenarbeit) von den vier Donaustaaten 2003 vereinbart wurde, hat in Kroatien und Serbien bereits dazu geführt, dass Radwege ausgeschildert und in Karten eingetragen wurden. Über die GTZ bzw. die nationalen Tourismus- und Fahrradverbände erhält man Karten und Broschüren mit Tourenvorschlägen, Hinweisen zu Unterbringung, Sehenswürdigkeiten etc. Einen wichtigen Beitrag leistet die Non-Profit-Initiative ›BikeRomania‹, die auf ihrer Internetseite www.bikeromania.de umfassende Informationen und Erfahrungsberichte zum Fahrradtourismus zusammengetragen und Routenvorschläge erstellt hat. Was für den unteren Donauverlauf noch fehlt, ist eine grenzübergreifende Karte bzw. eine Verbindung der einzelnen Teilstrecken untereinander.

Die gesamte Strecke wird wohl kaum ein Tourist an einem Stück abradeln können. Daher sind Angebote zu empfehlen, die Radtouren und Schifffahrt verbinden, oder den Transport des Rades mit Zug oder Flugzeug zum Start- oder Endpunkt der Tour vorsehen. Einzelne Unternehmen bieten eine Kombination von Schiffs- und Fahrradreise an, bei der man tagsüber radeln und abends auf ›sein‹ Schiff zurückkehren kann (Informationen s. S. 219).

Paddeln und Steuern

Millionen Schläge zur Förderung des Friedens und der Freundschaft – wer hätte gedacht, dass die Donau so etwas seit Jahrzehnten einsteckt: Alljährlich im Juni machen sich sport- und wasserbegeisterte Fans der **Tour International Danubien** (TID) von Ingolstadt aus auf den Weg, um per Paddelschlag die internationale Verständigung auf der Donau voranzutreiben. Nicht alle machen die fast zwei Monate dauernde Reise bis zum Ende in Silistra mit; dafür entstehen während der Reise neue Kontakte und andere Teilnehmer gesellen sich hinzu. Die kulturverbindende Tour findet bereits seit 50 Jahren statt und hat so selbst in politisch schwierigen Zeiten das Zusammenwachsen Europas gefördert.

Rudern, Paddeln oder Schifffahren kann man auf der Donau natürlich auch sonst – ob in Verbindung mit Wandertouren, Fahrradfahrten oder als pures Flusserlebnis bleibt Geschmackssache. Verbindlich gelten dabei die Verordnungen des Bundesministeriums für Verkehr. Die Richtlinien der Binnenschifffahrt auf der in- und ausländischen Donau und die Fahrerlaubnis erhält man z. B. vom Wasser- und Schifffahrtsamt in Regensburg. Schiffsvignetten für Binnengewässer, Besatzungslisten, gültiger Reisepass, Schiffspapiere, Führerschein etc. sind vorab zu organisieren. Genauere Infos dazu kann man als Pdf-Datei im Internet unter www.elwis.de herunterladen. Auch um die 17 **Schleusen** kommt niemand herum – es sei denn, man nimmt das Boot auf die Schultern. Auf dem Fluss hingegen steht man mitunter ›im Stau‹, wenn es bei einem Nadelöhr etwas länger dauert. Einen Überblick über die Schleusen inklusive Telefonnummern, Funkkanälen und Angaben zur Umsetzung von Booten erhält man ebenfalls beim Wasserstraßen-Informationssystem ›elwis‹, außerdem kann man hier täglich die aktuellen **Pegelstände** einsehen. Die meisten Schleusen liegen auf deutschem und österreichischem Gebiet, die größten und eindrucksvollsten bei Gabčikovo und am Eisernen Tor.

Für **Bootsanlegestellen** zahlt man in den verschiedenen Staaten sehr unterschiedliche Gebühren, mitunter muss man auch damit rechnen, einem modernen ›Donauraubritter‹ zum Opfer zu fallen. Eine Übersicht über die Anlegestellen erhält man unter www.danube-river.org/de_schiff-anlegestellen.html.

Wer nicht selbst das Ruder in die Hand nehmen möchte, findet Hinweise zu **geführten Bootstouren, Kanutrekking** und **Floßfahrten** unter www.kanu.de oder www.camping-total.de sowie bei den Tourismusämtern der verschiedenen Naturparks. Die Wasserstraßen der Donauauen lassen sich aber auch mit Schlauchbooten oder den traditionellen ›Tschaiken‹ erforschen.

Unterwegs mit Kindern

Die Zeiten, wo jedes Kind mindestens einmal während seiner Schulzeit über den ›Donaudampfschifffahrtskapitän‹ stolperte, nähern sich dem Ende. Stattdessen mehren sich die Möglichkeiten, längs der Donau ein vielseitiges kindgerechtes Ferienangebot zu genießen. Reiterferien, Urlaub auf dem Bauernhof und Ferienlager mit Entdeckungstouren, Theaterspiel oder archäologischen und naturkundlichen Mitmachangeboten gehören ebenso dazu wie die vielen interessanten Museen längs der Donau, die sich längst auch auf jugendliche Besucher eingestellt haben.

Selbstverständlich gehört vor allem auch Wasser ins Programm: Schwimmen und Baden, Segel-, Paddel- und Ruderkurse auf den Auseen oder in ufernahen Freibädern sind in Deutschland, Österreich, Ungarn, aber mittlerweile auch in Kroatien und Serbien in fast jedem Ferienort obligatorisch. Ebenso beliebt sind Kurse zum Bau von Flößen und Tschaiken, bei denen anschließend mit dem eigenen Gefährt die Donaugewässer erkundet werden.

Längere Touren kann man abschnittsweise mit den Linienschiffen unternehmen, viele Anbieter haben ein Spielzimmer an Bord; auch spezielle Familien- und Kinderfahrten werden angeboten: Im ›Captain Kiddys Club‹ zwischen Krems und Melk dürfen die jugendlichen Flussfahrer sogar steuern und können ein Diplom erwerben …

Auch in Kombination mit einer Radtour ist die Donaufahrt für Kinder auf diesen Schiffen sehr zu empfehlen. Längere Kreuzfahrten hingegen sind für kleinere Kinder mit Bewegungsdrang weniger reizvoll, da das Programm und die Ausstattung vorwiegend auf die Bedürfnisse der erwachsenen Touristen zugeschnitten und die Landgänge zu kurz sind, um ein befriedigendes Kinderprogramm organisieren zu können.

Reisezeit und Kleidung

Die Saison zwischen Regensburg und Budapest beginnt im April und endet im Oktober. Organisierte Reisen zum Delta finden meist zwischen Anfang Mai und Ende September statt. In der Hauptsaison kann es vor allem im mittleren und unteren Donaugebiet (von der ungarischen Tiefebene bis zum Schwarzen Meer) sehr heiß werden – oft genug klettert das Thermometer auf 38 °C. Am Anfang und Ende der Saison hingegen ist es oft noch recht kühl, praktischerweise sollten alle, die sich nicht durch Wandern, Paddeln oder Radeln erwärmen, genügend warme Kleidung oder (auf dem Schiff) eine leichte Decke für den Liegestuhl dabeihaben. Kreuzfahrtreisende müssen zudem die ›Kleiderordnung‹ auf dem Schiff berücksichtigen – neben bequemer Alltagskleidung gehört hier auch eine festliche Garderobe für den ›Käpt'ns Cocktail‹ oder Ähnliches in den Koffer. Fahrradfahrer und Wanderer benötigen hingegen vor allem Sonnen- und Mückenschutz. Gerade Radler in kurzen Hosen hilft gegen die lästigen Insekten oft nur die Bewegung. Schiffsfahrten werden maßgeblich durch den Pegelstand beeinflusst: Da die Donau an einigen Stellen relativ flach ist, müssen gerade die großen Schiffe ihre Reisen oftmals im letzten Augenblick absagen, wenn nicht genügend Wasser unter dem Kiel ist. Die angenehmsten Reisezeiten sind sicherlich Juni bis Anfang Juli sowie Ende August bis Anfang September.

An den Donauständen kommen insbesondere auch Kinder auf ihre Kosten

MIT DEM FAHRRAD LÄNGS DER DONAU

Kaum ein Radweg ist touristisch so gut erschlossen und wird – vor allem in den Sommermonaten – so stark frequentiert wie die flache Strecke zwischen Donaueschingen und Hainburg. Zahlreiche Renaissance- und Barockschlösser, Klöster und idyllische Bauerndörfer sowie die waldigen Naturschutzgebiete liegen an dieser Strecke. Campingplätze gibt es verhältnismäßig wenige, dafür bieten etliche Pensionen und Hotels an, Radtouristen vom Radweg abzuholen und zurückzubringen. In vielen Orten sind mittlerweile spezielle ›Radlerstationen‹ eingerichtet, wo über Sehenswürdigkeiten, Restaurants und Unterkünfte informiert wird.

Der Radweg verläuft meist zwischen Straße und Flussufer, Felder und Wälder schwächen den Lärm der benachbarten Autostraße glücklicherweise ab. Meist kann man zwischen einer Route am Nord- oder Südufer wählen bzw. je nach Vorlieben hin und her pendeln. Die Strecken sind fast ohne Steigungen, durchgehend markiert, weitgehend autofrei, asphaltiert und mit kleinen Rast- und Picknickplätzen versehen. Zwischen Wien und der slowakischen Grenze verläuft der Radweg zunächst auf dem autofreien und asphaltierten Hubertusdamm. Bis Bratislava kann man etappenweise den Zug, den Bus oder Linienschiffe benutzen.

Von Hainburg führt der ebenfalls gut ausgebaute und beschilderte Donauradweg bis Bratislava, ohne dass man vom Verkehr der getrennt verlaufenden Hauptstraße gestört wird. Selbst auf der großen, in die slowakische Hauptstadt hineinführenden Hängebrücke haben die Radler einen eigenen Weg unterhalb der Fahrbahn. Wer weiter Richtung Ungarn will, folgt dem asphaltierten Radweg längs des Dammes über Petrzalka und Cunovo – ein Abschnitt, der stark von slowakischen Radlern und Skatern frequentiert wird – bis zur ungarischen Grenze bei Rajka.

Der Donauradweg in Ungarn ist bis Budapest ausgeschildert, allerdings muss man aufpassen, dass man die grünen Hinweisschilder nicht mit der ebenfalls grünen Straßenbeschilderung verwechselt. Richtig ausgebaut ist der Weg erst bis Györ. Ansonsten führt die Strecke über wenig befahrene Nebenstraßen. Zur Insel von Szentendre und zurück gibt es eine Fähre, weiter führt die markierte Route am rechten Donauufer. Ab Budapest bis zur kroatischen Grenze sollte man sich über Dunaújváros und Mohács selbst eine angenehme Route suchen, was dank guten Kartenmaterials und Reiseführern nicht weiter schwierig ist.

Die fast 135 km lange Strecke durch Kroatien ist recht verkehrsreich, wenn man der Fernverkehrsstraße nach Osijek und Vukovar folgt. Doch vom kroatischen Tourismusamt sind markierte Alternativen ausgearbeitet worden, sodass man von der Grenze nach Batina und von dort entlang des Naturschutzgebiets Kopački Rit über kleinere Straßen nach Osijek und weiter auf den Berg Bansko Brdo fahren kann. Erst hier sieht man die Donau wieder. Die übrige Strecke durch Kroatien führt zwar am Fluss entlang, ist jedoch identisch mit der Hauptverkehrsstraße nach Vukovar. Wer Grenzübergänge nicht scheut, kann alternativ bei Batina von Kroatien auf die serbische Uferseite und so über Bezdan und das Naturschutzgebiet ›Obere Donau‹ bis Apatin gelangen. Hier ist es sehr ruhig, dafür fährt man auf teils unbefestigten, aber markierten Wegen. Von Apatin führt die befestigte Grenzroute zum Kontrollpunkt Bogojevo/Erdut und im Zickzackkurs bis Bačka Palanka. Sodann bleibt dem Radler nichts anderes übrig, als sich bis Novi Sad und Belgrad in den Autoverkehr einzureihen. Wer es bis Belgrad geschafft hat, darf sich freuen: Über Smederevo führen beschaulichere Straßen erst rechts, dann links der Donau zur rumänischen Grenze und zu einem der schönsten Abschnitte der Tour – der Gegend am ›Eisernen Tor‹. Will man noch ein wenig durch Serbien fahren, bietet das serbische Tourismusamt von hier eine schöne, durchstrukturierte Route bis zur Festung Golubac am Beginn des ›Eisernen Tors‹ an; dazu muss man bei Ram mit der Fähre wieder auf das rechte Flussufer übersetzen.

Auf rumänischer Seite folgt die Hauptstraße bis Turnu Severin dem Flusslauf, sodass man ohne große Anstrengungen zwischen den steilen Felsen und dem aufgestauten Fluss entlangfahren kann. Zwischen Orčova und Turnu Severin wird der Verkehr durch die Transitstraße oft unangenehm dicht. Man sollte daher immer auch mit einem Auge den Verkehr würdigen. Die meisten Fahrradexperten sind sich darin einig, dass es ab Turnu Severin vergnüglicher ist, Vidin und damit der bulgarischen Seite zuzustreben: Die Strecke zwischen Calafat und dem Delta durch das rumänische Flachland führt selten direkt an der Donau entlang, sondern endlos durch Wiesen, Felder und Straßendörfer. Bei Silistra kann man dann auf rumänisches Territorium zurückkehren, um das Delta zu erkunden. Radwege sind in Rumänien selten markiert, aber es gibt gute Führer und Informationen im Internet. Auch in Bulgarien ist der Donauradweg noch nicht markiert, geschweige denn ausgebaut; es dürfte aber kein Problem sein, auf kleinen Nebenstraßen entlang der Donau von Ort zu Ort zu gelangen. Erste Tourenvorschläge, auch Ausflüge in die bergigen Regionen südöstlich von Vidin, werden derzeit vorbereitet.

Am Donauufer bei Grein

UNTERWEGS AN DER DONAU

Ein Leitfaden für die Reise und viele Tipps für unterwegs.

Genaue Beschreibungen von Städten und Dörfern, Sehenswürdigkeiten und Stränden, Ausflugszielen und Reiserouten.

Die Donau erleben: ausgesuchte Hotels und Restaurants, Vorschläge für Bootstouren, Wanderungen, Naturparks und Thermalbäder.

Rad fahren an der Donau:
Urlaubsvergnügen für Jung und Alt

Von Regensburg bis Wien

Karlskirche
in Wien

Reiseatlas S. 230–232

VON REGENSBURG BIS PASSAU

Durch zahlreiche Zuflüsse erheblich angeschwollen und künstlich vertieft, ist die Donau bei Regensburg schon ein ›echter Fluss‹. In sanften Mäandern durchfließt die Donau einsame Auen und fruchtbare Niederungen, begleitet von vielen kleinen historischen Ortschaften. Regensburg und Passau mit ihren großen Häfen und einem reizvollen Kultur- und Unterhaltungsangebot sorgen für rege Betriebsamkeit.

Regensburg

Reiseatlas: S. 230, A 1
Regensburg liegt am nördlichsten Punkt der Donau, und mit diesem geografischen Höhepunkt scheint die Stadt auch kulturhistorisch den Maßstab für das kommende Großstadtprogramm des Flusses setzen zu wollen. Obwohl ohne Hauptstadttitel, kann sie sich neben Wien, Bratislava, Budapest und Belgrad rühmen, eine der ältesten und bedeutendsten Donaustädte zu sein. Architektonische Meisterwerke wie der Dom und die Steinerne Brücke, eine herrlich verwinkelte Altstadt ohne Industriebauten, dafür aber mit großartigen Stadtpalästen, Kirchen und vielen Grünanlagen lassen den Aufenthalt zu einem ebenso angenehmen wie historisch-dichten Erlebnis werden. Zum mittelalterlichen Flair gesellt sich durch die Studenten der renommierten Universität und die vielen Touristen eine bunte, vielseitige Gastronomie und Kulturszene, die der Stadt eine heitere und betriebsame Atmosphäre verleiht.

Geschichte

Wo ursprünglich eine keltische Siedlung lag, errichteten die Römer unter Marc Aurel ein riesiges Lager, das als *Castra Regina* in die Geschichte einging und dank einer original-römischen Torinschrift mit einer ›echten‹ Geburtsurkunde die Gründung der Stadt belegt. Bis heute kann der Verlauf der rechteckigen Befestigungsmauer am Grundriss der Altstadt nachvollzogen werden. Im Gegensatz zu anderen römischen Kastellen verfiel die Stadt mit dem Abzug der römischen Legionen nicht, sondern wurde von den Bajuwaren als Stammsitz der Agolfinger zur Hauptstadt ihres Reichs ›Reganespurc‹ ausgebaut. Auch nach der Übernahme ins Kaiserreich blieb das Städtchen ein bedeutender politisch-wirtschaftlicher Anziehungspunkt. Kaiser und Könige hielten sich immer wieder hier auf, Bischöfe veranlassten von hier aus wichtige Reformen, das wirtschaftliche Erstarken des Bürgertums führte im 13. Jh. zur städtischen Blüte und zum

Status der freien Reichsstadt. Seine reiche Infrastruktur ermöglichte es Regensburg, die Kreuzfahrerheere zu versorgen – und selbst davon zu profitieren. Denn durch den Fernhandel, der durch die damals einzige feste Donaubrücke ganzjährig über den Fluss möglich war, kamen Geld und wertvolle Güter in die Stadt. Im 16. Jh. stagnierte die Entwicklung; in diese Zeit fallen auch die dramatische Vertreibung der jüdischen Bevölkerung sowie das Bekenntnis der Stadt zur Reformation. Erneut in den Blickpunkt der deutschen Geschichte gelangte Regensburg erst im 17. Jh. Als Stadt des ›Immerwährenden Reichstags‹ wurde sie zum Schauplatz europäischer Politik und zum Treffpunkt der ausländischen Gesandtschaften. Erst mit der unfreiwilligen Einverleibung ins bayrische Königreich rutschte die Stadt nach 600 Jahren Autonomie auf den Status einer Provinzstadt ab, wobei sogar die Industrialisierung fast spurlos an ihr vorüberging. Im 19. Jh. wurde Regensburg von Ludwig Bechstein, einem der vielen Donaureisenden der Zeit, gar als Stadt mit »engen, schlecht gepflasterten Winkelgassen, voll üblen Geruchs und allerlei Trödelkram« verunglimpft. Doch die scheinbare Diskriminierung gereicht der Stadt heute zur Ehre: Aufgrund der fehlenden industriellen Infrastruktur blieb Regensburg im Zweiten Weltkrieg von Zerstörungen weitgehend verschont, und heute geht man mit Begeisterung durch die keineswegs übel duftenden Gassen, sitzt in vornehmen Gasträumen oder auf Hofterrassen ehemaliger Patrizierhäuser und genießt das breite Kulturangebot.

Dom St. Peter

Wahrzeichen und erster Anziehungspunkt in Regensburg ist der weithin sichtbare **Dom St. Peter** 1, die größte Bischofskirche Bayerns. Vor dem mächtigen Bauwerk im Stil der französischen Gotik befanden sich auf diesem Platz bereits mehrere Vorgängerkirchen, die bis in das Jahr 700 zurückdatieren. Das gigantische Bauvorhaben des heutigen Doms geht zurück auf das Ende des 13. Jh. und wurde über mehr als 200 Jahre vorangetrieben, bevor die Arbeiten für weitere 300 Jahre erst einmal ruhten. Immerhin war bis 1525 das 32 m hohe Langhaus mit seinen beiden Seitenschiffen und dem Querhaus überdacht, so dass es in das Gotteshaus nicht hineinregnen konnte. 1859 wurden unter König Ludwig I. die Westtürme errichtet und der Bau fertig gestellt. Nicht nur an der eindrucksvollen Außenfassade mit ihren vielen Türmchen und Wasserspeiern, auch im Inneren werden die gewaltigen Dimensionen des Sakralbaus spürbar. Etwa 7000 Menschen finden in dem hochstrebenden, dreischiffigen Kirchenraum Platz, zahlreiche namhafte Meister haben bei der kunstvollen Gestaltung der Wände und des Interieurs mitgewirkt. Vor allem die Glasmalereien der Fenster, die zum Teil noch aus dem Mittelalter stammen, sind von hoher künstlerischer Qualität und seltener Kostbarkeit. Über den **Domkreuzgang**, der mit seinen romanischen Säulen, den gotischen Gewölben und den Fenstern im Stil der Frührenaissance einen Einblick in die verschiedenen Bauphasen gibt, gelangt

Sehenswürdigkeiten

1 Dom
2 St. Johanniskirche
3 St. Ulrich / Museum
4 Bischofshof / Hotel
5 Porta Praetoria
6 Herzoghof
7 Karmelitenkirche
8 Alte Kapelle
9 Niedermünster
10 Historisches Museum
11 Leerer Beutel
12 Ostentor
13 Schifffahrtsmuseum
14 Steinerne Brücke / Museum
15 Wurstkuchl
16 Runtingerhaus
17 Keplerhaus
18 Altes Rathaus
19 Haidplatz
20 Goldener Turm
21 Neupfarrplatz
22 Schloss Thurn und Taxis
23 St. Emmeram

Übernachten

24 Altstadthotel Arch

Essen und Trinken

25 Café Prinzess
26 Rosenpalais

man zur **Stefanskirche** und **Allerheiligenkapelle**. Vor allem Letztere ist ein echtes Kleinod romanischer Baukunst, das nicht selten mit der Architektur Ravennas verglichen wird (Informationen über Führungen im Dom erhält man unter www.domplatz-5.de).

In unmittelbarer Nachbarschaft des Doms liegen die verschiedenen Residenzen der kirchlichen und weltlichen

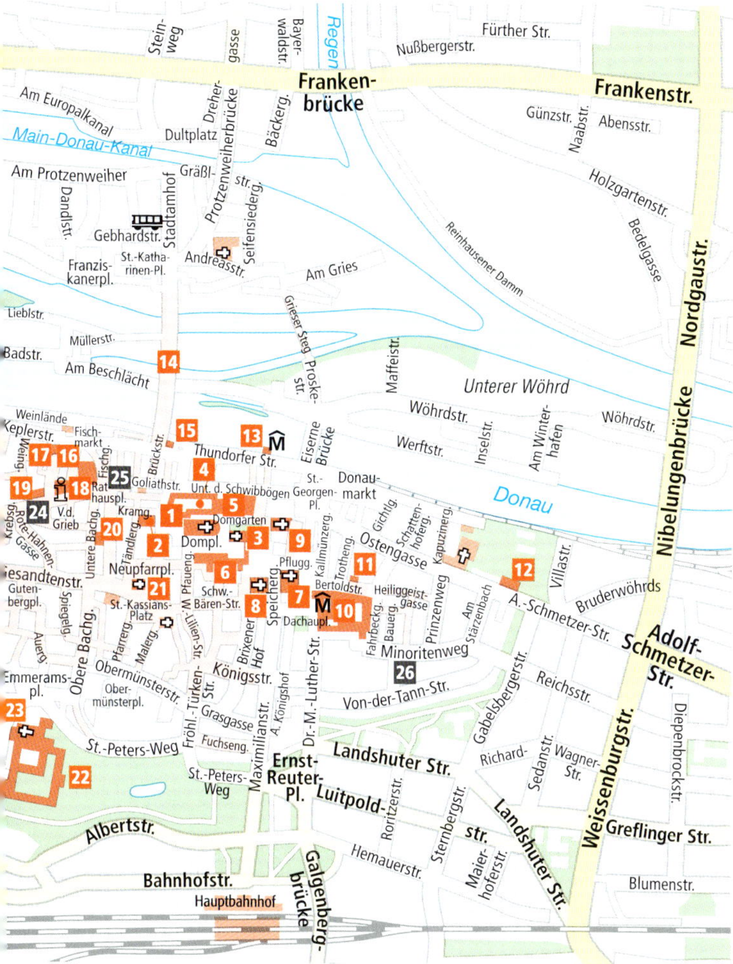

Oberhäupter sowie einige weitere kleine Kirchen. Auf der Westseite wurde die **Johanniskirche** 2 neu errichtet, nachdem ihr Vorgängerbau dem Dom weichen musste. Östlich befindet sich die **Kirche St. Ulrich** 3, in dem heute die Diözesansammlung untergebracht ist. Neben dem Freskenschmuck, den gotischen Formen und der ungewöhnlichen umlaufenden Empore sind hier

Skulpturen, Goldschmiedekunstwerke und sogar der Bischofsstab des heiligen Emmeram zu bewundern, der um das Jahr 700 in der Stadt lebte (Mo–Do, Fr 13.00–16.30, Sa 10.00–16.30, So 12.00–16.30 Uhr). Den Einblick in die sakralen Kostbarkeiten kann man durch einen Besuch des **Domschatzmuseums** vertiefen, das sich im Südostflügel der ehemaligen bischöflichen Residenz befindet (April–Nov. Di–Sa 10–17, So 12–17, Dez.–März Fr/Sa 10–16, So 12–16 Uhr). Der **Bischofshof** 4 mit seinen Renaissanceportalen und herrlichen Höfen ist den Spaziergang wert. Hier wie auch in vielen anderen Patrizierhäusern und Adelspalästen rings um den Dom sind nun Hotels und Gaststätten eingezogen, so dass man das spektakuläre Ambiente während einer kulinarischen Pause genießen kann. Frisch gestärkt sollte man dann vom Bischofshof zur Schwibbogengasse hinausgehen, denn hier befindet sich eines der ältesten Stadttore Deutschlands: Die **Porta Praetoria** 5 bildete den Nordeingang des Römerkastells, heute sind die historischen Steine in die Fassade des Bischofshofes integriert.

Alter Kornmarkt

Zwischen Dom und Kornmarkt ragt der trutzige Römer- oder Heidenturm auf, der durch einen kleinen Brückenbogen mit dem **Herzoghof** 6 der Wittelsbacher verbunden und gemeinsam mit ihm ehrwürdiges Zeugnis der römisch-bayrischen Herrschaftsgeschichte ablegt. Der Kornmarkt selbst war einst Zentrum des römischen Kastells, hier war dessen Markt und Handelsplatz. Im Osten wird der Platz von der barocken **Karmelitenkirche St. Josef** 7 und im Süden von der **Alten Kapelle** 8 flankiert. An der Klosterpforte erhält man den ›echten‹, von vielen Leiden befreienden Regensburger Karmelitergeist, der 1721 von Pater Ulrich Eberskirch erfunden wurde und bis heute nach geheimer Mixtur hier produziert wird. Im Norden gibt der Platz den Blick frei zum etwas weiter zurück gesetzten **Niedermünster** 9, das bis zum 19. Jh. ein Damenstift beherbergte. Im Kircheninneren sind die Reliquien diverser Heiliger in dem gotischen Altar sowie die ›Schwarze Muttergottes‹ aus dem 13. Jh. zu besichtigen.

Die Steinerne Brücke und der Dom

Museum der Stadt Regensburg und ›Leerer Beutel‹

Vom Kornmarkt führt der Weg zum Dachauplatz und zu einem der wichtigsten Museen der Stadt. Allein das Gebäude, welches das **Historische Museum** 10 beherbergt, kann einiges von der Stadtgeschichte erzählen. Das schlichte Langhaus war zunächst ein Kloster, später eine Maut- und Exerzierhalle, dann eine Kaserne, bis es schließlich in den Besitz der Stadt überging. Im Inneren lagern die Zeugnisse von 2000 Jahren ›Wohnen in Regensburg‹ (Dachauplatz 2–4, Di–Sa 10–16, So/Fei 10–13 Uhr). In direkter Nachbarschaft des Stadtmuseums befindet sich das ehemalige Getreidelager der Stadt, der so genannte **Leere Beutel** 11; heute sind hier die **Städtische Galerie** und zusätzliche Räumlichkeiten für Ausstellungen und Konzerte untergebracht. Der Name des Gebäudes steht jedoch nicht im prophetischen Zusammenhang mit der Geldbörse zeitgenössischer Kulturfreunde, sondern wird auf das vormalige Entleeren der Getreidesäcke zurückgeführt (Bertholdstr. 9, Di, Mi, Fr, Sa 10–16, Do 10–20, So/Fei 10–16 Uhr).

Von hier kann man einen Abstecher zum **Ostentor** 12 machen, einem der beiden erhaltenen Stadttore Regensburgs aus dem 14. Jh., mit einem hohen Hauptturm und zwei gotischen, achteckigen Seitentürmen.

Westliche Altstadt: Von der Donau bis zum Rathaus

Am Donauufer kann man sich in dem historischen Raddampfer ›Ruthof‹ und in dem ebenso originalen Motor-Zugschiff ›Freudenau‹ aufs Reisen einstimmen: Beide Schiffe wurden in Regensburger Werften hergestellt und illustrieren nun, als **Museum** 13 eingerichtet, die Geschichte der Donauschifffahrt bis zum 20. Jh. (Anleger Thundorferstr., April–Okt. 10–17 Uhr).

Nur wenige Schritte stromaufwärts spannt sich seit dem Mittelalter die 350 m lange **Steinerne Brücke** 14 über die Donau. Der Welfenkönig Heinrich der Stolze ließ das architektonische Meisterwerk mit 16 Bogen und drei Tortürmen in nur 11 Jahren erbauen (1135–1146), wobei eine Niedrigwasserperiode die Fundamentierung in den von Strudeln durchzogenen Flussabschnitt erleichtert haben mag. Das ›Brückenmandl‹ auf der westlichen Brüstung symbolisiert die städtischen Freiheitsrechte, markiert einen herrlichen Aussichtspunkt und ist mit zahlreichen Legenden verbunden. Mehr Informationen dazu und weitere schöne Ausblicke erhält man in dem alten Brückenkopfhaus am Südende des Übergangs, in dem sich ein Museum mit zahlreichen Objekten und alten Modellen zur Geschichte der Brücke befindet (April–Okt. 10–17 Uhr). Ansonsten genießt man den historischen Anblick am besten mit einer Rostbratwurst – diese lokale Spezialität bekommt man, frisch zubereitet, mit Sauerkraut und süßem Senf, direkt nebenan in der weltweit ältesten **Wurstkuchl** 15.

Südwestlich der Brücke breitet sich die **Altstadt** entlang malerischer Plätze und Gassen aus. Hier erbauten sich die reich gewordenen Regensburger Kaufleute im 13. und 14. Jh. nach italienischen Vorbildern ihre Stadtpaläste. Einstmals 60, heute noch rund 20 **Geschlechtertürme** repräsentierten-Stand und Bedeutung der wohlsituierten Familien. Im Zuge der Altstadtsanierung hat man viele dereinsturzgefährdeten Häuser bewahren und sogar der Öffentlichkeit zugänglich machen können. So wird etwa der Festsaal des **›Runtingerhauses‹** 16 (Keplerstr. 1) mittlerweile zu Tagungen und Veranstaltungen genutzt, im **Keplerhaus** 17, das den Namen gebenden Astrologen beherbergte, sind Ausstellungen zu seinem Leben und Wirken zu besichtigen. Es lohnt sich, einfach durch die teils steilen Gassen zu schlendern und sich immer wieder neu überraschen zu lassen: Kleine hübsche Plätze mit kunstvollen Brunnen, kolossale Fassadenmalereien oder die hervorspringenden Obergeschosse der mittelalterlichen Gebäudekomplexe und vor allem die Patrizierwohntürme mit ihren bis zu neun Stockwerken gestalten die eindrucksvolle Kulisse.

Kaum zu verfehlen ist der **Rathausplatz,** an dem der Gebäudekomplex des **Alten Rathauses** 18 von einer fast 700 Jahre währenden Bautätigkeit zeugt. Den Mittelpunkt der Anlage bildet der frühgotische Rats- oder Stadtturm, die westlichen Trakte wurden vom 14. bis 16. Jh. auf romanischen Mauern errichtet. Architektonischer wie historischer Höhepunkt ist hier jedoch der **Reichssaalbau**, in dem im 17. Jh.

Eine der vielen gemütlichen Gassen der Regensburger Altstadt

der ›Immerwährende Reichstag‹ stattfand. Im Rahmen von Führungen können neben der originalen Raumausstattung eine Dauerausstellung zur Geschichte des Heiligen Römischen Reiches Deutscher Nation und des Reichstags sowie die Folterkammer und das so genannte Blockgefängnis besichtigt werden (April–Okt. Mo–Sa alle 30 Min. 9.30–12, 14–16 Uhr, So/Fei alle 30 Min. 10–11.30, 14–15.30 Uhr, Nov.–März Mo–Sa 9.30–11.30, 14–15.30, So 10–11 Uhr). Auf der anderen Seite des Turmes gruppieren sich die ›neuen‹ Gebäude aus dem 17. Jh. um zwei Innenhöfe, in denen nun Stadtverwaltungsbüros eingezogen sind. An der Rückseite des Traktes liegt der Rittersaal des ehemaligen **Dollingerhauses**, in dem unter hohen Kreuzgewölben und zwischen imposanten Pfeilern die wertvollen Hochreliefs einer Turniersaga zu bewundern sind. Vor dem Eingang zum Saal steht das Denkmal des wohl berühmtesten Sohnes der Stadt: Don Juan d'Austria, der Sieger der Seeschlacht von Lepanto, war der Sohn Kaiser Karls V. und der Regensburger Bürgertochter Barbara Blombergs und damit das Resultat einer kurzen Liebesaffäre zwischen einem höchst ungleichen Paar, um das sich in der Stadt bis heute viele romantische Legenden spinnen.

In einem der vielen Cafés am malerischen **Haidplatz** 19 lässt sich eine Pause einlegen, bevor man durch die Untere Bachgasse zum **Neupfarrplatz** 21 gelangt. Auf dem Weg empfiehlt sich ein Abstecher in den Durchgang des **Goldenen Turms** 20, dem höchsten erhaltenen Patrizierturm der Stadt. Am

Neupfarrplatz wiederum zeugt die auf einem erhöhten Sockel befindliche gleichnamige Kirche von der Reformation, die in Regensburg im 16. Jh. lebhaften Zuspruch fand. In diesem Stadtbezirk befanden sich die Häuser des ehemaligen jüdischen Viertels und die Synagoge, die im 16. Jh. vollständig abgerissen wurden. Im ›document Neupfarrplatz‹ wird die Geschichte des Platzes und der Stadt eindrucksvoll dokumentiert (Zugang nur mit Führung: Do–Sa 14.30, Juli, Aug. auch So, Mo; Karten: Neufarrplatz 3; Gruppenführungen: Tel. 09 41-5 07 34 13).

Schloss Thurn und Taxis und Emmeramskirche

Inmitten des grünen Gürtels, der die Altstadt von den neueren Vierteln Regensburgs abschirmt, residiert bis heute die fürstliche Familie der Thurn und Taxis. Einen Namen machte sich diese Familie schon im 15. Jh., als sie den ersten fahrplanmäßigen Reise- und Postverkehr in Europa einrichtete. Als die 1748 geadelten Verkehrsherren zu ständigen Vertretern des Kaisers im ›Immerwährenden Reichstag‹ berufen wurden, verlegten sie ihre Residenz postwendend von Frankfurt nach Regensburg und erbauten am St. Emmeramsplatz ihr **Fürstenschloss** 22, das nach einem Brand in die säkularisierten Abteilungen des Klosters verlegt wurde. Noch heute sind etwa 4500 Menschen für das fürstliche Haus und seine Wirtschaftzweige (Brauerei, Metallverarbeitung, chemische Industrie) tätig. Die Innenräume des Schlosses mit wertvollen barocken Interieurs, Brüsseler Gobelins und weiteren Familienschätzen sind im Rahmen von Führungen zu besichtigen (April–Okt. tgl. 11–16, Nov. –März nur Sa,So,Fei 11–15 Uhr). Frei zugänglich ist hingegen das Marstallmuseum, in dem etliche originale und originelle Kutschen, Schlitten und Sänften die Transportmittel der fürstlichen Häupter vorstellen, etwa den Galawagen, in dem Fürstin Gloria zur Hochzeit fuhr, aber auch ein von Ziegenböcken gezogener Wagen für Kinder gehören ins extravagante Kutschprogramm (Emmeramsplatz 5, Öffnungszeiten auf Anfrage, Tel. 09 41-5 04 81 33).

Am Emmeramsplatz befindet sich die Pfarrkirche **St. Emmeram** 23, die ursprünglich als Klosterkirche der Benediktinerabtei über dem Grab des Märtyrers Emmeram im 8. Jh. erbaut wurde. Eindrucksvoll sind das Prachtportal im Nordflügel des Kreuzgangs (vom Schloss aus zugänglich), aber auch die Krypten mit mehreren Grabmalen im Innern des Gotteshauses.

Vom Emmeramsplatz kommt man schnell wieder ins Altstadtzentrum, wenn man nicht entlang der schönen Grünanlage Richtung Nordwesten flanieren möchte. Auf dieser Route sind noch etliche schöne Kirchen, ein Aussichtsturm aus dem 13. Jh. und viele hübsche Cafés in gepflegter Gartenlandschaft zu entdecken.

Tourist-Information im Alten Rathaus, Rathausplatz 1, Tel. 09 41-5 07 44 10. Vermittlung von Führungen.

Unterkünfte in Hotels aller Kategorien, in einer Jugendherberge und auf einem Campingplatz werden von der

›Regensburg Tourismus GmbH‹ oder über www.regensburg.de vermittelt.

Hotel Bischofshof 4: Krautermarkt 3, Tel. 09 41-5 84 60. Luxuriöse 4-Sterne-Adresse in der alten Bischofsresidenz direkt am Dom. DZ 125–185 €.

Altstadthotel Arch 24: Haidplatz 3, Tel. 09 41-5 86 60. Komfortables Hotel in historischem Ambiente unweit vom Rathaus mit Blick auf den Justitia-Brunnen. DZ 96–130 €.

Café Prinzess 25: Rathausplatz 2, Tel. 09 41-59 53 10. Süße ›Barbara-Küsse‹ (in Erinnerung an das Liebesabenteuer der Barbara Blomberg mit Karl V.) werden in dieser traditionsreichen Confiserie ganz ohne Verlegenheit und in stilvollem Ambiente jederzeit gereicht. Torte und Kaffee ab ca. 5 €.

Historische Wurstküche 15: Thundorferstraße 3, Tel. 09 41-5 90 98/99, Fax. 09 41-5 71 05. Hier hat schon Goethe Würstchen gegessen. Niemand sollte versäumen, ihn diesbezüglich nachzuahmen, am besten mit Sauerkraut und Senf.

Rosenpalais 26: Minoritenweg 20, Tel. 09 41-5 99 75 79, So geschlossen. Der Regensburger ›Donauwaller‹, eine Welsart, die ursprünglich aus dem Fluss Regen, heute zumeist aus Ungarn oder Rumänien stammt, wird vom Chefkoch des Gourmetlokals, Graf von Walderdorff, meisterlich zubereitet. Hauptgericht 16–20 €.

Im Stadtmagazin **Logo** und im Veranstaltungskalender **Was? Wann? Wo?,** die beide in der Tourist-Information ausliegen, stehen alle wichtigen Informationen zum Nacht- und Kulturleben. Die Bühnen des **Stadttheaters** (Bismarkplatz 7, Haidplatz 8 und Arnulfsplatz) mit ihrem klassisch-modernen Programm sowie das **Statt-Theater** (Winklergasse 16, Tel. 09 41-5 33 02) mit sehenswertem Kleinkunst- und Kabarettprogramm gehören dazu. Höhepunkt im Veranstaltungskalender sind die **Sommerfestspiele** im Innenhof und Park der Thurn- und Taxis-Residenz.

Der **Hauptbahnhof** liegt im Süden der Altstadt unmittelbar an dem Grüngürtel (Zugauskunft Tel. 1 18 61) und verbindet die internationalen Achsen Amsterdam/Brüssel–Wien/Budapest sowie Zürich/Paris–Prag. Direkt am Bahnhof sowie bei weiteren Anbietern können **Fahrräder** entliehen werden. Am Stadtamhof am nördlichen Ende der Steinernen Brücke befindet sich der **Busbahnhof**.

Ausflugsschiffe starten vom Anleger ›Steinerne Brücke‹ (Info z. B. bei Personenschifffahrt Klinger, Tel. 09 41-5 53 59). **Ausflugstipps:** Mit Bussen, Nahverkehrszügen, Ausflugsschiffen oder per Fahrrad lassen sich attraktive Tagestouren donauabwärts Richtung Walhalla und stromaufwärts zur Befreiungshalle, zum Kloster Weltenburg und in den malerischen Donaudurchbruch unternehmen.

Baierwein

Zwischen Regensburg und Wörth gedeihen auf etwa 4 ha Anbaufläche die Trauben des Baierweins. Im Baierweinmuseum in Bach an der Donau kann man sich mit dem »kleinsten Weinbaugebiet Deutschlands« vertraut machen. Die Weinstuben und Winzereien in den Ortschaften der Gegend, laden zum Genuss des Landweins ein. Info: Wörtherstr. 5, Donaustauf, Tel. 09 40 3-9 50 20, www.baierwein-museum.de.

Die deutsche Ruhmeshalle: Walhalla

Walhalla

Reiseatlas: S. 230, A 1
Nur wenige Kilometer hinter Regensburg erhebt sich an den grünen Hängen des Bräubergs bei Donaustauf der ›teutsche Ehrentempel‹, die Walhalla. König Ludwig I. hatte 1830–1842 das klassizistische Bauwerk in Auftrag gegeben, um deutschen Kulturheroen ein Denkmal zu setzen. Die 126 ausgezeichneten Persönlichkeiten – darunter Goethe, Schiller, Erasmus von Rotterdam – fanden zwischen den dorischen Säulen eines griechischen Tempels ihren Platz. Die Göttinnen allerdings, die jeweils im Mittelpunkt der Figurengruppen den Sieg symbolisieren, sind alle ganz germanisch, wie es sich für das ›Walhalla‹, das mythologische Jenseits der alten Germanen, gehört. Selbstverständlich wurde auch der Auftraggeber nach seinem Ableben in die Riege der Geistesgrößen aufgenommen. Von den 358 Treppenstufen, die zu dem Tempel führen, hat man einen schönen Ausblick in die Donaulandschaft (Hochsaison tgl. 9–17.45; Nachsaison, bis 31.10., tgl. 9–16.45, sonst 10–11.45, 13–15.45 Uhr.

Das benachbarte barocke Städtchen **Donaustauf** hat neben einer **Wallfahrtskirche** und einer alten **Burgruine** eine weitere Sehenswürdigkeit mit einer im wahrsten Sinne des Wortes recht bewegten Vergangenheit zu bieten: Der 1842 von Fürst Karl Alexander von Thurn und Taxis in seinem Schlossgarten in Donaustauf errichtete ›**Chinesische Turm**‹ wurde 1902 in die fürstliche Sommerresidenz nach Schloss Prüfening in Regensburg gebracht. Erst seit 1999 befindet sich der zierliche Pavillon wieder an seinem ursprünglichen Platz.

Straubing

Reiseatlas: S. 230, A/B 1
Straubings Siedlungsgeschichte beginnt vor rund 8000 Jahren in der Jungsteinzeit. In der Bronzezeit entstand hier die ›Straubinger Kultur‹. Den keltischen Ortsnamen ›Sorviodurum‹ übernahmen die Römer für den Militärstützpunkt, der Mitte des 1. Jh. an dieser Grenze des Reichs errichtet wurde und sich zu einem bedeutenden Zentrum mit Steinkastell, Donauhafen und Lagerdorf entwickelte. Im Bereich des spätantiken Kastells entstand im frühen Mittelalter die mit Wall und Graben gesicherte Ortschaft ›Strupinga‹, 897 erstmals urkundlich erwähnt. 1218 gründeten die Wittelsbacher westlich davon die ›Neustadt‹ Straubing.

Im Dreißigjährigen Krieg eroberten die Schweden die Stadt, in den Erbfolgekriegen des 18. Jh. musste sie sich mehrfach den Österreichern ergeben. Eine Episode aus der mittelalterlichen Geschichte ist besonders bekannt geworden: Der Mord an Agnes Bernauer, der nicht standesgemäßen Frau des jungen Erbherzogs Albrecht III. Zahlreiche Dichter und Komonisten, unter ihnen Friedrich Hebbel und Carl Orff, verarbeiteten die unzertrennliche Liebe des Paares und die Ertränkung der Bernauerin in der Donau bei Straubing im Jahr 1435. Ein Sohn der Stadt ist gleich selbst künstlerisch tätig geworden: Der Straubinger Wanderschauspieler, Regisseur und Freimaurer Emanuel Schikaneder ist der Verfasser des Librettos von Mozarts berühmter ›Zauberflöte‹.

Heute präsentiert sich Straubing ebenso historisch gepflegt wie selbstbewusst modern. Die stattlichen Häuser am Stadtplatz und den Hauptstraßen zeigen an ihrem Äußeren die Einflüsse der verschiedenen Kunstepochen, von der Gotik bis zur Neorenaissance. Vom hohen spätmittelalterlichen **Stadtturm** in der Mitte der Fußgängerzone hat man einen herrlichen Blick auf das Markttreiben, gesäumt von den vielen typischen Straubinger Speichergiebeln der alten Bürgerhäuser. Am Donauufer erhebt sich trutzig das ehemalige **Herzogschloss**. Viele Türme ragen über die modellhafte Stadtanlage empor, am eindrucksvollsten der Turm der **Pfarrkirche St. Jakob und St. Tiburtius.** Diese spätgotische Hallenkirche mit dem Rang einer päpstlichen ›Basilika minor‹ beherbergt Kunstdenkmäler aus sieben Jahrhunderten, darunter eine reich verzierte Rokokokanzel und wertvolle Glasfenster. Das **Moses-Fenster** von **Albrecht Dürer** besitzt nationale Bedeutung. Nur ein paar Schritte weiter steht die helle, barockisierte **Jesuitenkirche**. Weiter südlich ist die neuromanische jüdische **Synagoge,** die einzige Niederbayerns, zu entdecken. Zu jedem Straubing-Besuch sollte die Besichtigung des **Gäubodenmuseums** (Fraunhoferstraße 9, Di–So 10–16 Uhr) mit seinem weltbekannten Römerschatz gehören. Auch die **Klosterkirchen der Karmeliten** und der **Ursulinen** lohnen den Besuch.

Schließlich führt ein Weg entlang der Donau zum **Friedhof St. Peter,** der mit seiner romanischen Basilika, drei spätgotischen Kapellen und Hunderten von Grabdenkmälern zu den schönsten und stimmungsvollsten Friedhöfen Deutschlands zählt.

Amt für Tourismus: Theresienplatz 20, Tel. 094 21-94 43 07. Es bietet neben Informationsmaterial und kompetenter Beratung Stadtbesichtigungen und Führungen für alle Alters- und Interessensgruppen an, einschließlich kostenloser Führungen für Kinder.

Alle vier Jahre (zuletzt 2003) wird während der **Agnes-Bernauer-Festspiele** der historische Justizmord in Straubing mit Tanz- und Theatervorführungen künstlerisch verarbeitet. Das jährliche Highlight der Stadt ist jedoch das **Gäubodenfest** (August), das als zweitgrößtes Volksfest Bayerns alljährlich 1,2 Mio. Besucher in die Stadt lockt.

Deggendorf

Reiseatlas: S. 230, B 1
Die Kreisstadt Deggendorf zieht sich von der Donau über bis zu fast 800 Höhenmeter zu den Gebirgsausläufern des Bayerischen Waldes empor und ist allein durch diese malerische Lage ein beliebtes Ziel von Radlern, Wanderern und Skitouristen. Touren zur **Ritterburg Egg,** zum **Ziegelmuseum** in Flintsbach, zu den **Benediktinerabteien** in Metten und Niederalteich oder zur kostbar ausgestalteten **Assambasilika** in Osterhofen/Altenmarkt gehören hier ebenso ins Programm wie Spaziergänge durch die unberührte Natur der **Auenlandschaft** an der Isarmündung und die umliegenden waldigen Hügel.

Das Städtchen hat sich seine mittelalterliche Bebauungsstruktur und mancherlei architektonische Kostbarkeit aus dieser Zeit trotz verheerender Zerstörungen während des Schwedeneinfalls und des österreichischen Erbfolgekriegs erhalten können. Von Norden nach Süden teilt der breite Straßenmarkt die Birnenform des historischen Zentrums, das von den Straßenzügen des ehemaligen Stadtgrabens umrundet wird. Die Häuser längs des Marktes sind vorwiegend im Stil des Biedermeiers und Jugendstils mit aufwendigen Stuckverzierungen prächtig restauriert, und mitten am Platz steht das alte **Rathaus** von 1535. Merkwürdige Gesichter und Fabeltiere zieren die Fenstersimse dieses gotischen Gebäudes. Die beiden Steinkugeln an dem Gebäude sollen einer Legende nach zum Deggendorfer Spitznamen ›Knödelstadt‹ beigetragen haben. Einer anderen Legende zufolge geht der Name zurück auf eine tapfere Deggendorferin, die mit einem gezielten Knödelwurf ein ganzes Heer vertrieben haben soll. Am südlichen Ende wird der Stadtplatz von der gotischen **Heilig-Grabkirche** aus dem 14. Jh. begrenzt. Der schmucke Barockturm wurde allerdings erst 1727 fertig gestellt. Die **Spitalkirche** mit ihren üppigen Wand- und Deckenmalereien und die **Stadtpfarrkirche Mariä Himmelfahrt** aus dem 17. Jh. mit einem imposanten Baldachin-Hochaltar säumen den Weg zur Donau. Über den schönen Friedhof östlich der Kirchen erreicht man das **Städtische Museum** (Östlicher Stadtgraben 28, Di–Sa 10–16,

So 10–17 Uhr), das **Handwerksmuseum** (Maria-Ward-Platz 1, Di–Sa 10–16, So 10–17 Uhr) und das **Kapuzinerstadl,** eine ehemalige Kirche des Kapuzinerordens, in der Veranstaltungen und Ausstellungen präsentiert werden.

Tourist-Info: Oberer Stadtplatz, Tel. 09 91-2 96 05 35. Für Kinder gibt es eigene Stadtpläne und in den Sommerferien kostenlose Stadtführungen (man darf auch auf den Rathausturm!), Ausflüge und Besichtigungen werden freundlich und kompetent vermittelt.

Vilshofen

Reiseatlas: S. 230, B 2
Weithin sichtbar erheben sich die beiden Zwiebeltürme der **Benedektinerabtei Schweiklberg** über die Altstadt von Vilshofen. Das Städtchen auf der Landzunge zwischen dem Flüsschen Vils und der Donau ist inzwischen zum westlichsten Vorposten des Kreuzfahrttourismus geworden. Bei der Erkundung der hübschen Altstadt mit ihren zum Teil engen Gassen und Treppchen, barocken Kirchen und Bürgerhäusern aus dem 19. Jh. stößt man immer wieder auf moderne Glas-, Stein- und Metallskulpturen. Sie wurden im Rahmen des Projektes ›**Kunst im öffentlichen Raum**‹ von österreichischen und deutschen bildenden Künstlern in die städtische Architektur integriert. Die Objekte finden sich z.B. in einer Nische hinter der Kirche, auf dem Rathausplatz, in einem Torbogen oder an der Donaupromenade und schaffen so einen reizvollen Spannungsbogen zwischen Vergangenheit und Gegenwart. Weitere zeitgenössische Kunst wird in der Galerie des quadratischen, oben achteckigen **Stadtturms** präsentiert (Obere Vorstadt 15, Di–Fr 14–17, Sa/So 10–12, 14–17 Uhr). Auch die Besichtigung der kunstvollen Schnitzereien am Hochaltar der **Stadtpfarrkirche St. Johannes** sollte man nicht versäumen. Das Kloster Schweiklberg führt mit seinem privaten Wasserwerk, einer Gärtnerei und weiteren Handwerksbetrieben immer noch ein recht abgeschlossenes Eigenleben. Das klostereigene **Afrikamuseum** (Mo–Fr 9–12, 14–17, Sa 9–12 Uhr) der missionarisch tätigen Benediktinermönche zeigt Kultgegenstände, Schmuck und Waffen des afrikanischen Kontinents; auch die **Abteikirche** ist dem Publikum zugänglich.

Tourist-Information: Stadtplatz 27, Tel. 085 41-20 81 12, Fax 20 81 90, tourismus@vilshofen.de. Mo–Do 8–12, 13–17, Fr 8–12 Uhr.

Passau

Reiseatlas: S. 230, C 2
Im Schnittpunkt von drei Flüssen und acht Radfernwegen gehört es sozusagen zur geografischen Disposition der Stadt, offen und gastfreundlich den anwachsenden Besucherstrom willkommen zu heißen. Aber auch ganz ohne logistische Zwänge verbindet die Stadt Treue zur historischen Tradition mit zeitgemäßer Aufgeschlossenheit. Altstadtcharme, Kirchengeschichte und studentische Lebensfreude treffen auf der schmalen Landzunge zusammen und ermöglichen den Besuchern abwechslungsreiche kulturelle Begegnungen.

Geschichte

Schon unter den Kelten entstand auf der Landzunge im Dreiflüsseeck zwischen Ilz, Inn und Donau eine erste Siedlung. Den Römern verdankt die heutige Stadt Passau nicht nur erste wehrhafte Anlagen und die Einführung des Christentums, sondern auch ihren Namen: Bataver, woraus sich Bavazza und schließlich Passau entwickelte, war die Bezeichnung der Kohorte, die hier ihre Stellung bezogen hatte.

Bereits 739 wurde die Stadt zum Bischofssitz, 999 erhielt sie unter Otto III. die Landeshoheit nebst allen damit verbundenen Rechten. Und das waren nicht wenige: Münz- und Mautwesen, Gerichtsbarkeit und Aufsicht über das Gewerbe gehörten dazu. Mit immer neuen Ländereien konnten die Bischöfe ihren Einflussbereich im Heiligen Römischen Reich Deutscher Nation sogar bis hinab nach Ungarn ausdehnen. 42 000 km^2 standen in den besten Zeiten unter der fürstbischöflichen Verwaltung, die starken Bastionen der Veste Oberhaus und der Veste Niederhaus sorgten dafür, dass die immer wieder aufbegehrende Bürgerschaft keinerlei städtische Freiheiten und Privilegien durchsetzen konnte. Immerhin bewirkte der Reichtum, der vor allem durch die Kontrolle des Salzhandels, aber auch durch den Handel mit Wein, Getreide und Erz in die Stadt gelangte, das rasche wirtschaftliche Aufblühen der mittelalterlichen Stadt.

Das ›weiße Gold‹ weckte jedoch auch die Gelüste der benachbarten Habsburger und Wittelsbacher. 1594 brachte der bayrische Herzog den Salzhandel unter seine Kontrolle, mit der Errichtung einer eigenen Bischofskirche in Wien und der Entstehung weiterer bedeutender Klöster an der habsburgischen Donau wurde die Macht der Passauer Bischöfe erheblich beschnitten. In Passau selbst gab man sich allerdings weiterhin dominant: Vor allem nach dem Religionsfrieden 1555 setzten die Bischöfe die Gegenreformation mit aller Härte um: Viele konvertierte Bürger mussten emigrieren oder wurden gefangen gesetzt. Erst 1803 fiel die Dreiflüssestadt endgültig an Bayern. Dank der sich etablierenden Schifffahrt und der Eisenbahnverbindungen konnte das Städtchen wirtschaftlich stabil bleiben und sich seinen Platz im neuen Staatensystem erobern. Heute lockt der gute Ruf der hiesigen Universität viele Studenten in die Stadt, und die italienische, weitgehend im 18. Jh. entstandene Barockbebauung lockt viele Touristen an.

Altstadt

Viel Platz ist nicht auf dem schmalen Streifen zwischen den zwei Flüssen, auf dem sich die Häuser der Passauer Altstadt zusammendrängen. Dicht an dicht stehen die schönen, oft barock gestalteten Gebäude entlang der engen, kopfsteingepflasterten Gassen und steilen Treppenwege, die vom Ufer zu dem mächtig emporragenden Dom hinaufführen. Der breite, von Bäumen beschattete **Domplatz**, um den sich würdevolle, zumeist kirchlichen Institutionen vorbehaltene Bauten aus dem 16. bis 18. Jh. und ein ehemaliges fürstbischöfliches Palais gruppieren,

Der im 17. Jh. mit Stukkaturen reich verzierte Chor des Doms St. Stephan

veranschaulicht allein durch seine raumgreifende Gestaltung die dominante Position, die der Klerus in Passau über Jahrhunderte beansprucht hat. Selbst das Denkmal des ersten weltlichen Regenten von Passau im Zentrum des Platzes wirkt vor der Kulisse des mächtigen Doms eher nebensächlich. Wenig respektvoll wird Maximilian Joseph I. in Passau wegen seiner ausgestreckten Hand auch als ›Regenprüfer‹ tituliert.

Dom

Die dem Platz zugewandte Westfront des Doms ist mit aller Üppigkeit des italienischen Barock gestaltet, zwei hohe Türme mit spitz zulaufenden Kuppeln flankieren das große Hauptportal. Die barocken Formen gehen auf die Neugestaltung des Doms nach einem verheerenden Stadtbrand im 17. Jh. zurück, von den gotischen Vorgängerkirchen sind noch der Chor und das Querhaus erhalten geblieben. Dennoch präsentieren sich auch diese Gebäudeteile innen in vorwiegend barocker Pracht. So wurden die gotischen Fenster in kleinere Einheiten unterteilt, Rundungen und Stuckverzierungen verschleiern die ursprüngliche strenge Linienführung und ergeben stattdessen ein durch Figuren, Ornamente und zahlreiche Deckengemälde bewegtes Raumerlebnis. Kanzeln, Altäre und

Passau liegt am Dreiflüsseeck, der Vereinigung von Inn, Donau und Ilz

Hochaltar ergänzen mit kostbaren Materialien und filigraner italienischer Kunstfertigkeit das sakrale Ambiente.

Ein mehrteiliges Meisterwerk ist die (weltweit größte) Orgel des Doms: Eine Haupt- und mehrere Nebenorgeln verteilen den Klang über sagenhafte 17 974 Pfeifen und 234 Register, sogar vom Dachboden strömen die Töne durch das ›Heiliggeistloch‹ auf den Hörer hinab. Auf der Ostseite begrenzt der Dom den **Residenzplatz**, der zwar kleiner als der Domplatz, aber nicht minder ehrwürdig bestückt ist. Die lang gestreckten Fassaden der **Alten** und **Neuen Residenz** sind über den **Saalbau** mit dem Dom verbunden, über den man wiederum in diese Gebäudetrakte hineingelangt. Die Geschichte des Bistums sowie Gewänder, Monstranzen, Tafelbilder und weitere liturgische Kostbarkeiten präsentiert das **Domschatz- und Diözesanmuseum** (Mai–Okt. Mo–Sa 10–16 Uhr) in der Residenz. Aber auch die Räumlichkeiten selbst, z. B. die Bibliothek der Alten Residenz oder das von einem meisterlichen Deckenfresko überwölbte Treppenhaus der Neuen Residenz beeindrucken durch ihre großartige Ausgestaltung.

Vom Rathaus bis zum Dreiflüsseeck

Schnell gelangt man zurück zum Donaukai, wobei man auch den Streifzug durch die klangvoll benannten und malerisch verwinkelten Gassen zwischen Domplatz und Donau nicht versäumen sollte. Etliche Cafés und Läden haben ihren Platz in den schönen alten Häusern gefunden, im Westen markiert der **Paulusbogen** als ältestes erhaltenes Tor die mittelalterliche Stadtgrenze. Dahinter drängt sich die rötliche **Pfarrkirche St. Paul** in die schmale Gasse, die 1678 anstelle ihres abgebrannten mittelalterlichen Vorgängers im Barockstil errichtet wurde.

Ob durch die Gassen oder auf dem Donaukai zurück gen Osten – das mächtige **Rathaus** am gleichnamigen Platz ist nicht zu verfehlen. Ursprünglich aus dem 14. Jh. stammend, wurde es im Laufe der Zeit durch neue bzw. umgestaltete Trakte mehrfach ergänzt, erst im 19. Jh. ist das Ensemble durch den Turm und weitere bauliche Maßnahmen vereint worden. Die dadurch entstandenen schönen Innenhöfe, aber auch die reich dekorierten Säle können außerhalb von Veranstaltungen besichtigt werden. Gleich neben dem Rathaus wurden abermals mehrere Bauten zu einem herrschaftlichen Ensemble zusammengefasst: Im **Hotel Wilder Mann** soll schon Kaiserin Sisi ihr müdes Haupt gebettet haben, und auch heute noch darf man es ihr hier gleichtun. Im anderen Teil des Gebäudes sollte man allerdings die Augen offen halten: Hier ist das **Glasmuseum** (tgl. 13–17 Uhr) untergebracht, das mit 30 000 zerbrechlichen Werken die Traditionen des Böhmischen Glases durch alle Stilepochen hervorragend illustriert.

Vom Rathausplatz über den Römerplatz führt der Weg parallel zur Donau zum **Museum für Moderne Kunst** (Di–So 10–18 Uhr) in der Bräugasse. Namhafte Meister des 20. und 21. Jh., wie Egon Schiele, Gustav Klimt und George Grosz, gehören ins wechselnde Ausstellungsprogramm. Die edlen Arkadenflure, stuckierten Decken, reich verzierten Türen und der breite Lichthof des alten Gebäudes bilden einen harmonischen Hintergrund zur modernen Experimentierfreudigkeit.

Am Ende der Landzunge treffen Donau- und Innkai in einem spitzen Winkel zusammen. Letzte Reste einer mittelalterlichen Befestigung in der kleinen Grünanlage markieren das **Dreiflüsseeck,** hinter dem sich die verschiedenfarbigen Wasser von Inn, Donau und Ilz vermischen.

Klöster und Kirchen am Innufer

Nicht weit von dem mittelalterlichen **Wehrturm** am Innufer befindet sich der Eingang zum **Kloster Niedernburg,** in dem die selige Gisela bestattet wurde. Die fromme Adelsdame war nach ihrer Ehe mit dem ersten christlichen Ungarkönig ins heimatliche Passau zurückgekehrt und als Äbtissin tätig geworden. Auf den Spuren des geheimnisvollen Verfassers des Nibelungenlieds meint man mitunter sogar Giselas Brautfahrt als literarisch verfremdete Reise Krimhilds zum Etzelhof und somit den Dichter als Zeitgenossen der berühmten Passauerin entschlüsseln zu dürfen. Doch das bleibt, im Gegensatz zu den Gemäuern des Klosters und seiner romanischen Kirche aus dem 11. Jh., reine Spekulation.

Nur wenige Schritte weiter westlich ragen die Doppeltürme der **St. Michaelskirche** am Innufer auf. Die hiesigen

BAYERN UND HABSBURG – DEUTSCH-ÖSTERREICHISCHE DONAUGESCHICHTE

Nachdem die Römer ihre Grenzbefestigungen an der Donau verlassen hatten, siedelten sich die mit den Völkerwanderungen zugezogenen Stämme in den verlassenen Städten längs der Donau an. Im heutigen Schwaben waren es vorwiegend Alemannen, das wehrhafte Kastell Ratisbona (Regensburg) wiederum wurde von den Agolfingerfürsten zum Zentrum ihres bayrischen Herrschaftsgebietes auserkoren. Von der Enns Richtung Osten beherrschten die Awaren mit ihren nomadisierenden Reitervölkern das von Slawen besiedelte Donauland. Als die Franken zur neuen Großmacht im Westen Europas aufstiegen, war es mit der freien Stammesherrschaft alsbald wieder vorbei: Die Alemannen mussten als Erste einem fränkischen Statthalter den Herzogsthron überlassen, die Bayern konnten sich immerhin bis ins 8. Jh. relative Selbstständigkeit bewahren und ihr Territorium durch strategische Landnahmen und Bündnisse mit den awarischen Nachbarn im Osten festigen. Erst nachdem Karl der Große mit gewaltigen Heerscharen die Donau hinab bis ins Awarenreich vordrang, verschwand auch der letzte bayrische Agolfinger, Tassilo III., hinter fränkischen Klostermauern und ein Karolinger übernahm die Verwaltung der bayrischen Lande. Anschließend wurde das Land der ›Slawen und Awaren‹ von Karls Sohn Pippin erobert und christianisiert. Allerdings erwies sich die Kontrolle und Verwaltung des ›wilden Ostens‹ als gar nicht so einfach: Slawische Stämme bekriegten sich hier gegenseitig und bald schon erschienen neue – magyarische – Reitervölker in der ungarischen Tiefebene, die durch ihre Raubzüge in den allmählich zu Wohlstand gelangten Klöstern, Burgen und Städten Angst und Schrecken verbreiteten. Östlich der Enns galt die Donau daher lange noch als ›barbarisch‹, während sich ihre Ufer im Westen (von der Quelle bis zur Ennsmündung) längst in einen bunten Flickenteppich geistlicher und weltlicher Fürstentümer und prosperierender Städte verwandelt hatten. Die Mini-Reiche unter der Oberhoheit des Kaisers wirtschafteten dabei munter in die eigenen Taschen: Fast 100 Mautstellen gab es an der oberen Donau, an denen Händler und Passagiere ihren Tribut entrichten mussten, hinzu kamen oft genug noch kleinere eigenständige ›Unternehmungen‹, mit denen die Feudalherren sich Waren aneigneten oder ihre Nachbarn um Güter und Ländereien erleichterten.

Nach den Ungarnkriegen begannen mit den Wittelsbachern in Bayern und den Babenbergern, die 996 von Otto II. die ›Ostmark‹, das Land östlich der Enns, zu Lehen erhielten, allmählich geschlossene Territorialherrschaften an der oberen Donau. Zwar mussten die Bayern auf die freie Reichsstadt Regensburg und das Bistum Passau verzichten, die Babenberger wiederum blieben als Markgrafen dem bayrischen Herzogtum verpflichtet; doch hüben wie drüben konnte man durch Kauf, Geschenke und kleine politische Vorstöße immer mehr Donauortschaften fest in den jeweiligen Machtbereich einfügen. Schließlich wurde der Babenberger Heinrich II. ›Jasomirgott‹, der seinen Beinamen dem häufigen Gebrauch des gleich lautenden Lippenbekenntnisses ›Ja-so-mir-gott-helfe‹ verdankte, mit Gottes und Barbarossas Hilfe zum ersten Herzog der Ostmark und ließ seine Residenz in Klosterneuburg bei Wien errichten. Von hier war es nur noch ein kleiner Schritt ins benachbarte Wien. Das Zentrum des österreichischen Staates war entstanden und wurde – u. a. mit Hilfe des Lösegeldes, das Leopold der Tugendsame von Richard Löwenherz erpresste – durch die folgenden Regenten wehrhaft und prachtvoll ausgebaut.

»Du, glückliches Österreich, heirate«

Nachdem der letzte Babenberger ohne Nachkommen gestorben war, fiel das österreichische Erbe vorübergehend an den böhmischen König Ottokar II., der damit als deutscher Reichsfürst erstmals ein großes Herrschaftsgebiet vereinigte. Doch die erwartete deutsche Königskrone wurde nicht ihm, sondern seinem Rivalen Rudolf von Habsburg zuerkannt. Schwer gedemütigt weigerte sich der Böhme daraufhin, den ›armen Habsburger Grafen‹ anzuerkennen, kam in Reichsacht und Bann und schließlich bei der blutigen Schlacht gegen Rudolf bei Dürnkrut ums Leben. Rudolf übernahm als erster Habsburger eine Herrschaft, die durch seine nachfolgenden Familienmitglieder bis in das 20. Jh. reichen sollte. Stetig und konsequent erweiterten die habsburgischen Regenten dabei ihre Grenzen von West nach Ost, längs der Donau gelang es ihnen zwischenzeitlich sogar fast, bis hinunter zum Donaudelta vorzudringen. Freilich nur kurzfristig, denn die Osmanen bildeten an der unteren Donau bald ein starkes Gegengewicht zur westlichen Großmacht. Im westlichen Europa hingegen nahm der Einfluss weiterhin zu. Selbst im Schwäbischen gewannen die Habsburger Ländereien hinzu und dank ihrer geschickten Heiratspolitik stieg die Dynastie innerhalb weniger Generationen zur Weltmacht auf. Schließlich hatte schon der Ungarkönig, Mathias Corvenius, im 16. Jh. spöttisch gedichtet: »Kriege mögen die anderen führen, Du, glückliches Österreich, heirate ...«

Kriege blieben dem Hause Habsburg dennoch nicht erspart: Sowohl die Religionswirren, die in den Dreißigjährigen Krieg mündeten, als auch die ständigen Querelen mit den ›malkontenten‹ ungarischen Adeligen und Bauern und die Bedrohung durch osmanische und russische Konkurrenten im Osten prägten die Jahrhunderte der Habsburgermonarchie an der Donau. Das Attentat auf das habsburgische Thronfolgerpaar in Sarajewo beendete die Habsburgermonarchie und führte durch die anschließenden Kriege zur deutlichen Verkleinerung des einstigen Riesenreiches und zur Neuordnung des heutigen österreichischen Staates.

Auch die Wittelsbacher Herrschaft an der Donau, die sich fast 800 Jahre den Großmächten zwar untergeordnet, aber dennoch durchaus ihrem eigenen politischen Stil treu geblieben war, ging mit dem Ersten Weltkrieg zu Ende: Als ›Freistaat‹ gliederten sich die Bayern in den deutschen Gesamtstaat ein.

von ungefährlichen Zeitgenossen, die unter Umständen sogar einer Besichtigung zustimmen. Aber selbst die verfallenen Ruinen lohnen den Aufstieg: So ist die Wanderung von **Burg Marsbach** über den fast ebenen Höhenweg bis zur **Ruine Haichenbach** inmitten der Donauschlinge ein echtes Erlebnis. Vom Turm der Ruine hat man einen geradezu überwältigenden Blick auf die ›doppelte Donau‹. Unterhalb der Ruine liegt das ehemalige **Römerkastell Jovaicum.** Von dem alten Militärlager im spitzen Donaueck sind die Anlagen des Westtores freigelegt worden.

Mit dem Auto kann man das Ufer nur abschnittsweise erreichen – man ist auf Schiff, Fahrrad oder Füße angewiesen. Auskunft über diese Fortbewegungsmittel sowie Tourenvorschläge und Unterkunft erhält man bei der Werbegemeinschaft Donau OÖ, Lindengasse 9, 4040 Linz, Tel. 070-7 27 78 00, www.donauradweg.at Die **Camping-Pension Schlögen** (Tel. 072 79-82 41, schloegen.freizeit@netway.at) unterhält einen kleinen Jachthafen. Im gegenüberliegenden Au befindet sich der älteste Fährbetrieb in der Donauschlinge; hier kann man bei Most und Jause einen Zwischenstopp einlegen (Zur Fährfrau, Tel. 072 85/63 17).

Rast an der Schlögener Schlinge

Zwischen Aschach und Wilhering

Reiseatlas: S. 230, C 2
Die kleinen Ortschaften leben längst nicht mehr von der Mauteinnahme, sondern vom Tourismus. Hübsch restaurierte Häuser, etliche Cafés, Hotels, Pensionen und Campingmöglichkeiten sorgen für eine solide Infrastruktur. Schiffsausflüge auf der Donau, gut ausgebaute Wanderwege und das Badesee-Paradies bei Feldkirch-Weidet geben Raum für Spaß und Erholung, nicht zuletzt hat jedes Fleckchen auch seine lokalen Kulturdenkmäler zu bieten, in **Aschach** z. B. die Pfarrkirche, ein Schopper- und Fischermuseum und das Schloss mit zierlichen Arkadengängen inmitten eines weitläufigen Parks.

Bei **Ottensheim** steht ein weiteres Schloss, vor allem aber begeistern die Gartenanlagen, das Kloster und die prachtvolle Ausgestaltung der **Stiftskirche** des **Zisterzienserklosters Wilhering,** eines der bedeutendsten Rokoko Bauten im deutschen Sprachraum.

Eferding

Von Aschach führt ein Abstecher nach Süden bis Eferding. Die hübsche Stadt mit ihrer äußerlich barock, innen reich mit spätgotischer Steinmetzkunst ausgestalteten Kirche, vor allem aber das in einem schattigen Park gelegene **Schloss Starhemberg** sind überaus sehenswert. In dem teils gotisch, teils klassizistisch gestalteten Schlosskomplex befinden sich die starhembergische Familiensammlung und ein Heimatmuseum. Diese Exponate sowie die zum Teil aus anderen Schlössern zusammengetragene Innenausstattung geben einen guten Einblick in die Zeit der österreichischen Monarchie (Mai–Okt. So/Fei 10–12, 14.30–17 Uhr, Führungen Mi–Sa 15 Uhr, www.starhemberg.com).

Touristeninformation Ottensheim: Donaulände 4, 4100 Ottensheim, Tel. 072 34-8 36 22

SCHIFFFAHRT AUF DER DONAU

Schon Kelten und Griechen scheinen die Donau per Schiff erkundet zu haben. Dokumentiert ist die Donauschifffahrt jedoch seit dem 1. Jh.: Auf alten Ziegelsteinen und auf der ›Trajansäule‹ in Rom sind die erfolgreichen Flussmanöver aufgezeichnet, die auf der als Limes streng bewachten Donau durchgeführt wurden. Dabei wird deutlich, dass den Römern bereits verschiedenste Schiffstypen von erstaunlicher technischer Leistungsfähigkeit zur Verfügung standen. Kleine Transportschiffe mit hohen Bordwänden und breitem Bug gehörten ebenso dazu wie die langen, schmalen Kriegsschiffe, die durch ihren zurückschwingenden Bug und je zwei Reihen Ruderer besondern flink und wendig waren. Jede der römischen Donauprovinzen verfügte über eine eigene Flotte von Kriegsschiffen, einige sogar noch über eine zusätzliche Flottenlegion, eine Art Wasserpolizei, die mit ihren Booten regelmäßig auf der Donau patroullierte. Auf diese Weise wurde der Fluss nicht nur zur gesicherten Grenze, sondern auch zum geschützten Handelsweg für Kaufleute und siedelnde Bürger.

Die Schiffe der Händler und Flößer waren allerdings noch lange Zeit weit weniger elegant als die römischen ›Liburnen‹. Oft waren es schwerfällige Kähne oder ›Schachteln‹, die den Fluss mit der Strömung hinunterzogen und dann am Zielort zerlegt und verkauft wurden, wenn sie nicht schon unterwegs auseinander gebrochen waren. Schifffahrten blieben auf der Donau bis ins 19. Jh. eine lange und mühsame Angelegenheit, da die Schiffe flussaufwärts mit Muskelkraft bzw. später mit Pferden gezogen werden mussten. Beim so genannten Treideln liefen Menschen und/oder Pferde auf dem Lein- oder Treidelpfad flussaufwärts und zogen das Schiff an einem dicken Hanfseil hinter sich her. Eine etwa 15 Tonnen schwere Last musste von sieben Treidelknechten oder einem Pferd gezogen werden, die üblichen, beladenen Frachtschiffe wurden meistens von vier Pferden gezogen, es gab aber durchaus auch Schiffe, die von mehr als 20 Pferden gezogen werden mussten. Wenn das Schiff durch die Strömungsverhältnisse oder eine Unachtsamkeit des Steuermanns in die Flussmitte getrieben wurde, wenn die Wege aufgeweicht oder überschwemmt waren, rutschten die Tiere oftmals in den Strom. Die Knechte, die alarmbereit auf den Pferden saßen, mussten dann schnell genug mit ihren Messern die Leinen kappen, um sich und die Ladung zu retten. Auf den Schiffen wiederum wurden in etwas makabrer Geschäftsmanier ausschließlich Nichtschwimmer angestellt, denn das garantierte den Kaufleuten und Eignern, dass ihre Mannschaft bei einem Sturm oder Überfall nicht flugs ans Ufer schwamm, sondern sich bemühte die Fracht, das Schiff und damit sich selbst zu retten.

Zu den Beschwerlichkeiten der Beförderung kamen noch andere: Das mittelalterliche Maut- und Stapelrecht galt immerhin bis ins 19. Jh. und sorgte für zahlreiche Unterbrechungen und Zahlungen während der Reise. Allein auf der Donau bis Wien sollen im 12. Jh. mehr als 76 Mautstellen bestanden haben. Zudem erschienen auch noch die Raubritter hier und da auf der Bildfläche, spannten ein Seil über die Donau und bereicherten sich ihrerseits.

Mitte des 17. Jh. setzte der erste Passagierverkehr auf der Donau ein. Von Regensburg nach Wien konnte man nun in etwa 14 Tagen per Schiff reisen, zurück nahm man allerdings meistens die Postkutsche, da es per Schiff sonst etwa acht Wochen dauerte. Verständlich, dass man eifrig bemüht war eine schnellere Möglichkeit des Schiffsverkehrs zu finden. Endlich, Mitte des 19. Jh., wurde der Traum wahr und mit dem berühmt-berüchtigten Wort Donaudampfschifffahrtsgesellschaft begann ein neues Kapitel auf der Donau. 1829 lief die ›Anna Maria‹ vom Stapel, bald darauf wurde das Schiff ›Franz I‹ auf der Route Wien – Budapest eingesetzt. 1880 besaß die DDSG immerhin über 188 Dampfschiffe sowie etliche Werften, Kohlegruben, Häfen und zwischenzeitlich sogar eine eigene Währung. 1927 wurde das letzte Dampfschiff in Budapest erbaut, anschließend traten mehr und mehr die Motorschlepper in den Vordergrund. Während des Zweiten Weltkriegs wurden u. a. über die Donau etliche deutsche U-Boote in das Schwarze Meer geschickt, die dort als 30. U-Flottille einen Stützpunkt in Constanța bildeten. Zu den traurigen Donaukapiteln dieser Zeit gehört auch die starke Verminung des Flusses, die etliche Schiffsleute das Leben kostete.

Nachdem der Fluss über Jahrzehnte durch den ›Eisernen Vorhang‹ geteilt war, ist er nun wieder in seiner ganzen Länge für die Schifffahrt freigegeben.

Vom Schiff aus kann man die Flusslandschaft in ihrer ganzen Schönheit genießen

Linz

Reiseatlas: S. 231, D 2
Die hübsche und gepflegte Innenstadt von Linz, die sich zwischen mehreren Hügeln im Donaubogen nach Wilhering ausbreitet, lässt kaum erahnen, dass sich hier das zweitgrößte Wirtschaftszentrum Österreichs befindet. Die VOEST-Werke (Eisen und Stahl) und über 8000 Klein- und Mittelbetriebe haben sich vor allem am linken Flussufer (im Linzer Stadtteil Urfahr) oder im weiteren Umkreis angesiedelt. Das Zentrum auf der linken Seite hat seine vorbildlich restaurierte, bis ins 9. Jh. zurückreichende Bebauung auf übersichtlichem Raum erhalten und ist damit zweifellos zu Recht zur ›Kulturhauptstadt Europas 2009‹ gewählt worden. Römische Befestigungsanlagen, lukrative Mautgeschäfte und nicht zuletzt Friedrich III., der hier bis zu seinem Tod residierte und die Stadt zwischenzeitlich in den Mittelpunkt des weströmischen Kaiserreiches rückte, haben zum kulturellen und wirtschaftlichen Aufschwung der Stadt beigetragen. Andererseits haben Reformation und Gegenreformation sowie die Verwüstungen während der österreichischen Erbfolgekriege und durch die französische Invasion ihre Spuren in der Stadtgeschichte hinterlassen. Auch die zweifelhafte Gunst Adolf Hitlers, der Linz zwischen 1938 und 1945 als ›Heimat- und Patenstadt‹ wirtschaftlich und architektonisch ausbauen wollte, hat längerfristig vor allem Schaden angerichtet, wurde doch die Stadt von den Alliierten intensiv bombardiert. Inzwischen sind Architektur und Image längst wieder intakt. Offen und zeitgemäß hat man sich in Linz mit der Vergangenheit auseinander gesetzt; nach dem Krieg wurden nicht nur mit der Aufnahme von 40 000 Flüchtlingen aus 25 Nationen, sondern auch durch den Bau der Synagoge Zeichen gesetzt.

Durch ihre Universität, ihr Messezentrum und die moderne Kunstszene hat Linz sich neben wirtschaftlicher Bedeutung inzwischen auch einen international anerkannten Ruf als wichtiges Kulturzentrum erworben.

Stadtspaziergang

Auf dem **Hauptplatz** markiert die reich verzierte Dreifaltigkeitssäule noch heute die Stelle, an der die mittelalterliche Salzstraße den Linzer Marktplatz traf. Hohe, schön gestaltete Bürgerhäuser umgeben sein riesiges Rechteck, auch das alte **Rathaus** fügt sich harmonisch in die Wohnfassaden ein. Nur sein achteckiger Eckturm, ein schöner Arkadeninnenhof und einige Räume verweisen noch auf die ursprüngliche Form des Gebäudes. Im Inneren erzählt das **Stadtmuseum Linz-Genesis** detailreich von der Geschichte der Stadt (Mo–Fr 9–13, 14–18 Uhr). Hinter dem Rathaus ragt der Barockturm der mehrmals umgestalteten, ursprünglich romanisch-gotischen **Stadtpfarrkirche** auf. Vielleicht hat die goldgrüne Kuppel ja Johannes Kepler inspiriert, nach oben zu gucken – jedenfalls liegt das Haus des berühmten Astrologen direkt gegenüber. Noch höher und auffälliger sind allerdings die beiden Türme des **Alten Doms,** die hinter dem Hauptplatz über die Hausfassaden emporragen.

Die wenigen Schritte über den Pfarrplatz in die enge Domgasse legte ein anderer berühmter Sohn der Stadt jeweils im Eiltempo zurück: Anton Bruckner bespielte nach seinem Pensum als Stadtpfarrorganist auch regelmäßig die wertvolle Orgel des Doms. Die Kirche wurde von den Jesuiten im 17. Jh. errichtet und erst unter Josef II. zur Bischofskirche. Die Kanzel und das Chorgestühl sind mit barocken Schnitzereien eindrucksvoll gestaltet, der Hochaltar ist ein goldglänzendes Meisterstück filigraner Handwerkskunst.

Vom Hauptplatz gen Westen ziehen sich die ältesten Gebäude der Stadt entlang der Donaulände bis zu den alten Befestigungsanlagen. Die hervorragend sanierten Häuser an den Gassen rings um den schräg abfallenden, dreieckigen Altstadtmarkt geben einen Eindruck von der Zeit zwischen dem 16. und 18. Jh. Das mit Erkern und Türmchen stattlich verzierte **Kremsmünsterhaus,** in dem Kaiser Friedrich III. gestorben sein soll und das **Mozarthaus,** in dem Mozart seine Linzer Symphonie und Linzer Sonate komponierte, beeindrucken hier mit geschwungenen Renaissancehöfen und Fassadenelementen. Auch das **Landhaus,** das südwestlich des Altstadtmarktes auf den Fundamenten eines Minoritenklosters für die österreichischen Stände errichtet wurde, ist ein mit drei Arkadenhöfen und prunkvollem Tor gestalteter Renaissancebau. Vom ehemaligen Kloster ist noch die äußerlich schlichte, aber innen im Stil des Rokoko reich ausgestaltete **Minoritenkirche** erhalten geblieben.

Westlich begrenzt der Römerberg die Altstadt. Auf diesem, direkt über der Donau erstreckt sich die lange viergeschossige Fassade des **Linzer Schlosses,** das im 17. Jh. mit drei Seitentrakten zu einem recht stattlichen Gebäudekomplex ausgebaut wurde. Später diente das Schloss als Lazarett, dann als Gefängnis und schließlich als Kaserne. Nun beherbergt es das Landesmuseum mit einem reichen Spektrum von Exponaten, vom Mittelalter bis zur Moderne (Di–Fr 9–18, Sa/So 10–17 Uhr). Oberhalb des Schlosses auf der Spitze des Hügels zeugt die kleine schlichte **Martinskirche** aus dem 8. Jh. von der ältesten Sakralarchitektur des ganzen Landes. Die zum Kirchenbau verwendeten Steine stammen teilweise noch von römischen Häusern, wie man an den eingeritzten Zeichen erkennen kann; auch die verschiedenen, durch diverse Umbauten zwischen dem 9. und 14. Jh. verursachten ›Stilbrüche‹ lassen sich hier gut nachvollziehen.

Vom Hügel hat man einen schönen Blick über die Stadt und vor allem auf den **Neuen Dom,** der zwischen Bahnhof und Hauptplatz das Zentrum dominiert. Mit 20 000 Plätzen gilt der im Stil der französischen Hochgotik 1924 eingeweihte Sakralbau als größte Kirche Österreichs. Nur die Kirchturmspitze zieht gegenüber dem Wiener Stephansdom ›den kürzeren‹ – laut einem Gesetz Kaiser Josefs II. durfte in der Habsburgermonarchie kein Gebäude die Wiener Architektur übertreffen, weshalb auch der Linzer Turm mit 134 m knapp unterhalb der 135 m hohen Wiener Spitzenleistung geblieben sein soll. Neben den gewaltigen Dimensionen beeindrucken die vielen farbenfroh bemalten Glasfenster und die Krippenanlage.

Vom Dom kann der Weg zu den gegenüberliegenden mächtigen Fassaden des **Bischofshofs** führen, der dank des Einfallsreichtums des Baumeisters von Melk und St. Florian, Jakob Prandtauer, zustande kam und nun zu den monumentalsten und bedeutendsten profanen Barockgebäuden der Stadt zählt. Nur wenige Schritte weiter, direkt an der zentralen Nord-Süd-Achse von Linz, befinden sich Seite an Seite die beiden großen Komplexe des ehemaligen **Karmeliten-** und des **Ursulinenklosters**, wobei vor allem die helmartigen Kuppeln auf den zwei Türmen des Ursulinenklosters die Blicke auf sich ziehen. Dicke Türen und Vorhänge fangen den Lärm der belebten Einkaufsstraße ab, wenn man die Innenräume der hellen, einschiffigen Kirchen betritt. Über die Straße kann man trotz ihrer strategischen Bedeutung gut flanieren: Sie wurde teilweise zur autofreien Zone umgestaltet und bietet neben schöner Architektur ein verlockendes Einkaufs- und Naschprogramm. Wer der Linzer Torte zugunsten weiteren Kulturgenüssen noch widerstehen kann, sollte über den Hauptplatz zur Nibelungenbrücke spazieren. Vor dem Donauübergang an der östlichen Donaulände präsentiert das **Lentos Kunstmuseum** (tgl. außer Di 10–18, Do 10–22 Uhr) 1500 Werke von Malern, Bildhauern und Objektkünstlern, hinter der Brücke ermöglicht das **Ars Electronica Center** (Mi–Do 9–17, Fr. 9–21, Sa/So 10–18 Uhr) einen ebenso ungewöhnlichen wie spannenden Blick in virtuelle Welten. Wer den irritierenden Schein wieder gegen das reale Sein eintauschen möchte, kann zum Abschluss des Stadtspaziergangs mit der **Pöstlingbergbahn** zum gleichnamigen Berg hinauf fahren. Die Bahn überwindet einen Höhenunterschied von 225 m und hat es als ›steilste Ädhäsionsbahn Europas‹ ins Guinessbuch der Rekorde geschafft. Ihr Weg führt über knapp 3 km durch die schöne Landschaft des Linzer Hausberges, oben rundet die zweitürmige **Wallfahrtsbasilika** und ein herrliches Rundum-Panorama den Ausflug ab.

Tourist-Information: Hauptplatz 1, Tel. 07 32-70 70 17 77, Fax 77 28 73, tourist.info@linz.at. Nov.–Apr. Mo–Fr 8–18, Sa/So 10–18, Mai–Okt. 8–19 bzw. 10–19 Uhr.

Die Linzer Tourismusinformation vermittelt Übernachtungsmöglichkeiten in 47 Unterkünften, vom 4-Sterne-Hotel bis zur Jugendherberge.
Hotel Landgraf: Hauptstr. 12, Tel. 07 32-70 07 12, Fax 700 71 24 11, www.landgraf.at. Das denkmalgeschützte, mehr als 100 Jahre alte Haus liegt in ebenso günstiger wie zentraler Lage unweit von Donau und Flaniermeile. Mit Dachterrasse und Panoramafenster. DZ ab 79 €/Person.
Hotel Lokomotive: Weingartshofstr. 40, Tel. 07 32-65 45 55, Fax 65 83 37, www.hotel-lokomotive.at. Solides kleines 3-Sterne-Hotel unweit vom Bahnhof mit gemütlicher Gaststube und freundlichem Service. DZ ab 38 €/Person.
Goldener Anker: Hofgasse 5, Tel./Fax 07 32-77 10 88, goldener.anker.linz@aon.at. Hübscher Gasthof mit Gartenterrasse und soliden Zimmern. DZ 27–45 €/Person.

Promenadenhof: Promenade 39, Tel. 07 32-77 76 61, www.promenadenhof.at, Mo–Sa. 10–1 Uhr. Das Restaurant hat sich einen kulinarischen Spit-

zenruf erworben. In dem schönen Ambiente kann man z. B. Tafelspitz im Kupfergeschirr mit Spinat, Erdäpfelschmarrn und Semmelkren (12,20 €) verspeisen.
Papa Joe's: Landstr. 31, Tel. 07 32-77 46 86, www.papa-joe.at, Mo–So 10–2 Uhr. Auf der Terrasse werden u. a. Riesengarnelen, Rippchen und pikante Hühnerflügel serviert. Hauptgerichte 7–18 €.

Die **Linzer Torte** kauft man üblicherweise beim Konditormeister Wrann. Filialen finden sich in der Landstraße 70, Herrenstraße 46 oder Hauptstraße 35. In der teilweise als Fußgängerzone gestalteten Landstraße sind alle wichtigen Geschäfte vertreten.

Das städtische Highlight ist die alljährlich im Herbst stattfindende **Kinderklangwolke,** bei der im Donaupark Lautsprecher mit einer Stärke von 250 000 Watt für die Hörbarkeit des musikalischen Events sorgen. Zum Auftakt wird moderne Musik geboten, später folgen die ›klassische Klangwolke‹ und ein Kindermusikfest. Auch sonst hat die Stadt z. B. mit einem **Filmfestival** im Frühling und dem **Kultursommer** im von Juni bis August ein reiches Kulturprogramm zu bieten.

Der Linzer **Flughafen** Blue Danube Airport (Tel. 072 21-60 00) liegt südwestlich von Linz und wird von internationalen Linien angeflogen. Vom Flughafen bringen Shuttles die Besucher kostenlos zum Linzer Hauptbahnhof.
Der **Bahnhof** (Tel. 05/7 17 17) verbindet Salzburg, Wien, Passau, Graz und Prag und liegt fußnah zum Zentrum und zur Donau. Ein gut funktionierendes Straßenbahn- und Busnetz versorgt von hier die innerstädtischen Verkehrswege.
Schiffsanlegestellen befinden sich u. a. unweit des Lentos Kunstmuseums (Tel. 07 32-78 36 07); hier kann man Linienschiffe Richtung Wien und Passau besteigen und Ausflugsfahrten in die Umgebung buchen. Die Anlegestelle der Donautouristik liegt am anderen Ufer (Urfahrmarkt).

Das Lentos Kunstmuseum der Schweizer Architekten Josef Hofer und Jürg Weber

VON MAUTHAUSEN BIS WIEN

Landschaftlich sanft und lieblich, bezaubert die Region zwischen dem Strudengau und Wien durch ihre klimatische Ausgewogenheit und dem damit verbundenen Reichtum der Natur und Agrarwirtschaft. Hier kann man tief in die europäische Geschichte eintauchen, die von Keltensiedlungen und Römerlagern bis zur Wiener Hofetikette führt.

Strudengau

Reiseatlas: S. 231, D/E 2/3
Hinter Linz bahnt sich die Donau ihren Weg durch die sanft geschwungenen Uferlandschaften eines fruchtbaren, mit vielen kleinen Dörfern besiedelten Schwemmlands (Mach). Schlösser und Badeseen gehören zur reizvollen Kulisse. Einen Bruch in der Idylle bildet der düstere Kontext, der mit dem Namen **Mauthausen** verbunden ist. In dem Lager vier Kilometer nordwestlich der gleichnamigen Ortschaft wurden während des faschistischen Terrorregimes mehr als 200 000 Menschen interniert – mehr als die Hälfte überlebte die grausame Behandlung und die schrecklichen Bedingungen der Zwangsarbeit in den Steinbrüchen nicht. Nach der Befreiung wurde das KZ zu einer Gedenkstätte umgewandelt (www.mauthausen-memorial.at, tgl. 9–17.30 Uhr, 24.–26.12., 31.12. und 1.1. geschl.).

Ebenfalls auf der linken Uferseite, bei **Mitterkirchen**, fand 1980 ein Bauer beim Pflügen ein reich verziertes Bronzeschmuckstück. Der Fund entpuppte sich als Grabbeilage eines jungsteinzeitlichen Hügelgrabs, weitere Freilegungsarbeiten enthüllten Siedlungsanlagen und ein Gräberfeld der **Hallstatt-Kultur** aus dem 5. Jt. v. Chr. Heute kann man in dem rekonstruierten Keltendorf nicht nur Lebensart und Bestattungsrituale dieser frühen Zivilisation kennen lernen, sondern in Workshops und Kursen etwa die Herstellung von Kupferschmuck und Tonwaren erlernen (Tel. 072 69-3 03 73, freilichtmuseum@mitterkirchen.at, 15. Aug.– 31. Okt. 9–17 Uhr). Am rechten Donauufer lohnt sich ein Abstecher zu der hübschen Ortschaft und dem prachtvollen Stift **St. Florian**. Die barocke Ausgestaltung des Klosterhofes und der Kirche gehört sicherlich zu den schönsten ihrer Art und stammt von dem berühmten Architekten Jakob Prandtauer. Auch **Enns**, die älteste Stadt Österreichs, mit seinem hohen Renaissance-Stadtturm auf dem Hauptplatz, einem Schloss, einer Basilika und stattlichen Bürgerhäusern eröffnet vielseitige Besichtigungsperspektiven. Der ausgeschilderte ›Stadterlebnisweg‹ von Enns vermittelt auch ohne Führung profunde Einblicke in die Geschichte der Region, vom Römerlager bis zur Neuzeit (Info Tourismusverband Enns, im Stadtturm, Tel. 072 23-8 27 77, info.enns@oberoesterreich.at).

Der **Strudengau** war bis ins 20. Jh. für seine vielen Wirbel und Untiefen berüchtigt; berühmte Reisende wie Joseph von Eichendorff und Ludwig Bechstein haben in ihren Aufzeichnungen die unheimliche Passage durch das schmale Tal beschrieben. Durch spitze Felsen und Sandbänke bzw. die eng zusammenrückenden Felsabhänge konnten die Schiffe jeweils nur von einer Richtung die Fahrt durch den gefährlichen Flussabschnitt wagen, am Ein- und Ausgang des ca. 30 km langen, engen Tals mussten Strandwächter und Lotsen den Verkehr kontrollieren. Dennoch kam es oft genug zu Unglücksfällen, selbst die junge Sisi wäre auf ihrer Brautfahrt nach Wien fast einer Havarie zum Opfer gefallen – ein kaum auszudenkender Verlust im deutsch-österreichischen Legendenschatz. Dabei hatte bereits Maria Theresia die gefährlichsten Felsen wegsprengen lassen; Sisis Gatte Josef beeilte sich im Anschluss an das unglückselige Geschehen, weitere Hindernisse aus dem Weg zu räumen. Doch erst durch das **Kraftwerk Ybbs-Persenbeug** (1957) bzw. die Aufstauung der Donau am Ende des Tales schwoll der Fluss hier zu einem ruhigen, gleichmäßig tiefen Gewässer an.

Grein

Das Städtchen Grein profitiert bis heute maßgeblich von der besonderen Lage am Beginn des Strudengaus. Gab es hier früher als Lotse, Wächter oder Händler vor allem für die Weiterbeförderung der Donaureisenden mehr als genug zu tun, so stehen nun unter dem Motto ›Grein lädt ein‹ das Städtchen selbst und die Wanderziele in der Umgebung im Vordergrund. Zu sehen gibt es mehr als genug: Die Häuser rund um den kleinen Marktplatz haben zum Teil noch ihre alten gotischen Gewölbe und Torbögen, Barock und Biedermeier prägen jedoch die oberen Geschosse und die Inneneinrichtungen der Cafés. Direkt am Platz ins Rathaus eingebaut wurde das hiesige **Theater**. Mit seiner Eröffnung 1791 gehört es zu den ältesten Spielstätten Österreichs, bis heute wird der kleine Rokoko-Saal gut besucht (Stadtplatz 7, Mai–Okt. Mo–Sa 9–11.30, 13.30–17, So 13.30– 16 Uhr).

Neben der ursprünglich gotischen, später barock erneuerten **Stadtpfarrkirche** zieht vor allem das älteste **Wohnschloss** Österreichs aus dem 15. Jh. Besucher in den Bann. Das Schloss gehört seit 1822 zum Besitz des Herzoghauses Sachsen-Coburg und Gotha, ein Teil der repräsentativen Zimmer mit edler Ausstattung, kostbaren Parkettfußböden und prächtiger Deckenmalerei ist zur Besichtigung freigegeben. Auch das Schifffahrtmuseum mit etlichen historischen Modellen sowie der englische Garten mit schöner Kapelle und ausgemaltem Grottentheater gehören ins Besichtigungsprogramm (Tel. 072 68-7 00 18 bzw. 06 64-9 86 19 81, tgl. 10–12, 13–17 Uhr).

Tourismusverein Grein: Am Stadtplatz 7, Tel. 072 68-70 55, info.grein@oberoesterreich.at, www.oberoesterreich.at/grein.

Sommerfestspiele, Donaufestwochen im Strudengau und ein Kunsthandwerksmarkt sorgen für ein vielseitiges Unterhaltungsangebot in der Stadt und am Flussufer.

Die **Wanderungen** durch die Hänge des Strudengaus, etwa zu der schmalen und tiefen Stillensteinklamm östlich von Grein, sind dank der gut ausgebauten Wanderwege ein ebenso angenehmes wie wildromantisches Naturerlebnis.

Ybbs – Persenbeug

Die beiden sich an den Ufern der Donau gegenüberliegenden Gemeinden teilen nicht nur die seit 1958 bestehende Kraftwerksanlage miteinander. Beide Städte bildeten als Maut- und Stapelplätze historisch wichtige Märkte, in den Burgen haben die reisenden Könige und Kaiser gern Station gemacht. Von dem Ybbser Schloss ist heute nichts mehr zu sehen – es wurde durch die Aufstauung des Flusses 1957 überflutet. Doch die kleine, vorbildlich sanierte **Altstadt** mit ihrer Pfarrkirche ist unbedingt einen Spaziergang wert. Fahrradtouristen dürfen natürlich auch nicht den Besuch des **Fahrradmuseums** (Herrengasse 12, Sommer Mo– Sa 15–18.30 Uhr) versäumen. 70 Drahtesel aus zwei Jahrhunderten sowie Fahrradplakate, Karten und Zubehör können hier besichtigt werden. Für kleine Exkursionen mit dem Rad bieten sich von Ybbs aus die in der Nähe liegenden schönen Kirchen an: Vor allem das Innere der lichtdurchfluteten spätbarocken **Klosterkirche** in **Säusestein** wird mit seinen zarten Grün- und Rottönen zu einem besonderen Raumerlebnis. Auf dem Persenbeuger Donauufer fällt vor allem das trutzige Schloss ins Auge, das seit dem 19. Jh. zum privaten Besitz der Habsburger gehört und daher nur von Außen besichtigt werden kann. Stattdessen kann man ein kleines Heimatmuseum in der Altstadt (Rathausplatz 1, Mo–Do 8–12, 13–16, Fr 8–12 Uhr) und das Donaukraftwerk mit seinen Schleusenanlagen (nur mit Voranmeldung, Tel. 014 78 90 65) besuchen.

Nibelungengau

Reiseatlas: S. 231, E 2/3
Nach der Schleife um die Halbinsel von Persenburg verläuft die Donau bis Melk durch die sanfte Hügellandschaft des Nibelungengaus. Den Namen verdankt die Region vor allem der kleinen Stadt **Pöchlarn,** die im Nibelungenlied als Heimat Rüdigers von Bechelaren beschrieben wird. Heute ist von der ›weiten Burg‹, in der die Nibelungen ausgiebig feierten, nichts mehr erhalten. Die Ausstellung in dem mittelalterlichen **Welserturm** präsentiert stattdessen Funde des alten römischen Kastells Arelape, dessen rechteckige Form die spätere Stadtbebauung erkennbar beeinflusst hat. Fast unmittelbar an der Donau reckt die Städtische Pfarrkirche ihren schmalen Barockturm in die Höhe. Auch das ehemalige Wasserschloss in einem gepflegten Park ist barock gestaltet. Ein kleines Highlight der Stadt ist das **Oskar-Kokoschka-Museum**. Das Geburtshaus des berühmten Künstlers und ein Dokumen-

tationszentrum sind mit seinen Bildern, Zeichnungen und Bühnenentwürfen reich bestückt (Regensburgerstr. 29, Mai–Okt. tgl. 9–17 Uhr).

Maria Taferln

Von Pöchlarn aus kann man über die Brücke ans linke Donauufer gelangen und einen Abstecher nach Maria Taferln unternehmen. Auf einer Anhöhe über dem Fluss befindet sich die malerische Wallfahrtskirche mit ihren zwei weithin sichtbaren Barockkuppeltürmen. Dem Besucher bietet dieser Ort eine atemberaubende Aussicht über die Donau, bis hin zum Ötscher und Schneeberg. Früher soll sich hier ein Heiligtum der Kelten befunden haben, heute richten die Gläubigen ihre Fürbitten an ein Gnadenbild im gold- und silberüberladenen Kirchenraum. Wenige Kilometer von der Kirche entfernt sind im Schloss Arstetten die Opfer des Attentates von Sarajewo (1914), Franz Ferdinand und seine Frau Sophie von Hohenberg, beigesetzt worden. Im schlosseigenen Museum wird die Habsburger Familiengeschichte in wechselnden Ausstellungen präsentiert.

Die Wachau

Reiseatlas: S. 231, E 2
Das milde Klima in dem gewundenen Durchbruchstal der Donau zwischen Melk und Mautern hat sei Jahrtausenden die Menschen angezogen. Hügel und Berge säumen langsam ansteigend den Fluss, auf malerischen Felsvorsprüngen liegen Burgen, Klöster und Kirchen und an den Ufern haben sich ebenso reizvolle wie geschichtsträchtige Ortschaften entwickelt. Die dunklen Fichtenwälder reichen teilweise bis an den Fluss heran, werden aber zusehends von Weinbergen und Obstbaumterrassen abgelöst. Vor allem wenn die blühenden Aprikosenbäume die Hänge mit einem rosa-weißen Schleier überziehen, wird man die vielen poetischen Lobeshymnen verstehen, die die südlich-heitere Stimmung dieser Landschaft zu beschreiben suchen. Das weniger sonnen- und touristenverwöhnte Südufer ist zwar deutlich dünner besiedelt als der Norden, eignet sich aber hervorragend für Wandertouren, wobei man zahlreiche Kirchen, Burgen und Ruinen besichtigen kann, etwa die sagenumwobene Ruine **Aggstein** des Raubritters Jörg Scheck vom Wald, auch ›Ritter Schreckenwald‹ genannt. Hier wie überall in der Wachau verschmilzt das reiche kulturelle Erbe der Region mit der landschaftlichen Schönheit zu einer malerischen Kulisse. So nimmt es kein Wunder, dass 2001 kurzerhand das ganze Gebiet zum UNESCO-Welterbe erklärt wurde und seither als eines der jüngsten europäischen Mitglieder seinen Platz im ›Club der Wunder‹ behaupten darf.

Melk

Hoch oben auf einem Felsengipfel über der Donau gelegen, zieht das majestätische Stift Melk Blicke und Besucher magisch an. Schon die kleine gleichnamige Ortschaft unterhalb des Stifts mit ihren schönen Barockbauten, hübschen Cafés und Resten der alten

Imposante Sakralarchitektur: das Kloster Melk

Befestigungsanlagen in der teils autofreien Altstadt ist sehenswert. Die Geschichte des Ortes ist eng mit der des Klosters verbunden, denn der Babenberger Leopold I. wählte bereits 976 Melk zur Hauptstadt seines Reiches und baute auf dem Felsen die Anlagen einer bestehenden Festung aus. Nachdem Leopold II. in seine Burg Benediktinermönche berief und diese schließlich 1106 das Burg-Kloster übereignet bekamen, rückte Melk vollends in den Brennpunkt kultureller Interessen. Von hier sollten immer wieder entscheidende Impulse für die österreichischen Geschichte ausgehen, wie beispielsweise durch die ›Melker Reform‹ im 15. Jh. bei der die ›Verweltlichung‹ des Klosterlebens zugunsten alter Traditionen und Rechte rückgängig gemacht wurde.

Das heutige prachtvolle Aussehen des **Stifts** ist dem tatkräftigen Abt Berthold Dietmayr zu verdanken, der im 18. Jh. den berühmten Architekten Jakob Prandtauer zur kompletten Umgestaltung der Anlage bestellte. Prandtauers Barockfantasie wurde zwar erst von seinem Schüler Josef Munggenast vollendet, doch das Ergebnis gilt bis heute als Meisterwerk des Architekten und als eine der bedeutendsten Barockschöpfungen überhaupt. Sorgfältig durchstrukturierte Bastionen, Höfe und Gebäude streben in Form und Gestaltung auf das sakrale Zentrum zu, welches von einer mächtigen Kuppel bekrönt wird. 1353 Fenster verleihen den gelblichen Fassaden Symmetrie und Durchlässigkeit, im Innern der Anlage verblüfft jeder Hof, jeder Saal und schließlich die Kirche mit überaus prachtvoller Ausstattung. Da das Kloster nach wie vor in Betrieb ist, sind nur bestimmte Räume bei einer Führung zu besichtigen. Dazu gehören natürlich die **Bibliothek**, die einen unwillkürlich an Umberto Ecos ›Der Name der Rose‹ denken lässt, dessen Protagonist Adson von Melk ja hierher stammen soll, und die von dem italienischen Baumeister Antonio Beduzzi überwältigend ausgestaltete **Stiftskirche**. In anderen Räumen werden dem Besucher im Rahmen der Ausstellung ›Melk in Geschichte und Gegenwart‹ historische Schwerpunkte des Klosterlebens zur Anschauung gebracht. Der herrliche Rundblick von der Altane macht Lust auf die Erkundung der Außenanlagen: Der weitläufige Klostergarten lockt mit zierlichen Rokoko-Ensembles, in dem Restaurant in der Orangerie kann man die klostereigenen Weine genießen.

Tourismusbüro: Babenbergerstr. 1, 3390 Melk, Tel. 027 52-52 30 74 10 oder Kloster: 7 23 12, Fax 231 22 49, April und Okt. 9–17, Mai–Sept. 9–18 Uhr, im Nov. und März Besichtigung nur mit Führung tgl. 11 und 14 Uhr oder nach Voranmeldung.

Aggsbach, Willendorf und Umgebung

Die Gemeinde Aggsbach teilt sich in einen Markt am linken und ein Dorf am rechten Donauufer. Vorbei am Badebetrieb und einigen Cafés führt der Weg durch das Dorf nach ca. 1,5 km zu der ehemaligen **Kartause Marienpforte.** Die Kartäusermönche hatten das Kloster im 14. Jh. gegründet. Öffentlich zugänglich ist heute nur die schmale, lang gestreckte Kirche Maria Himmelfahrt mit figürlich gestalteten Abschlusssteinen unter dem hohen, weiß-goldenen Kreuzrippgewölbe und einer schön geschnitzten Kanzel. Weitere Rad- und Wanderwege führen in den angrenzenden Dunkelsteiner Wald: **Schloss Schönbühel** stromaufwärts thront malerisch über der Donau, in der Ruine Aggstein (stromabwärts) soll der ›Schreck vom Wald‹ im 14. Jh. seinen Gefangenen die Wahl gelassen haben, vom steilen Felsen zu springen oder zu verhungern. Die **Arnsdörfer Märkte** laden zur Weinprobe ein, auch Hochprozentiges kann verkostet werden. Tiefer im Wald versteckt sich das **Kloster Maria Langegg.**

Auf der anderen Uferseite kann man den ehemaligen Mautort **Emmersdorf** mit seinen Winzergehöften und schönen mittelalterlichen Gotteshäusern besichtigen oder eine Tour auf den fast 1000 m hohen Jauerling unternehmen. Oben auf dem grünen Gipfel steht die gotische Wallfahrtskirche **Maria Laach,** u. a. berühmt wegen eines kostbaren Doppelflügelaltars und eines Renaissancegrabmals. Unten, am linken Donauufer, führen Straße und Schienen zum Örtchen **Willendorf**, das im Jahr 1908 durch den sensationellen Fund einer kleinen fülligen ›Venus‹ historische Berühmtheit erlangte. Die ursprünglich rot bemalte kleine Frauenfigur entpuppte sich als 28 000 Jahre alte Fruchtbarkeitsgöttin und ist nun als vergrößerte Kopie am Fundort, im Original im Naturhistorischen Museum in Wien zu bewundern. Weitere (originale) Steinzeitfunde werden im örtlichen Museum präsentiert (Willendorf Nr. 4, Mai–Okt. Sa 14–15.30, So 10–11.30, 14–15.30 Uhr).

Spitz

Wenige Kilometer hinter Willendorf gruppieren sich seit dem 9. Jh. die Häuser von Spitz rund um den Tausend-Eimer-Berg. Der Berg soll nach der Menge der geernteten Trauben benannt sein, die auf den Lößböden der Steinterrassen besonders gut gedeihen. Aber auch Aprikosen gehören zur reichen Ernte: Zu Marillenknödeln verarbeitet, werden die leckeren Früchte an festlichen Tagen gar von einem ›Marillenknödelautomaten‹ ausgespuckt. Neben den fruchtigen Erzeugnissen verführt das Städtchen mit seiner reizvollen Altstadt, die von dem gotischen Architekturensemble des Rathauses und Bürgerspitals dominiert wird. Im Innern der hohen, spätgotischen **Hallenkirche St. Mauritius** scheint der blaue barocke Hochaltar zwischen den Bogenfenstern förmlich zu leuchten. **Schloss Erla** wiederum präsentiert in zehn herrschaftlichen Räumen die Schifffahrt in all ihren Facetten – Wracks und kaiserliche Fregatten, Alltag und Brauchtum der Schopper werden mit zahlreichen Modellen, Fotos und nachgestellten Szenen illustriert (April–Nov. Mo–Sa 10–12, 14–16 Uhr, So 10–12, 13–17 Uhr).

Auch Spitz eignet sich vortrefflich als Ausgangspunkt zu Touren in die Umgebung: Unweit des Ortes steht die **Ruine Hinterhaus** auf einem steilen Felsvorsprung über der Donau, stromabwärts beeindruckt die **Filialkirche St. Michael** mit wehrhaften Anlagen und kuriosen fliehenden Hasen auf dem Dach. Buchstäblich weitere Wanderungen führen durch das Waldviertel zur **Burg Oberanna**. Die von Wällen, Gräben und Mauern geschützten Festungsräume aus dem 15. Jh. geben sich heute gastfreundlich – die hiesige Pension lädt zum Speisen und Übernachten ein.

Tourismusverein Spitz: Mittergasse 3a, Tel. 027 13-23 63, www.spitz-wachau.at

Weißenkirchen und Rossatz

Unerlässlich ist der Besuch des **Wachaumuseums** in Weißenkirchen, wo dem Besucher die kulturelle Vielfalt der vom Weinbau geprägten Region vor Augen geführt wird. Zahlreiche Landschaftsbilder, aber auch Trachten, Haushaltsgeräte und zahlreiche Gerätschaften rund um den Weinbau gehören zum Interieur, andererseits ist der **Teisenhoferhof** selbst, in dem sich das Museum befindet, mit seinen Renaissancearkaden, Laubengängen und Türmen ein prächtiges Beispiel eines herrschaftlichen Winzerhofes aus dem 16. Jh. (April–Okt. Di–So 10–17 Uhr). Vom gegenüberliegenden Rossatz wurden einstmals die (von ›Rossen‹) gezogenen Schiffe weiterbefördert, heute wird es vor allem als Fährstation nach Dürnstein und als Startpunkt zu Wandertouren auf die umliegenden Hügel genutzt. Aber auch die kleine Altstadt mit ihrer Kirche und einem Renaissanceschloss lohnt die Besichtigung.

Dürnstein

›Gleich bei Dürnstein‹ wirft der schwarzhumorige Wiener Liedermacher Georg Kreisler seine ›Adelheid‹ in die Donau. Doch solcherlei Liedgut hört man in dem schmucken Touristenörtchen heute nur ungern, lieber erzählt man die romantische Geschichte von Richard Löwenherz und seinem treuen Diener, dem Sänger Blondel. Dabei ist es dem englischen König der Legende nach kaum besser ergangen. In den Kerkern der heute noch als Ruine zu besichtigenden **Burg** oberhalb der Donau soll das Löwenherz geschmachtet haben, bis ihn der vorbereitende Sänger Blondel an einem wehmütigen Liedchen erkannte ...

Immerhin hat der Ort damals wie heute von dem prominenten Gefangenen profitiert. Schon im 14. Jh. nahm es einen wirtschaftlichen Aufschwung und heute zählen die kleinen, meist autofreien Gässchen wohl zu den meist begangenen Touristenpfaden in der Wachau. Tatsächlich sind die kleinen, edel restaurierten Häuser und Gasthöfe mit ihren Rundbögen und weinumrankten Höfen, die alten Befestigungsanlagen sowie die fürstlichen Schloss und -Klosteranlagen allein durch ihre exponierte Lage auf einer Donauanhöhe malerisch anzusehen. Das **Augustinerstift** mit seinem hellblau-weißen ›Fingerzeig Gottes‹, dem hochgereckten Barockkirchturm, überragt künstlerisch und optisch das Stadtensemble.

Idylle pur: Blick auf Dürnstein

In vino veritas

Von Dürnstein fährt eine kleine Ausflugsbahn entlang von Sehenswürdigkeiten, Weinstöcken und historischen Vinotheken. Selbstverständlich gehört die Verköstigung, z. B. beim Besuch der 800 m langen Gänge des ›Kellerschlössl‹, mit ins Programm. Auskunft bei der Tourismusinformation.

Das Chorherrenstift war schon im 15. Jh. gegründet worden, doch das heutige, um einen viereckigen Hof harmonisch gestaltete und von einem Prunkportal durchbrochene Bauensemble stammt erst aus dem 18. Jh. Auch das Innere des dazugehörigen Gotteshauses ist mit seiner weiß-rot-goldenen Barockausstattung sehenswert. In direkter Nachbarschaft zum Stift befinden sich das ehemalige **Klarissenkloster** aus dem 13./14. Jh. und das Schloss. Beide Anlagen beherbergen in ihren historischen Gemächern elegante Hotels.

Fremdenverkehrsverein Dürnstein: 3601 Dürnstein, Nr. 132, Tel. 027 11-2 00, www.duernstein.at, info.duernstein@aon.at.

Krems und Stein

Die beiden Nachbarstädte Krems und Stein bilden durch das verbindende ehemalige Kapuzinerkloster ›Und‹ bis heute buchstäblich und geografisch eine Einheit. Auch historisch zeigen die Orte viele Gemeinsamkeiten, profitierten doch beide als Umschlagsplätze von ihrer strategisch günstigen Lage: Hier kreuzten sich die von Norden nach Süden verlaufenden Handelsrouten mit der Donauroute. In Krems ist die historische Bebauung, durch die ein Gewirr von Gässchen und kleinen Treppen führt, weitgehend original und so gut erhalten, dass es heute als eine der ältesten und schonsten Städte Niederösterreichs gilt. Stein steht mit ebenso ehrwürdigen Kirchen, Stadtpalästen und gleichfalls verwinkelten Straßen dem Rivalen höchstens in der geografischen Ausdehnung nach. Beide Städte werden von alten Wehranlagen umgeben und für beide sollte man reichlich Zeit einplanen, lassen sich doch die Orte gleichsam wie ein großes lebendiges Freilichtmuseum genießen. Abrunden lässt sich die Besichtigung etwa bei einem guten Glas in dem von Arkaden umgebenen Innenhof der **Alten Post** am Steinernen Tor, dem ältesten Gasthof von Krems.

Tourismusbüro Krems: Undstr. 6, Tel. 027 32-8 26 76, krems@pegasus.at.

Mautern und Göttweig

Am Donauufer gegenüber von Stein entstand schon unter den Römern ein militärisch befestigtes Lager für die XIV. Legion. Noch heute kann man Reste der Wehranlagen und Türme in der Stadt sowie etliche antike Fundstücke im **Römermuseum** (Schlossgasse 12, Mi–So 10–12 , Fr/Sa 16–18 Uhr) besichtigen. Die hölzerne Brücke, die im 15. Jh. die

Donau überspannte, ist hingegen von den napoleonischen Truppen verbrannt und nun durch eine geschwungene Stahlkonstruktion ersetzt worden. Im Stadtkern finden sich viele schöne Bürgerhäuser, eine Kirche aus dem 14. und ein Schloss aus dem 15. Jh. Ein Ausflug kann von Mautern vorbei an der Janaburg und zum **Stift Göttweig** führen, das als österreichisches ›Montecasino‹ oben auf einem Bergrücken wehrhaft befestigt ist. Ähnlich wie in Melk umschließen auch hier konzentrische Bastionen und Wirtschaftstrakte den architektonischen und sakralen Mittelpunkt der Stiftskirche. Allerdings sind das Stift und die Kirche – ursprünglich weitaus prächtiger geplant – nach einem verheerenden Brand unvollendet geblieben, bieten aber auch so einen überaus reichen visuellen Genuss.

Gemeindeamt Mautern: Rathausplatz 1, Tel. 027 32-8 31 51, stadtgemeinde@mautern-donau-gv.at.

Tullner Becken

Als wollte sie sich und dem Reisenden nach den vielen kulturhistorischen Windungen der Wachau eine Ruhepause gönnen, weitet sich das Tal der Donau im Tullner Becken zu einer Auenlandschaft mit nur wenigen kleinen Ortschaften, die vornehmlich vom Tourismus und von der Landwirtschaft leben. Wiederholt wurde die fruchtbare Ebene von kriegerischen Heerscharen heimgesucht: Römer, Awaren und Bajuwaren, Habsburger und Ungarn haben in der damals noch sumpfigen Gegend gekämpft, der Legende nach soll einst auch der Hunnenkönig Etzel seine Braut Kriemhild hier empfangen haben.

Tulln

Reiseatlas: S. 231, F 2
Die gepflegte Altstadt von Tulln hat neben schönen Bürgerhäusern und zahlreichen Wasserspielen vor allem ein reiches und lohnenswertes Museumsprogramm zu bieten. Es spiegelt zum einen die wechselvolle Herrschaftsgeschichte der Stadt, die von den Römern **(Römermuseum)** über Habsburger und Türken bis zur freien Kreisstadt reicht, andererseits die wirtschaftliche Entwicklung zur ›Zuckerstadt‹ und schließlich ihr künstlerisches Potenzial, das vor allem mit dem Namen des Malers Egon Schiele verbunden ist. Schiele wurde in Tulln geboren und später (noch unentdeckt und diffamiert als ›Pornograph‹) im Gefängnis von Neulengbach inhaftiert, weshalb man nun im Geburtshaus, im **Minoritenkloster** (Stadtmuseum) sowie im **Egon Schiele-Museum** (Donaulände 38) des exzentrischen Meisters gedenkt. Unweit des Klosters gibt die Minoritenkirche Einblicke ins Zeitalter des Barock, im Zentrum der Stadt ergänzen die **Pfarrkirche St. Stefan** und die **Dreikönigskapelle** mit romanischen und gotischen Gebäudeteilen das historische Spektrum.

Donau Niederösterreich Tourismus: Regionalbüro Tullner Donauraum, Minoritenplatz 2, Tel. 022 72-6 75 66, Fax 6 75 66 44, www.donau.com.

Wien

Reiseatlas: S. 231, F 2/S. 232, B 1

Vor dem legendären Café Sacher steht ein Mann und diskutiert mit seiner Begleitung angeregt und fachmännisch über die süße Auswahl in der Auslage. Währenddessen greift er ab und zu in eine kleine mitgebrachte Schachtel und nascht nicht etwa Torte, sondern simple Schokoküsse! Darob befragt sagt der Wiener lakonisch: »I hat halt grad so aan Gusto«. So ist Wien, so sind seine Geschichten. Oft ist es in der großen Auswahl von Erhabenem, Erlesenem, welche die Stadt zu bieten hat, gerade das kleine, liebenswürdige Detail, das der Wiener charmant hervorzuheben weiß. Und so bleibt das kaiserliche Ambiente der 1,6 Millionenstadt genauso wie der moderne Schwung der letzten Jahrzehnte zuverlässig eingebunden in die einerseits gemütlich-bewahrende, andererseits respektlos-kritische Lebensweise seiner Bevölkerung. Wien ist nicht nur die erklärte Lieblingsstadt der Genießer, Wien ist ein Lebensgefühl. Historisches trifft auf Modernes, Design auf Tradition. Die ehemalige Kaiserstadt lässt viele Herzen höher schlagen, denn sie verbindet Kunst und Genuss auf einzigartige Weise.

Geschichte

In ihrer Ur- und Frühgeschichte unterscheidet sich die Wiener Region nur unwesentlich von anderen Donausiedlungen: Unter den Kelten gegründet, von den Römern als Lager ›Vindobona‹ befestigt, verfiel die Siedlung mit dem Ende des Römischen Reiches und blieb über Jahrhunderte von Slawen, Awaren, Franken und Magyaren umkämpft. Erst 1221 erhielt Wien das Stadt- und Stapelrecht, etwa 50 Jahre später begann mit Rudolf I. die Habsburgerherrschaft und damit Glanz und Gloria der Wiener Architektur, Kultur, Kunst, Wissenschaft und Politik. In der 650 Jahre währenden Habsburgermonarchie blieb die Stadt von Verwüstungen nahezu verschont: Zweimal standen zwar die Türken vor den Toren der Szadt (1529 und 1683), konnten jedoch beide Male vertrieben werden. Anfang des 19. Jh. besetzte Napoleon erfolgreicher, aber ebenso kurzzeitig die Stadt. Erst der ›Völkerfrühling‹ 1848 brachte – diesmal durch das Volk selbst – abermals Aufruhr in die Straßen und Unruhe in die Hof-Ettikette. Nur mühsam konnten die kaiserlichen Truppen Monate später die Stadt zurückerobern, Staatskanzler Metternich musste zurücktreten und Kaiser Ferdinand I. abdanken. Der 18-jährige kaiserliche Neffe Franz Joseph übernahm schließlich als absolutistischer Herrscher die Regierung, die 1867 mit der österreichisch-ungarischen Doppelmonarchie neu befestigt wurde.

Nach dem Ersten Weltkrieg war die Zeit der Monarchie dann endgültig vorüber. Österreich wurde Republik, in Wien regierten die Sozialdemokraten. Die Auseinandersetzungen des ›Roten Wiens‹ mit der christlich-sozialen Bundesregierung führten zu bürgerkriegsähnlichen Zuständen, die wiederum maßgeblich dazu beitrugen,

Wienerisches Flair und kulturelles Highlight: der Stephansplatz mit ›Steffl‹

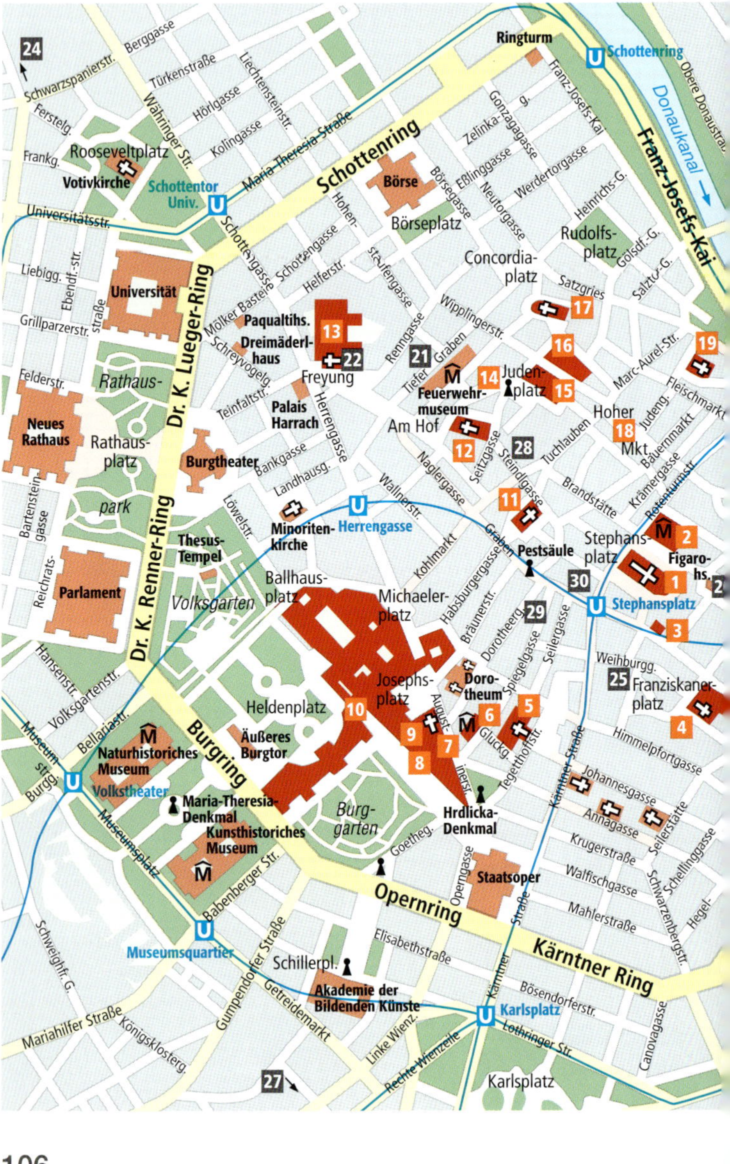
Ringturm
Schottenring
Donaukanal
Franz-Josefs-Kai
Schottenring
Börse
Börseplatz
Rooseveltplatz
Votivkirche
Schottentor Univ.
Universitätsstr.
Universität
Dr. K. Lueger-Ring
Rudolfsplatz
Concordiaplatz
Paqualtihs.
Dreimäderlhaus
Freyung
Palais Harrach
Feuerwehrmuseum
Judenplatz
Am Hof
Hoher Mkt.
Rathaus-
Neues Rathaus
Rathausplatz
park
Burgtheater
Minoritenkirche
Herrengasse
Pestsäule
Stephansplatz
Figaro-hs.
Stephansplatz
Thesus-Tempel
Parlament
Dr. K. Renner-Ring
Volksgarten
Ballhausplatz
Michaelerplatz
Josephsplatz
Dorotheum
Heldenplatz
Äußeres Burgtor
Burgring
Naturhistoriches Museum
Volkstheater
Maria-Theresia-Denkmal
Kunsthistoriches Museum
Burggarten
Hrdlicka-Denkmal
Franziskanerplatz
Staatsoper
Opernring
Kärntner Ring
Museumsquartier
Schillerpl.
Akademie der Bildenden Künste
Karlsplatz
Karlsplatz
Mariahilfer Straße
Getreidemarkt
Babenberger Str.
Kärntner Straße
Weihburgg.
Himmelpfortgasse
Johannesgasse
Annagasse
Krugerstraße
Walfischgasse
Mahlerstraße
Seilerstätte
Schwarzenbergstr.
Elisabethstraße
Bösendorferstr.
Lothringer Str.
Canovagasse
Linke Wienz.
Rechte Wienzeile
Gumpendorfer Straße
Königsklosterg.
Schweighfr. G.
Museumsplatz
Hansenstr.
Volksgartenstr.
Bellariastr.
Reichratsstr.
Bartensteingasse
Felderstr.
Grillparzerstr.
Liebigg.
Ebendl.-str.
Berggasse
Türkenstraße
Schwarzspanierstr.
Währinger Str.
Hörlgasse
Kolingasse
Liechtensteinstr.
Maria-Theresia-Straße
Ferstelg.
Frankg.
Schottengasse
Helferstr.
Hohenstaufengasse
Mölker Bastei
Schreyvogelg.
Teinfaltstr.
Herrengasse
Bankgasse
Landhausg.
Löwelstr.
Wallnerstr.
Naglergasse
Kohlmarkt
Graben
Habsburgergasse
Bräunerstr.
Dorotheergasse
Spiegelgasse
Seilergasse
Augustinerstr.
Gluckg.
Tegetthoffstr.
Goetheg.
Operngasse
Renngasse
Tiefer Graben
Wipplingerstr.
Seitzgasse
Steindlgasse
Tuchlauben
Brandstätte
Bauernmarkt
Kramergasse
Rotenturmstr.
Judeng.
Fleischmarkt
Marc-Aurel-Str.
Salztorg.
Gölsdf.-G.
Satzgries
Heinrichs-G.
Werdertorgasse
Eßlinggasse
Neutorgasse
Börsegasse
Gonzagagasse
Zelinka-g.
Franz-Josefs-Kai
Obere Donaustraße
Schellinggasse
Hegel-

Sehenswürdigkeiten

1 Stephansdom
2 Dom- und Diözesanmuseum
3 Schatzkammer des Deutschen Ordens
4 Franziskanerkirche
5 Kapuzinergruft
6 Theatermuseum
7 Albertina-Palais
8 Augustinerbastei
9 Augustinerkirche
10 Hofburg
11 Peterskirche
12 Kirche Zu den Neun Chören der Engel
13 Schottenkirche
14 Holocaust-Mahnmal
15 Böhmische Hofkanzlei
16 Altes Rathaus
17 Maria am Gestade
18 Hoher Markt
19 Ruprechtskirche

Übernachten

20 König von Ungarn
21 Hotel Tigra
22 Benediktushaus
23 Hotel Post
24 Strandhotel Alte Donau

Essen und Trinken

25 3 Husaren
26 Danieli
27 Silberwirt
28 Gösser Bierklinik
29 Trzesniewski
30 Café im Haas Haus

dass sich 1933 mit dem Führer der vaterländischen Front, Bundeskanzler Engelbert Dollfuß, der ›Austrofaschismus‹ etablieren konnte. Nach dem ›Anschluss‹ Österreichs 1938 wurde Wien als ›Reichsgau Groß-Wien‹ zur Hauptstadt der ›Ostmark‹. 1944/45 wurden durch Bodenkämpfe und Luftangriffe fast 30 % der Stadt zerstört.

Nach dem Krieg versank Wiens reiche Kulturszene im ›Dornröschenschlaf‹, doch in den 1970er-Jahren kam neue Bewegung in die Stadt: Es entstand eine ausgeprägte Kunstszene und viele neue Szenekneipen setzten neue Trends; die Altstadtsanierung wurde in Angriff genommen und seit 1979 ist die ›UNO City‹ Sitz einer Reihe von UN-Organisationen. Mit der Öffnung des Eisernen Vorhangs 1989 rückte Wien plötzlich wieder ins Zentrum Mitteleuropas und wurde dank seines kulturellen Reichtums und seiner Vorreiterrolle in der österreichischen Kulturszene zu einem der attraktivsten Reiseziele des Kontinents. Nur *ein* Wiener Klischee erweist sich als ebenso unausrottbar wie falsch: Die Donau zeigt sich in Wien eigentlich kaum, sie fließt an unspektakulären Außenvierteln vorbei. Wenn man sie aber doch einmal erspäht, zeigt sie sich wahrlich nicht in strahlendem Blau, sondern in einem bräunlichen Grau.

Stephansdom

»Der Dom liegt im Herzen Wiens und am Herzen seiner Bewohner«, schreibt das Wiener Gemeindeblatt im Jahr 2005. Wäre dem nicht so, hätte das gotische Wunderwerk [1] wohl kaum überdauern können, wurde der Bau doch bereits im 12. Jh. begonnen, im 14. Jh. erweitert und gotisch umgebaut und im 16. Jh. mit einem Renaissancehelm auf dem Nordturm bekrönt. Das höchste Gotteshaus in Österreich wurde durch Kriege und Naturkatastrophen wiederholt in Mitleidenschaft gezogen, angefangen bei den Türkenbelagerungen, von denen bis heute zwei Kanonenkugeln im Südturm zeugen, über die Franzosenkriege bis hin zur großen Feuersbrunst im Zweiten Weltkrieg, bei der das Langhaus fast vollständig zerstört wurde und eine Glocke vom Nordturm herunterstürzte. Hinzu kommt, dass die Masse von 20 000 m^3 weichem Sandstein vor den Folgen der Luftverschmutzung bewahrt werden muss. So sieht man das gewaltige Bauwerk selten ohne irgendwelche Teilgerüste und Leitern.

Innen allerdings werden die gewaltigen Dimensionen der dreischiffigen Anlage in vollem Maße spürbar. Das 28 m hohe Kreuzrippen- und Netzgewölbe, die wertvolle Ausstattung, zu der u. a. eine Sandsteinkanzel des Meisters Anton Pilgram und das Hochgrab Kaiser Friedrich II. gehören, zeugen von Reichtum und schaffen eine feierliche Atmosphäre. Empfehlenswert ist neben der Besichtigung des Inneren auch ein Besuch der Katakomben, in denen die Urnen und Sarkophage der Habsburger ruhen, sowie die Besteigung der beiden Türme (im Nordturm gibt es einen Aufzug), von denen sich ein weiter Rundblick bietet (tgl. 9–17.30, Führungen: Mo–Sa 10.30, 15, So/Fei 15, Juni–Sept. auch Sa 19 Uhr).

Stephansplatz

Neben dem ›Steffl‹ geben das **Dom- und Diözesanmuseum** 2 (Stephansplatz, Di–Sa 10–17 Uhr) und die **Schatzkammer des Deutschen Ordens** 3 (Singerstr. 7, Mo, Do, Sa 10–12, Mi, Fr, Sa 15–17 Uhr) Einblicke in das Kirchenleben des alten Wien. Der moderne Glasbau des hohen **Haas-Hauses** 30 von Hans Hollein gegenüber vom Dom, in dem sich die Fassade der Kirche faszinierend spiegelt, bildet hingegen einen starken Kontrast zur alten Architektur. Auf der Dachterrasse des Gebaudes und im Panoramarestaurant kann man bei einer Kaffeepause den großartigen Ausblick genießen. Wer buchstäblich tiefer in die Wiener Geschichte eintauchen möchte, kann dies über den U-Bahn-Eingang am Stephansplatz tun. Hier sind die Reste der Virgil-Kapelle aus dem 13. Jh. bei den Bauarbeiten freigelegt worden.

Kärntner Straße und Seitengassen

Ein mit zahlreichen Nägeln bestückter Holzstamm zeugt am Anfang der Kärntnerstraße von den kräftigen Handwerksburschen, die hier zwischen dem 16. und 19. Jh. traditionell ihr Zeichen hinterließen. Ansonsten jedoch steht die Straße heute ganz im Zeichen moderner Geschäftigkeit: Elegante Läden und Boutiquen säumen die Fußgängermeile, Straßenmusiker und Künstler sorgen für Unterhaltung, viele Cafés laden zur Pause beim Einkaufsbummel ein. In den vielen kleinen Gassen kann man schlagartig der reizvollen, aber hektischen Moderne entkommen: Wunderbare alte Bürgerhäuser, die vielfach noch mit den typischen Durchgängen über Hinterhöfe zu anderen stillen Gassen führen, erinnern an das ›gemütliche‹ Wien, in dem Mozart, Haydn und Beethoven komponierten; in etlichen Antiquariaten kann man beim Stöbern auf weitere Spuren dieser Zeit stoßen. Dann wiederum verweisen edle Stadtpaläste und Kirchen auf die gehobene Lage unweit des Doms. Wie ein Gesamtkunstwerk wirkt z. B. die geschlossene, harmonisch geschwungene Bebauung der Weihburggasse, die von der **Franziskanerkirche** 4 begrenzt wird. Die Renaissancekirche begeistert in ihrem Inneren durch einen geschwungenen Hochaltar und die älteste Orgel der Stadt.

Über den **Neuen Markt,** der ebenfalls von alten Fassaden umgeben und mit einem Brunnen von Georg Raffael Donner aus dem 18. Jh. bestückt ist, kommt man zur **Kaiser- oder Kapuzinergruft** 5. Hier ruhen 146 Mitglieder der Habsburgerfamilie, deren Sarkophage, mit üppigen Verzierungen und Beiwerk versehen, Ströme von Besuchern anziehen. Auf ›Herz und Nieren‹ kann man die hohen Monarchen hier allerdings nicht mehr prüfen: die Herzen wurden zumeist in silbernen Urnen in dem ›Herzgrüfterl‹ der Augustinerkirche beigesetzt (tgl. 9.30–16 Uhr). Nur wenige Schritte weiter beherbergt das ehemalige Palais Lobkowitz ein im wahrsten Sinne des Wortes theatralisches Kapitel der Stadtgeschichte: Im **Theatermuseum** 6 (Di–So 10–17 Uhr) illustrieren u. a. Bühnenmodelle und Requisiten die Wiener Schauspielkunst.

KAFFEE UND KULT

Der Wiener geht ins Kaffeehaus, um dort in der Zeitung etwas Schlechtes über seine Nachbarn zu lesen – so sagt der Wiener. Er behauptet auch, dass der Kaffee ursprünglich nur deshalb zur Zeitung getrunken wurde, um mit den viel besser schmeckenden ›Schnapserln‹ fertig zu werden, die der Wiener tags zuvor getrunken hat. Der Wiener weiß sehr viel über seine Kaffeehäuser und er spricht gern darüber, gern auch ein bisschen zynisch und übertreibend. Und am liebsten bei einem Kaffee im Kaffeehaus. Dort hört man dann davon, dass der Kaffee während der Türkenbelagerung von einem polnischen Spion namens Georg Franz Kolschitzky gleich säckeweise eingeführt worden sein soll und man ihn anfangs für Kamelfutter hielt. Wie man auf die Idee kam, dieses zu rösten und zu trinken, bleibt in der Legende mysteriös, doch bewiesen ist, dass die erste Kaffeehausgründung tatsächlich um 1685, also nach der Türkenbelagerung, erfolgte. Und offensichtlich hatte man schnell heraus, dass man den schwarzen, bitteren Katerkaffee positiv mit süßen Zuckerln und Milch beeinflussen konnte. Anfangs soll der Kellner dafür noch mit einem in diversen Schwarz- und Brauntönen bemalten Papierstück aufgetaucht sein, auf dem der Gast dann die Stärke des gewünschten Kaffees anhand des passenden Farbtons ermittelte.

Als dann zum Kaffee noch eine Zeitung, ein Glas Wasser und das Billardspiel hinzukamen, gefiel es dem Wiener hier bald besser als in seinem Wohnzimmer, zumal in die verrauchten Räume anfangs selten eine Frau hineinspazierte, die vielleicht Anstand und Benimm gefordert hätte. Wenn überhaupt, dann zeigten sich Damen hier nur schüchtern in Gesellschaft des Mannes. So konnte man(n) sich stundenlang für einen geringen Obolus im Warmen aufhalten, lesen oder die Weltgeschichte diskutieren. Ein Kult war geboren und wurde nach und nach perfektioniert. Mozart und Beethoven huldigten ihm, ganz abgesehen von den unzähligen Literaten und Philosophen, die sich hier ihren Stammsitz suchten und diesen entscheidend mitprägten. Konnte man bereits Anfang des 18. Jh. »in fast allen Gassen und Ecken einen gemahlenen Türken« erhalten, wie der Satiriker Johann Valentin Neiner schrieb, so waren es um 1900 bereits mehr als 600 Kaffeehäuser. Künstler wie Peter Altenberg, Karl Kraus und Friedrich Torberg nutzten die Cafés bald mehr als ihr Zuhause, was ihnen den Namen ›Kaffeehausliteraten‹ eintrug, aber auch weitere Berühmtheiten wie Arthur Schnitzler, Stefan Zweig, Egon Schiele, Gustav Klimt, Theodor Herzl oder Leo Trotzki waren hier häufige Gäste.

Heute sind es noch etwa 650 ›echte Kaffeehäuser‹, in denen sich nach wie vor zumeist ein spezielles Stammpublikum trifft. Längst sind es nicht mehr nur Künstler, die sich hier den Tag vertreiben: So treffen sich Schauspieler und Politiker gern im ›Landtmann‹ unweit vom Burgtheater, die Kunstszene sammelt sich im ›Prückel‹ am Stubenring, die Beamten im ›Café Ministerium‹ … Nur die Touristen findet man überall, sind sie doch neben den Künstlern das passendste Publikum – sie haben

Zeit und brauchen womöglich einen Ort, der ihnen ihr Wohnzimmer ersetzt und wo sie die ›Schnapserl‹-Folgen kurieren können. Im ›Frauenhuber‹ mit seinen originalen Plüschbänken von 1824, im ›Café Central‹, in dem der Dichter Peter Altenberg auch heute noch als Pappmaschee-Figur sitzt, im ›Griensteidl‹ und ganz gewiss im berühmten ›Hawelka‹ kann man immer noch wunderbar den Vormittag verbringen und hat am Nachmittag nur ganz ganz leichtes Sodbrennen, das bis zum Abend längst vergessen ist … Natürlich kann man dieses Ergebnis auch in den berühmten Konditorcafés, etwa im ›Demel‹ mit seinem eleganten Wintergarten oder im ›Sacher‹ mit gleichnamiger Torte, in der Kurkonditorei ›Oberlaa‹ oder bei ›Altman & Kühne‹ erreichen. Nur die Preise sind etwas gestiegen, ein bisschen bezahlt man schließlich auch für die Erhaltung des nostalgischen Charmes, und die kostet in Wien einiges. Dafür ist dann aber die Botschaft dieselbe geblieben: Nicht daheim und doch zu Hause soll man sich hier fühlen … Und was Schlechtes über die Nachbarn lesen darf man hier natürlich immer noch.

Kleines Kaffee-Einmaleins
Kleiner oder großer Schwarzer = Mokka
Melange: Kaffee mit aufgeschäumter Milch, Schlagsahne und Zimt/Kakaopulver
Kaisermelange = Melange mit Eidotter vermengt
Verlängerter = Mokka mit Wasser gestreckt
Fiaker = Mokka im Glas
Einspänner = Fiaker plus Schlagsahne

Ein Treffpunkt für Künstler und Literaten: das Café Central

Augustinerstraße, Hofburg

Gegenüber des Theatermuseums am Anfang der Augustinerstraße beherbergt die **Albertina** [7] die größte grafische Sammlung der Welt. Hier finden sich Meisterwerke von Dürer, Michelangelo, Rubens, Rembrandt und Tizian sowie Grafiken der Moderne und Fotografien (tgl. 10–18, Mi 10-21 Uhr). Die Albertina thront auf der **Augustinerbastei** [8], einem der letzten Teile der ehemaligen Stadtmauer. Der Legende nach gelangten heimliche LiebhaberInnen der Habsburgerfamilie ungesehen von der Albertina in die Hofburg. In der aus dem 14. Jh. stammenden **Augustinerkirche** [9] wurden die meisten Habsburgerehen geschlossen und die Sprösslinge getauft. Heute kann man hier das oben erwähnte ›Herzgrüfterl‹ sowie das Marmorgrab der Erzherzogin Marie Christine, der Lieblingstochter der Kaiserin Maria Theresia, die einst die Albertina bewohnte, besichtigen.

Seit Rudolf I. im Jahr 1276 mit den österreichischen Ländereien belehnt wurde, war die **Hofburg** [10] über 600 Jahre lang Residenz der Habsburgerfamilie. Hier hat sich eine ganz eigene Welt entwickelt, mit verwirrend verschachtelten Räumlichkeiten, Höfen, Gärten und Stallungen. Jeder Herrscher frönte bei seinen Aus- und Umbaumaßnahmen seinen eigenen ästhetischen Vorlieben und schuf Platz für seine persönlichen Liebhabereien. So soll Maria Theresia ein riesiges Keramikfass, das 731 Hektoliter Wein fasste, in den Kellergewölben eingemauert haben; in der Renaissance-Stallburg begann Erzherzog Maximilian die Lipizzanerzucht. Die einstmals nur einem blaublütigen Publikum vorgeführten kunstvollen Dressuren dürfen mittlerweile auch von nicht adeligen Pferdeliebhabern bewundert werden – Karten für die Galavorstellungen in der Winterreitschule sollte man allerdings mehrere Monate im Voraus bestellen (Spanische Hofreitschule, Michaelerplatz 1, Tel. 01-5 33 90 31, www.srs.at, tickets@srs.at).

Von den insgesamt 2600 Räumen, 18 Trakten und 19 Höfen der Hofburg sind heute die **Kaiserappartements** täglich zugänglich. Vom Michaelerplatz gelangt man auch zum **Sisi Museum** (tgl. 9–17 Uhr) und über den Schweizerhof zur **Schatzkammer** (tgl. außer Di 10–18 Uhr) mit den Reichsinsignien. Will man aber in den Genuss der zahlreichen Anekdoten und faszinierenden Details des höfischen Lebens kommen, empfiehlt sich eine Führung, die u. a. als thematischer Spaziergang von den Wien-Guides angeboten werden.

Altstadt zwischen Michaelerplatz und Donau

Vom Michaelerplatz kann man über den **Kohlmarkt** durch ein liebenswürdiges Gemisch alter k.u.k. Tradition und neuer Modewelt flanieren. Prunkvolle Gebäude säumen auch die umliegenden Gassen und den so genannten Graben, der im Mittelalter zugeschüttet und sodann zur breiten Prachtmeile ausgestaltet wurde. Seine Bebauung reicht fast bis in das 13. Jh. zurück. In seiner Mitte steht die Pestsäule, die errichtet wurde, nachdem 1679 eine schreckliche Epidemie rund

100 000 Todesopfer gefordert hatte. Am Nordende zeugt die **Peterskirche** 11 von den üppigen Formen des österreichischen Hochbarocks. Über die kleine Steindlgasse kommt man zum Platz am Hof, es sei denn, man ist zuvor in der **Gösser Bierklinik** 24 hängen geblieben, einem der ältesten Lokale der Stadt. Auf dem Platz am Hof ist am Wochenende ein kleiner Markt, ansonsten reizt die Besichtigung der schönen, ehemaligen Jesuitenkirche **Zu den Neun Chören der Engel** 12. Ein Abstecher in nordwestliche Richtung führt zur **Freyung.** Wo sich früher Händler und Gaukler trafen, findet heute vor allem Märkte statt. Die angrenzenden Museen und prächtigen Stadtpaläste sowie die mächtige **Schottenkirche** 13 locken zahlreiche Besucher an. In der barockisierten Kirche und dem dazugehörigen Stift sind wertvolle Gemälde zu besichtigen, etwa die des Schottenaltars von 1474.

An der nordöstlichen Seite des Platzes am Hof zweigt ein kleines Gässchen zum **Judenplatz** ab. Hier war früher das Zentrum des jüdischen Viertels. Heute erinnert ein steinernes **Mahnmal** 14 in Form einer umgestülpten Bibliothek mit nach außen gewendeten Bücherwänden an die Ermordung von 65 000 österreichischen Juden. Im Haus Nr. 8 ist eine Dauerausstellung zur jüdischen Geschichte untergebracht. Aber auch in den kleinen, kopfsteingepflasterten Gässchen, die von hier vorbei an der **Böhmischen Hofkanzlei** 15 zum **Alten Rathaus** 16 und schließlich zur Kirche **Maria am Gestade** 17 führen, wird das historische Ambiente des Viertels spürbar. Das gotische Kirchlein mit seinem hohen Turmhelm stand früher direkt am alten Donauarm, an dem die Römer ihr Lager aufgeschlagen hatten. Reste ihrer Siedlungsanlage sind etwas weiter unter dem **Hohen Markt** 18 zu be-

Jugendstilfenster in der von Otto Wagner gebauten Steinhofkirche

sichtigen (Di–So 9–13 und 14–17 Uhr). Marc Aurel und alle wichtigen Personen der Stadtgeschichte ziehen bei ihrer täglichen Parade mit Musik um Punkt 12 Uhr mittags am östlichen Ende des Platzes als kupferne Figuren der Jugendstil-Anker-Uhr vorbei.

Wer das Viertel noch weiter Richtung Donau erkunden will, sollte neben den unzähligen Bars und ›Beisln‹ (Kneipen) auch der **Ruprechtskirche** 19, der mit ihrer Entstehung im 13. Jh. ältesten erhaltenen Wiener Kirche, einen Besuch abstatten. Unweit davon konnte die Synagoge durch ihre günstige Lage inmitten eines Bauensembles den Zerstörungen der ›Reichskristallnacht‹ 1938 entgehen.

Ring

Der mehr als vier Kilometer lange, durchgängig fast 60 m breite Ring, der sich um die Wiener Altstadt schlingt, lässt sich mit den Straßenbahnen 1 und 2 gut erkunden. Auch die Fiaker nehmen häufig diese Route. Entlang des Prachtboulevards, den Kaiser Franz Josef zwischen 1858 und 1865 anstelle der Stadtmauern errichten ließ, entstanden die prächtigsten Bauten der Stadt. Historismus und Jugendstil sind die vorherrschenden architektonischen Stile, in vielen Gebäuden befinden sich heute Ministerien, wobei das Parlament und das Rathaus einen besonderen Rang beanspruchen. Aber auch öffentliche Institutionen wie Universität, Postsparkasse, Burgtheater, Staatsoper und zahlreiche Museen liegen am Altstadtring. Das einzige sakrale Gebäude ist die Votivkirche, die nach mittelalterlichen Vorbildern zum Gedenken an das fehlgeschlagene Attentat auf Kaiser Franz Josef errichtet wurde. Auch wenn man auf die intensive ›Dreiviertelrunde‹ der architektonischen Wundermeile verzichtet – den imposanten Gesamteindruck, den man bereits beim schlichten Vorbeiflanieren erhält, sollte sich niemand entgehen lassen.

Tourist-Info: Albertinaplatz/Ecke Maysedergasse, tgl. 9–19 Uhr. Jugendinfo Wien: Babenbergerstr. 1, Tel. 01-17 99, www.jugendinfowien.at.
Thematische Stadtspaziergänge findet man im Internet unter www.wienguide.at.

Mehr als 350 Hotels aller Kategorien sowie Pensionen, Jugendgästehäuser und Campinggelegenheiten stehen dem Besucher zur Verfügung. Dennoch sollte man vorab reservieren, z. B. über Wien-Tourist-Information, Wien-Hotels & Info, Tel. 01-2 45 55, www.wien.info.at.
König von Ungarn 20: Schulerstr. 10, Tel. 01-51 58 40, Fax 01-51 58 48, www.kvu.at. Gemütliches Traditionshotel in einem Gebäude aus dem 16. Jh., nur wenige Meter vom Stephansdom entfernt. Gastliche Atmosphäre. DZ ab 190 €.
Hotel Tigra 21: Tiefer Graben 18, Tel. 01-5 33 96 41, Fax 5 33 96 45, www.bestwestern-ce.com/tigra. Zentrale Lage, einigermaßen erschwinglich und mehr als komfortabel – eine gute Adresse auch für gehöbene Ansprüche. DZ 130 €.
Benediktushaus 22: Freyung 6, Tel. 01-534 98, Fax 01-53 49 81 05, www.schottenstif.at. Das Gästehaus des Schottenstifts im Herzen Wiens bietet ein gutes Preis-Leistungsverhältnis. DZ 85 €.
Post 23: Fleischmarkt 24, Tel. 01-51 58 30, Fax 01-51 58 38 08, www.hotel-post-wien.at. Sympathisches Drei-Sterne-Hotel mit Tradition im Zentrum der Altstadt. Schon

Nietzsche, Mozart und Wagner nächtigten hier. Heute modernisiert. DZ ab 64 €.
Strandhotel Alte Donau 24: Wagramer Str. 51, Tel. 01-2 04 40 40, Fax 2 04 40 40 40, www.alte-donau.at. Netter Familienbetrieb unweit der UNO-City mit hauseigener Liegewiese an der Alten Donau und guter U-Bahnanbindung an die Altstadt. DZ ab 51 €.

Hunger und Durst dürften in Wien nicht zum Problem werden, hat die Stadt doch unübersehbar viele Restaurants, Beisln, Buschenschenken, Kaffeehäuser usw. zu bieten.
3 Husaren 25: Weihburggasse 4, Tel. 01-5 12 10 92 tgl. 12–15, 18–1 Uhr. Sein Ruf, exzellente Wiener Küche mit stilvollem Ambiente und einem hervorragenden Service zu verbinden, macht das Restaurant seit Jahrzehnten zum Wiener Gourmet-Klassiker. Gerichte ab ca. 30 €.
Danieli 26: Himmelpfortgasse 4, Tel. 01-5 13 79 13, tgl. 9–1 Uhr. Einer der besten und beliebtesten Italiener der Stadt mit ausgezeichneten Fischgerichten aus dem Meerwasserbecken und Pizzen aus dem Holzkohleofen. Gerichte ab 16 €.
Silberwirt 27: Schlossgasse 21, Tel 01-5 44 49 07, tgl. 12–24 Uhr. Traditionelles Gasthaus mit schönem Garten, guter Küche, aufmerksamem Service. Ab 15 €.
Gösser Bierklinik 28: Steindlgasse 4, Tel. 01-5 35 68 97, Mo–Sa 10–23 Uhr. Traditionelles Bier-Restaurant mit deftigen Speisen und Mittagsbuffet zu 7–25 €.
Trzesniewski 29: Dorotheergasse 1, Tel. 01-5 12 32 91, Mo–Fr 8.30–19.30, Sa 9–17 Uhr. Leckere Brote als schneller Snack mit unzähligen pikanten Aufstrichen.
Café im Haas Haus 30: Stephansplatz 12, Tel. 01-53 53 96 90, tgl. 12–15, 18–24 Uhr. Der Besuch lohnt vor allem wegen des großartigen Ausblicks von der Dachterrasse und vom Panoramarestaurant. Kaffee und Kuchen ca. 7 €.

Als Haupteinkaufsstraßen gelten die Kärntnerstraße, der Kohlmarkt, der Graben und die Rotenturmstraße, in der sich ebenso teure wie elegante Läden angesiedelt haben. In der Mariahilferstraße zwischen Museumsquartier und Westbahnhof findet sich ein ähnlich großes Angebot zu günstigeren Preisen. Wer in Antiquariaten gern zwischen alten Möbeln, Büchern und Kunstgegenständen herumstöbert, wird in den ruhigeren Straßen des Altstadtviertel zwischen Augustinerstraße und Graben fündig.

Die Programmzeitschriften ›Falter‹ (www.falter.at) und ›City‹ (www.city-online.at) sowie das Internet (www.welcome-vienna.com) geben einen Überblick über das reichhaltige Kulturangebot der Stadt. Zum klassischen Kulturprogramm gehören das Burgtheater und die Staatsoper ebenso wie der Ausflug in die Heurigenlokale. Zahlreich sind die Festivals – vom Kaiser- über den Opernball bis zum Silvesterpfad bieten sie vielfältige musikalische, cineastische und ›theatralische‹ Höhepunkte (www.wien-event.at).

Ausflüge in die Heurigenviertel am Stadtrand, zum Prater, ins Wiental und in den Wienerwald mit seinem eindrucksvollen Klosterneuburg sowie zum Schloss Schönbrunn, das neben seinen höfischen Prachtbauten einen ausgedehnten Erholungspark bietet, gehören zum Wienprogramm einfach dazu. Auch das Museumsquartier, das zu den zehn größten Kulturarealen der Welt zählt und in dem Museen, Szenegastronomie und Kinderattraktionen angesiedelt sind, sollte man als Oase in der Stadt nicht versäumen. Jüngere und zeitgenössische Architektur bieten neben dem Hundertwasser-Haus und dem Wohnhaus der UNO-City die Gasometer und Zaha Hadids Wohnhaus.

Vom Nationalpark Donauauen bis Budapest

Budapest,
Kettenbrücke
und Parlament

Reiseatlas S. 232/233

VON HAINBURG BIS KOMÁROM

Marc Aurel war es, der den Bewohnern dieser urwaldähnlichen Donaulandschaft Lateinkurse und Thermalbadkuren brachte – diese Traditionen, aber auch die schöne Natur haben bis heute überdauert. Pressburg hingegen, die ehemalige Krönungsstadt und heutige Hauptstadt der Slowakei (Bratislava) – verbindet Vergangenheit und Moderne und präsentiert sich als Kulturmetropole mit reichem Charme.

Nationalpark Donauauen

Reiseatlas: S. 232, B–C 1
Hinter Wien sucht die Donau wieder unreguliert ihren Weg, und der führt durch die sumpfigen Wälder des **Nationalparks Donauauen.** Das urwaldähnliche Dickicht säumt die Ufer über eine Länge von 50 km, von der Wiener Insel Lobau bis zur slowakischen Grenze. 1996 wurde die Region zum Naturschutzgebiet erklärt, 12 Jahre zuvor wäre sie fast einem riesigen Wasserkraftwerk geopfert worden (s. S. 30). Heute ist die Auenlandschaft Lebensraum zahlreicher Pflanzen und Tiere. Mehr zur Flora und Fauna, zu Boots- und Wandertouren und zu spannenden Urwald-Projekten kann man bei den verschiedenen Informationsbüros des Parks in Lobau, Schloss Eckartsau, Hainburg, Deutsch-Altenburg und im Hauptbüro im **Schloss Orth** (Tel. 022 12-35 55) erfahren; dort gibt es eine interessante Ausstellung über die Donau. Auch ohne Voranmeldung darf man an den Parkführungen teilnehmen (Mai–Okt., tgl. 14 Uhr, www.donauauen.at).

Petronell-Carnuntum

Reiseatlas: S. 232, B 1
Eine der berühmtesten Römerstätten an der Donau hat man in dem archäologischen Park bei Deutsch Altenburg freigelegt. Im Gegensatz zu anderen Kastellen ist die ehemalige Provinzhauptstadt Petronell-Carnuntum aus dem 3./4. Jh. nicht durch nachfolgende Städte überbaut worden, sodass seit 1877 auf einer weiträumigen Fläche die Fundamente der Wohn- und Straßenanlagen, alte Thermen, Kanalanlagen und Wehrmauern ausgegraben werden konnten. Eines der Stadttore sowie ein Teilstück des Limes und der **Diana-Tempel** sind rekonstruiert worden, in dem alten **Amphitheater** mit immerhin 8000 Plätzen finden auch heute noch Gladiatorenkämpfe statt. Allerdings muss hier niemand mehr Angst vor hungrigen Löwen haben – die römi-

schen Kultur- und Kampfgewohnheiten werden in dem Freilichtmuseum als Show touristisch-amüsant aufbereitet. Im Angebot sind außerdem Römerlager, Lateinkurse sowie Theater- und Filmvorträge, sodass das historische Thema für Kinder und Erwachsene gleichermaßen anschaulich, lebendig und spannend vermittelt wird. Viele wertvolle Fundstücke werden im Museum in Bad Deutsch-Altenburg ausgestellt (März– Nov., Freilichtmuseum tgl. 9–17 Uhr, Grabungsmuseum Mo 12–17, Di–So 10–17 Uhr, www.carnuntum.co.at). Wer nicht im **Römercafé** des Freilichtmuseums speisen möchte, dem sei ein Besuch **Bad Deutsch-Altenburgs** mit seiner über 1000 Jahre alten romanisch-gotischen **Marienkirche** ans Herz gelegt. Entspannen kann man auch in den **Thermalbädern** des Orts, die von Österreichs stärkster Jod-Schwefel-Quelle gespeist werden.

Donau Niederösterreich Tourismus: Regionalbüro Auland-Carnuntum, Hauptstraße 3, A-2404 Petronell-Carnuntum, Tel. 021 63-35 55 10, Fax 63-35 55 12, www.tiscover.at/auland-carnuntum.

Hainburg

Reiseatlas: S. 232, C 1

Man kennt Herzog Leopold von Babenberg aus Walter Scotts Jugendliteratur und etlichen Verfilmungen zumeist nur als unangenehmen Protagonisten, der den guten Prinz Löwenherz als Geisel nahm. Seinen Anteil an den 23 Tonnen Silber, die er 1194 angeblich als Lösegeld erhalten haben soll, hat er jedoch u. a. auch in Hainburg investiert. Der Babenberger baute die Ortschaft zu einer soliden Festungsstadt aus, bis heute sind Teile von Mauern, Toren und Türmen erhalten geblieben. Die Einnahmen aus den alljährlich auf

Bei Anglern besonders beliebt: die malerischen Donauauen bei Hainburg

ENDLICH EIN STAAT

In Komárno, direkt an der ungarisch-slowakischen Grenze, findet sich ein Platz, der den seltsamen Namen ›Hofraum Europas‹ trägt. Alle europäischen Architekturstile sind hier auf engstem Raum vertreten und bilden die überdimensionale Kulisse für die kleinen lokalen Attraktionen, die das slowakische Städtchen zu bieten hat. Ähnlich verhält es sich mit der Geschichte des kleinen Staates: Römische, awarische, ungarische und habsburgische ›Herrschaften‹ haben das Land besetzt und ihre Spuren hinterlassen, die slawischen Einwohner hingegen, die Slowaken, spielten jahrhundertelang nur eine Nebenrolle. Dabei waren es gerade ihre Vorfahren, die sich als erstes slawisches Volk Mitteleuropas im 9. Jh. unter Fürst Svatopluk zum Großmährischen Reich vereinten und sogar die fränkische Vorherrschaft abzuschütteln vermochten. Hierhin wurden auch die beiden ebenso berühmten wie fleißigen Priesterbrüder Kyrill und Method berufen, um die (in Abwandlung) bis heute gültige kyrillische Schriftsprache zu schaffen. Doch kaum ein Jahrhundert später vereinnahmten die Magyaren das mährische Reich und die Slowaken lebten über 900 Jahre lang als ›Volk der Dienstboten‹ in der ungarischen bzw. habsburgisch-ungarischen Monarchie. Während der osmanischen Besatzung schmolz das Stephansreich dann auf die heutige Slowakei zusammen. Alle Residenzen wurden in dieser Zeit von Buda nach ›Pressburg‹ (Bratislava) verlegt, und auch die Habsburgerin Maria Theresia hielt sich oft und gern hier auf. Wo waren die Slowaken? Sie arbeiteten für die Ungarn und Österreicher und dichteten und träumten von der nationalen Freiheit. Zwar rebellierte man zwischen dem 16. und 18. Jh. gemeinsam mit den Ungarn gegen die Unterdrückung, doch während Letztere schließlich den Ausgleich mit der k. u. k. Monarchie durchsetzen konnten, wurden die Slowaken wieder einmal übersehen. Enttäuscht von ihren ungarischen Mitstreitern, wanderten damals viele slowakische Intellektuelle nach Amerika aus oder wandten sich der Idee des ›Panslawismus‹ zu. Mit der Entstehung der Tschechoslowakei nach dem Ersten Weltkrieg schien zumindest eine slawische Eigenstaatlichkeit näher zu rücken, doch die großstädtische Überlegenheit und fortgeschrittene Industrialisierung der tschechischen Regionen gegenüber der vorwiegend agrarisch strukturierten Slowakei brachte ein deutliches Ungleichgewicht zwischen den Bündnispartnern mit sich. Die Slowaken fühlten sich bald benachteiligt und forderten bereits 1938 erneut die Autonomie. Rein zahlenmäßig machten die Slowaken damals gerade einmal 15 % der Gesamtbevölkerung aus. Daneben stellten Tschechen, Deutsche, Österreicher und Ungarn die größten Bevölkerungsgruppen. Erst seit 1991 haben die Slowaken endlich ihren eigenen souveränen Staat. Er wirkt mit seinem bunten Völkergemisch und seinem reichen kulturellen Erbe wie ein Miniatur-Europa, vielleicht ja auch wie ein ›Hofraum‹, in dem sich die europäischen Nachbarn nun (wieder) treffen, ohne gleich Besitzansprüche zu erheben.

dem Schlossberg veranstalteten Burgspielen werden übrigens, in bester Tradition des Herzogs Leopold, für die Sanierung der Burganlage verwandt.

Im **Wiener Stadttor** Hainburgs befindet sich zudem das **Stadtmuseum** (Mai–Okt. So/Fei 10–12, 14–17 Uhr, Nov.–April nur gegen Voranmeldung am Stadtamt, Tel. 021 65-6 21 11) mit ausführlichen Informationen zur Tabakverarbeitung, neben dem Tourismus noch heute eine der Haupteinnahmequellen des Ortes. Im Museum erfährt man allerdings auch, dass es sich durchaus nicht immer so sicher in der abgesicherten Stadt leben ließ. 1683 drangen die Türken durch eines der anderen Tore in die Stadt ein und töteten fast die gesamte Bevölkerung. Entsprechend heißt eine der Straßen, die zu diesem Tor führen, immer noch Blutgasse. Neben der Besichtigung der Tore sollten die Sehenswürdigkeiten rings um den Hauptplatz nicht vergessen werden: Die **Stadtpfarrkirche** war ursprünglich eine klassische Händlerkirche und wurde erst Ende des 17. Jh. im Stil des Barock umgebaut, zusätzlich schmücken das **Rathaus** und eine reich verzierte **Rokokosäule** aus dem 18. Jh. den Platz. Während die Säule mit ihren kunstvollen Szenen aus dem Leben der Jungfrau Maria nicht zu übersehen ist, bekommt man die gotisch gehaltene **Synagoge** nur über Umwege zu Gesicht (über den Durchgang auf einem Hinterhof bei einer Buchhandlung an der Wiener Straße).

Tourismusamt: Ungarstr. 3, Tel. 021 65-6 21 11 23, www.tiscover.at/hainburg. Mo–Fr 10–12, 16–18, Sa 10–12 Uhr.

Bratislava

Reiseatlas: S. 232, C 1

An einer Parkbank lehnt ein napoleonischer Soldat, in einer winkeligen Gasse lugt ein listiges Gesicht unter einem Gullydeckel hervor, hinter der Hausecke lauert ein Papparazzi ... Zwar sind es nur Bronzestatuen, doch diese geschickt arrangierten lebensgroßen Skulpturen zwischen den Wohnpalästen, Caféhäusern, Kirchen, Museen und Theatern zeigen, dass Bratislava sein stolzes historisches Erbe mit sorgfältiger Treue zum Detail, aber auch mit einem kleinen Schmunzeln präsentieren kann. Das verleiht der jungen Hauptstadt am Donauufer einen wienerisch-charmanten und gleichzeitig elegant-souveränen Zug.

Geschichte

Bevor die Donau Bratislava erreicht, wechselt sie – dank der EU fast unbemerkt – die Grenze zwischen Österreich und der Slowakei bzw. zwischen Ungarn und der Slowakei. Das Dreiländereck reicht bis an die Karpatenhänge und die Moravamündung des Vorortes **Devin**, obwohl erst bei Flusskilometer 1854 die Donau definitiv zur Grenze zwischen Ungarn und Slowakei geworden ist. Wen das Grenzpanorama verwirrt, kann sich von der romantischen **Burgruine** an der ehemaligen **Porta Hungaria** bei Devin (Theben) einen Überblick verschaffen. Oder man wird sich akustisch orientieren – im slowakischen Teil heißt die Donau nämlich noch Dunav, in Ungarn hingegen Duna.

Sehenswürdigkeiten

1 Zum Guten Hirten
2 Jüdisches Museum
3 Burg und Museen
4 Holocaust-Mahnmal
5 Martinsdom
6 Propst-Palais
7 Klarissenkloster
8 Keglewich-Palais
9 Pálffy-Palais
10 Ballassy-Palais
11 Esterházy-Palais
12 Erdödy-Palais
13 Zichy-Palais
14 Academia Istropolitana
15 Hofkammer-Palais
16 Segner Kurie
17 Katharinenkapelle
18 Michaelsturm
19 Altes Rathaus
20 Primitial-Palais
21 Jesuitenkirche
22 Franziskanerkloster
23 Ursulinenkloster
24 Grassalkovič-Palais
25 Schiffsmuseum
26 Slowakische Nationalgalerie
27 Slowakisches Nationalmuseum
28 Redoute
29 Nationaltheater

Übernachten

30 Radisson SAS Carlton
31 Hotel-Restaurant Perugia
32 Film Hotel

Essen und Trinken

33 Café und Restaurant Roland
34 Chez David
35 Burgrestaurant

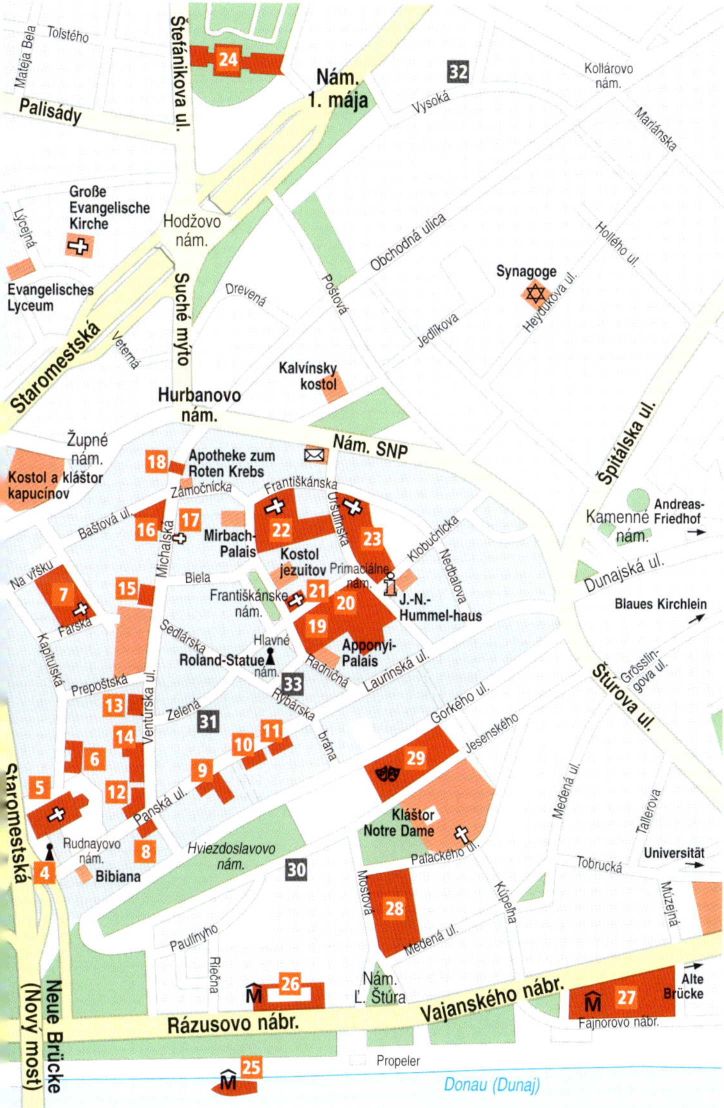
Štefánikova ul.
Tolstého
Mateja Bela
Palisády
Nám. 1. mája
Vysoká
Kollárovo nám.
Mariánska
Große Evangelische Kirche
Lýcejná
Hodžovo nám.
Evangelisches Lyceum
Staromestská
Veterná
Suché mýto
Drevená
Poštová
Obchodná ulica
Hollého ul.
Synagoge
Heydukova ul.
Jedlíkova
Kalvínsky kostol
Hurbanovo nám.
Župné nám.
Kostol a kláštor kapucínov
Apotheke zum Roten Krebs
Nám. SNP
Špitálska ul.
Zámočnícka
Františkánska
Uršulínska
Andreas-Friedhof
Kamenné nám.
Baštová ul.
Michalská
Mirbach-Palais
Kostol jezuitov
Primaciálne nám.
Klobučnícka
Nedbalova
Dunajská ul.
Na vŕšku
Biela
Františkánske nám.
J.-N.-Hummel-haus
Blaues Kirchlein
Farská
Kapitulská
Sedlárska
Hlavné nám.
Roland-Statue
Apponyi-Palais
Radničná
Laurinská ul.
Štúrova ul.
Grösslingova ul.
Prepoštská
Venturska ul.
Zelená
Rybárska brána
Gorkého ul.
Jesenského
Panská ul.
Klášter Notre Dame
Medená ul.
Tallerova
Rudnayovo nám.
Bibiana
Hviezdoslavovo nám.
Palackého ul.
Tobrucká
Universität
Mostová
Kúpeľná
Múzejná
Paulínyho
Riečna
Nám. Ľ. Štúra
Vajanského nábr.
Alte Brücke
Rázusovo nábr.
Fajnorovo nábr.
Propeler
Donau (Dunaj)
Neue Brücke (Nový most)
1 2 3 4 5 6 7 8 9 10 11 12 13 14 15 16 17 18 19 20 21 22 23 24 25 26 27 28 29 30 31 32 33

Devin wurde, wie viele andere Ortschaften der Umgebung, erst nach dem Zweiten Weltkrieg eingemeindet, wodurch eine typische sozialistische Stadtstruktur mit unattraktiven Trabantensiedlungen und breiten Straßenschneisen um und durch den historisch vernachlässigten Kern der Stadt entstand. Erst seit der politischen Wende 1989/90, der slowakischen Unabhängigkeit 1993 und dem EU-Beitritt 2004 hat die Stadt ihr heutiges großstädtisch-charmantes Profil bekommen. Neben dem Aufschwung durch die noch immer boomende (Auto-)Industrie, die sich in den Außenvierteln manifestiert, ist es die wunderbar restaurierte Altstadt, die beständig mehr Besucher anlockt.

Die meisten Gebäude stammen aus der Zeit zwischen dem 16. und 18. Jh., als die Ungarn nach der Niederlage von Mohács (1526) ihre Residenz von Buda hierher verlegten und viele habsburgische und ungarische Adelige daraufhin ihre Paläste im damaligen Pozsony bzw. Pressburg errichten ließen. Im Jahr 1805 ging die Stadt durch das Abkommen zum ›Pressburger Frieden‹ zwischen Napoleon und dem österreichischen Kaiser Franz I. in die Geschichte ein.

Noch bis ins 19. Jh. lebten hier mehr Deutsche, Österreicher und Ungarn als Slowaken, außerdem eine große jüdische Gemeinde. Bratislava ist stets wichtiges Handelszentrum gewesen. Durch die Nähe zu Wien bzw. die Verbindung durch die Donauhäfen findet zwischen den beiden Städten bis heute ein lebhafter kultureller und wirtschaftlicher Austausch statt.

Der Burgberg

Die quadratische Burg (Hrad) mit ihren vier hoch aufragenden Ecktürmen wird gern als ›umgedrehter Tisch‹ bezeichnet, wobei die ästhetische Wirkung des funktionalen Baus insbesondere auf seinen gewaltigen Dimensionen beruht. Die erste Befestigung wird auf das 10. Jh. datiert, den heutigen Grundriss erhielt der ›Tisch‹ aber erst im 15. Jh. – ›Beine‹ wurden gar erst im 17. Jh. angesetzt. Maria Theresia, die hier gekrönt wurde, versuchte das Ganze durch Barock- und Rokokozutaten etwas hübscher zu machen. Ihrem Sohn Josef II. gefiel die Anlage trotzdem nicht, die Burg verkam und wurde durch einen Brand 1811 schließlich vollkommen zerstört. Nach dem Zweiten Weltkrieg machte man sich an die aufwendige Restaurierung. Heute ist der ›Hrad‹ zum Wahrzeichen der Stadt, zum Museum und zum Ziel eines jeden Touristen geworden. Auf dem Weg zur 80 m über der Donau gelegenen Burg präsentieren sich Stadt und Fluss in immer neuen Perspektiven.

Zur östlichen **Vorburg** gehörte vom 17. bis zum 20. Jh. die jüdische Siedlung ›Schlossberg‹, ein dicht bebautes Stadtviertel mit großer Synagoge. Ein Brand und die Abrissarbeiten für die 1971 errichtete ›Neue Brücke‹ haben fast alle Häuser des Viertels zerstört. Erhalten geblieben sind nur wenige, aber schöne Gebäude auf halber Berghöhe an der Beblavého- und Židovkastraße, etwa das schmale, hohe Eckhaus **Zum Guten Hirten** 1 aus dem 18. Jh., in dem sich heute eine Uhrenausstellung des Städtischen Museums befindet (Židovka 1, Di–Fr 10–17, Sa/So 11–18 Uhr). Gegenüber ist eine Kunstgewerbeausstellung mit Porzellan und Handarbeiten untergebracht (Beblavého 1, Di–Fr 10–17, Sa/So 11–18 Uhr). Einige Schritte weiter in der Židovkastraße erreicht man über den düsteren Treppenflur eines alten Renaissancegebäudes das kleine **Jüdische Museum** 2 mit Fotos, Einrichtungsgegenständen und Dokumenten aus der Geschichte der Gemeinde (Židovka 17, So–Fr 11–17 Uhr). Hangaufwärts schließt sich die schmale Schlossstiege an die Beblavého an, hier ist noch das ehemalige **Rathaus** erhalten. Zwischen Donau und Burg sieht man Ausgrabungen aus keltischer Zeit, die Reste eines **Wasserturms** sowie Bürgerhäuser und Kirchen der alten Fischersiedlung Zuckermandel.

Drei **Tore** (Sigismund-, Leopold- und Wienertor) führen von Süden, Westen und Norden in das eigentliche Burgareal. Alle Wege führen zum **Ehrenhof**, auf der Südseite des vierflügeligen **Burgpalastes** 3. Vom Burghof erreicht man die verschiedenen Abteilungen des **Slowakischen Nationalmuseums** (Geschichte, Archäologie, Numismatik, bildende Kunst, Musik, tgl. 9–17 Uhr)

Die Altstadt

Das kleine historische Zentrum ist für den Autoverkehr gesperrt. Nur die Straßen- und Ausflugsbimmelbahn ist auf den Gässchen zugelassen. In die kleinen roten Wagen kann man am Donaukai oder an den größeren Plätzen zusteigen.

Um den Martinsdom

Anstelle eines Burggrabens trennt heute die Verkehrsschneise der Staromestskástraße die Burg von der Altstadt. Auf dem der Innenstadt zugewandten Platz erinnert das **Holocaust-Mahnmal** 4 an die während der faschistischen Besatzungszeit ermordeten Juden der Stadt. Hinter dem Denkmal ragt der 85 m hohe, spitze Turm des **Martinsdoms** 5 empor. Der heutige gotische Dom ersetzt eine romanische Kirche aus dem 13. Jh. und wurde bis zum 19. Jh. als Krönungskirche genutzt. Innen beeindrucken die hohen Gewölbe des dreischiffigen Gotteshauses, die kleinen, teilweise barock gestalteten Kapellen und die aus Blei gegossene große St.-Martins-Figur vor dem Presbyterium.

Die niedrigen, vorwiegend gotischen Gebäude in den nordwärts vom Dom verlaufenden Straßen **Kapitulská** und **Klariská ulica** waren zumeist kirchlichen Institutionen vorbehalten, so z. B. das **Propst-Palais** 6 (vor 1300) und das **Klarissenkloster** 7 aus dem Jahr 1302, dessen schmaler, sechseckiger Kirchturm an der Südseite des Ensembles hervorlugt. Teilweise reichen die Häuser mit ihren Hinterhöfen bis an die übrig gebliebenen **Basteien der Stadtbefestigung** heran.

Panskástraße

Vom Dom führt die Panskástraße zum Zentrum und in ihrer Verlängerung als

Laurinskástraße bis zum ehemaligen östlichen Stadttor. Wie der Name (*pán*, der Herr) schon andeutet, waren hier die Großen und Reichen der Stadt zu Hause. Am Anfang der Straße befindet sich versteckt in der Mauer des **Keglewich-Palais** 8 die Statue von Franz Liszt. Der Komponist war ein gern gesehener Gast der Kunstmäzenin Babette von Keglewich, die in eben jenem klassizistischen Palais wohnte. Auch das **Pálffy-Palais** 9 schräg gegenüber wendet seine klassizistische, im 18. Jh. gestaltete Fassade der belebten Einkaufsstraße zu, allerdings reicht die ursprüngliche Substanz noch etliche Jahrhunderte weiter zurück. Etwas weiter ermuntern der Rokokozierat des **Ballassy-Palais** 10 (1762) und die Barockelemente des **Esterházy-Palais** 11 (1743) zum architektonischen Stilvergleich. Eine amüsante Ablenkung in der imposanten Szenerie bilden die kleinen Figuren, die links und rechts ins Straßenbild eingestreut wurden. So soll der aus einem Kanaldeckel grinsende **Čumil** den Frauen angeblich unter die Röcke spähen wollen, in einem Innenhof-Café der Laurinskástraße wartet ein schlanker Jüngling auf sein Stell-

Das Grassalkovič-Palais

dichein und der **Schöne Náci,** eine Gentlemanskulptur im Frack, zieht am Straßenrand höflich den Hut. Spätestens im September, wenn aus dem kleinen Brunnen vor dem Keglewich-Palais Weißwein sprudelt, grüßt man auch schon mal zurück.

Ventúrska, Michaelsstraße

Von der Panská zweigt die Ventúrska ab, die in ihrer Verlängerung als Michaelstraße zum nördlichen Stadttor führt. Auch hier haben sich im 18. Jh. namhafte Sippen ihre Stadtpaläste errichtet, je nach Geschmack im Stil des Rokoko **(Erdödy-Palais** 12, heute österreichische Botschaft) oder des Klassizismus **(Zichy-Palais** 13). Aber auch mittelalterliche Bauwerke wie die **Academia Istropolitana** 14, in der früher einige der berühmtesten europäischen Gelehrten dozierten, gehören zur Kulisse. Auf der sich allmählich verengenden Michaelstraße reihen sich das lang gestreckte **Palais der ungarisch-königlichen Hofkammer** 15 mit barocken und klassizistischen Elementen und die **Segner Kurie** 16 im Renaissancestil in den architektonischen Reigen ein. Keinesfalls verpassen sollte man einen Besuch der im Jahre 1311 errichteten **Katharinenkapelle** 17, deren klassizistische Fassade nichts von ihrer gotischen Inneneinrichtung erahnen lässt. Die Mehrheit der Touristenscharen strebt hingegen auf den mächtigen achteckigen **Michaelsturm** 18 zu, der als einzig erhaltenes Stadttor die Straße begrenzt. Die Steine stammen noch aus dem 14. und 15. Jh., der Turm mit der spitz zulaufenden Barockkuppel wurde im 16. bzw. 18. Jh. hinzugefügt. Von der Aussichtsplattform hat man einen wunderschönen Blick über die Altstadt, in den unteren Räumen wird die Geschichte der militärischen Verteidigung und Befestigung präsentiert (Di–Fr 10–17, Sa/So 11–18, Okt.–April 9.30–16.30 Uhr).

Der Hlavné námestie

Einer der lebendigsten Plätze der Stadt ist der Hlavné námestie, dessen Mitte der **Rolandsspringbrunnen** markiert. Auch hier verleihen die hohen, in verschiedenen Pastellfarben gehaltenen Paläste sowie die Wohn- und Geschäftshäuser aus unterschiedlichen Epochen der Szenerie die für Bratislava typische Mischung aus Charme und Eleganz. Auf der Ostseite begrenzt das **Alte Rathaus** 19 den Platz. Durch das geschwungene Kreuzgewölbe des im 14. Jh. errichteten Gebäudes sollte man unbedingt auch in den mit Renaissancearkaden verzierten schönen Innenhof eintreten. Auch die mit Stuckzierrat und Wandmalereien reich gestalteten Innenräume, in denen thematisch verschiedene Aspekte der Stadtgeschichte (Technik, Justizwesen etc.) beleuchtet werden, lohnen die Besichtigung (Di–Fr 10–17, Sa/So 11–18 Uhr).

Über den Innenhof des Rathauses gelangt man durch einen weiteren Torbogen zu dem monumentalen **Primitial-Palais** 20. Alles ist hier ›klassisch klassizistisch‹, ausgewogen symmetrisch und mit den zeittypischen Säulen, Kapitellen und allegorischen Giebelfiguren versehen. Einzig der ebenfalls allegorisch gemeinte Kardinalshut auf der höchsten Dachspitze und ein Renaissancespringbrunnen im Hof fallen aus dem griechischen Rahmen.

Im Inneren des Palastes befindet sich eine Abteilung des **Stadtmuseums.** Neben englischen Gobelins, flämischen und italienischen Meisterwerken sind auch hier allein die Räumlichkeiten – beispielsweise der durch Spiegel zusätzlich vergrößerte Hauptsaal – beeindruckend (Di–So 11–18 Uhr).

Vom Hlavné námestie in nördlicher Richtung stößt man wiederum auf viele sakrale Gebäude: Die **Jesuitenkirche** 21, das **Franziskanerkloster** 22 und das **Ursulinenkloster** 23 befinden sich in friedlicher Nachbarschaft zueinander. Nimmermüde können über den nördlich angrenzenden Námestie SNP und entlang der Ringstraße zurück zum Michaelstor laufen. Im **Postamt** (Platz SNP) findet das geschäftige Treiben in unmittelbarer Nachbarschaft zu römischen Ausgrabungen statt, die überdachte alte Markthalle (Platz SNP), mehrere Klöster und Kirchen und vor allem das prächtige **Grassalkovič-Palais** 24 (gegenüber vom Michaelstor) laden zur Entdeckung ein.

Donaukai

Der lang gezogene Platz und der Donaukai laufen gen Südwesten an der Auffahrt zur **Neuen Brücke** zusammen. Wie ein Ufo hängt oben in einem der Brückenpfeiler ein kleines Panoramacafé. Am gegenüberliegenden Ufer gibt es ein kleines **Schiffsmuseum** 25 (rechtes Donauufer, Mo–So 11–24 Uhr). Wer am linken Ufer bleibt, kann ebenfalls den Blick über den Fluss genießen oder in die **Slowakische Nationalgalerie** 26 mit ihren mehr als 50 000 Exponaten gehen (Di–So 10–17.30 Uhr, Ausstellungen auch in den Stadtpalästen).

Noch mehr Kunst findet sich nur wenige Schritte weiter in dem tempelartig gebauten **Slowakischen Nationalmuseum** 27 (Di–So 10–17 Uhr, ausgelagerte Ausstellungen in der Burg und den Stadtpalästen). Die Bronzeplastik des tschechoslowakischen Löwen vor dem Museum ist unweit und unlängst durch einen kleinen ›Vereinigungshügel‹ ergänzt worden, mit dem man den im Jahr 2004 erfolgten EU-Beitritt zu würdigen suchte.

Vom Hügelchen stadteinwärts durch die Mostavá ulica gelangt man zur ehemaligen Getreidekammer aus dem 18. Jh., die sich dank findiger Architekten zum Musikzentrum Bratislavas gemausert hat. Wurde im 19. Jh. im Ballhaus der **Redoute** 28 noch getanzt, so locken nun philharmonische Konzerte, aber auch Casino und Restaurant zum Besuch.

Hviezdoslav námestie

Von der Redoute sind es im künstlerischen und praktischen Sinne nur noch wenige Schritte bis zum **Nationaltheater** 29, das in einem großen Renaissancebau vor allem mit Opern- und Ballettvorführungen aufwartet. Schuld an dem schwer auszusprechenden Namen des Platzes, den das Theater im Nordwesten begrenzt, ist der Ahnherr der modernen slowakischen Dichtkunst, Hviezdoslav, eigentlich Pavol Országh (1849–1921), dessen Denkmal man gegenüber inmitten eines Springbrunnens findet. Eine Grünanlage mit Wasserspielen und Denkmälern lädt ebenso zur Erholung ein wie die Cafés und Restaurants, die in den prächtigen Häusern ihren Platz gefunden haben.

Kultur- und Informationszentrum: Klobučnicka 2, Tel. 02-54 43 37 15, bkis@bratislava.sk, www.bkis.sk.

Preise und Komfort der Hotels korrelieren mit ihrer Nähe zum historischen Zentrum, preislich günstige Quartiere liegen zumeist in den äußeren Stadtvierteln. Adressen von Pensionen, Jugendherbergen und Campingplätzen erhält man im Info-Zentrum.

Radisson SAS Carlton 30: Hviezdoslavovo nám. 3, Tel. 02-59 39 00 00, www.radissonsas.com. Klassizistischer Hotelpalast mit Rundum-Service im Herzen der Altstadt. DZ ab 150 €.

Hotel Perugia 31: Zelená 5, Tel. 02-54 43 18 18, www.hotelperugia.sk. Schönes, komfortables Altstadthotel fast direkt am Hlavné námestie. DZ ab 130 €.

Film Hotel 32: Vysoká 27, Tel. 02-52 93 16 00, www.filmhotel.sk. Mal etwas anderes: 13 ›Filmstarzimmer‹ von Standard (Julia Roberts) bis Luxus (Marilyn Monroe), mit reicher Fotodokumentation. DZ 54–90 €.

Bratislava ist aufgrund seiner Geschichte von vielen kulinarischen Einflüssen geprägt. Die Wiener Kaffeehaus-Kultur gehört ebenso dazu wie ungarische, jüdische und selbstverständlich slowakische Traditionen.

Hotel Perugia 31: Das Restaurant des Hotels (Adresse s. o., tgl. 9–24 Uhr) bietet einen Vorgeschmack auf ungarische Kulinaria mit pikanten Suppen und Gulasch. Gerichte ab 7 €.

Café und Restaurant Roland 33: Hlavné námestie 5, Tel. 02-54 43 13 72, tgl. 9–24 Uhr. Jugendstil-Haus mit dem Flair der Pressburger Zeit, Fisch- und Fleischspezialitäten sowie hervorragenden Strudel-Desserts. Gerichte ca. 7 €.

Chez David 34: Zámocka 13, Tel. 02-54 41 38 24. Das Restaurant am Rand des Burgbergs lockt mit jüdischen Spezialitäten. Hauptgericht (ohne Beilagen) 8 €.

Burgrestaurant 35: nám. Alexandra Dubčeka 1, Tel. 02-59 72 42 57. Gute slowakische Küche (z. B. Nockerln mit Schafs-

Bratislavas Burg, der ›umgedrehte Tisch‹

käse) in schönem Ambiente. Hauptgericht (ohne Beilagen und Suppen) ca. 8–10 €.

Kultursommer: Juli–August; nachgespielte **Krönungsfeiern** im Michaelsdom: September; **Musikfestspiele:** September (Klassik und Rock); **Internationale Jazztage:** Oktober.

Nationale und internationale Flugverbindungen vom **Flughafen Letisko M.R. Štefánika,** Tel. 02-48 57 33 53, etwa 9 km nordöstlich der Stadt, Busverbindung mit der Linie 61 zum Hauptbahnhof. Anschluss zum Wiener Flughafen durch Eurolines-Busse vom Busbahnhof. Am **Hauptbahnhof** kreuzen sich Fernverkehrsstrecken aus Tschechien (bzw. Berlin/Dresden), Polen, Österreich, Ungarn und Ukraine. Stündliche Direktverbindungen nach Wien bestehen vom Bahnhof Petržalka, rechte Donaustadtseite, an der Verlängerung der Novy most. Nationale und internationale Busverbindungen in kurzen Intervallen vom **Busbahnhof** Mlynské Nivi, etwa 5 Min. vom Stadtzentrum. **Stadtverkehr** mit Trolleybussen, Straßenbahnen und Taxen zu günstigen Tarifen. Vom Schiffsanleger am Donaukai (unweit des Nationalmuseums) fahren **Ausflugsschiffe** bis Devin oder Gabčikovo. Tragflügelboote bedienen die Verbindungen bis Budapest und Wien.

Die Donau als Grenze zwischen der Slowakei und Ungarn

Hinter Bratislava verbreitert sich die Donau zu einem Geflecht von zahlreichen Mäandern und Seitenarmen, das die so genannten **Schüttinseln** umgibt. Diese sind entstanden durch Ablagerung des vom Fluss mitgeführten Schlamms und Gerölls; sie bilden heute mit ihren Thermalbädern und hübschen alten Ortschaften ein beliebtes Ausflugsziel. Auch auf slowakischem Staatsgebiet leben bis heute viele Ungarn, was die Kontroverse um das hiesige Staudamm-Projekt zusätzlich belastet. Ungarn und die Tschechoslowakei hatten 1977 die Aufstauung der Donau und gemeinsame Nutzung eines Kraftwerks zwischen **Gabčikovo** und **Nagymáros** vereinbart. Aufgrund ökologischer Bedenken kündigte Ungarn 1990 den Vertrag – man befürchtet, dass die in der Slowakei realisierte Stauanlage den Lebensraum auf den Schüttinseln gefährdet.

Komárom (Ungarn) und Komárno (Slowakei)

Reiseatlas: S. 233, D 2
Bis 1920 hatten die beiden am Ufer der Donau gegenüberliegenden Städte eine gemeinsame ungarische Verwaltung. Auch heute noch weisen die zweisprachige Beschriftung, ungarische Schulen und sogar eine ungarische Hochschule darauf hin, dass der ungarische Bevölkerungsanteil im heute slowakischen Komárno besonders groß ist. Im 18. Jh. hat ein Erdbeben einen Großteil der Häuser zerstört, so dass die Stadtarchitektur und selbst die Festungsanlagen des beliebten kaiserlichen Ausflugsortes zumeist auf das 19. Jh. zurückgehen.

Eine Brücke verbindet die beiden Schwesterstädte, sodass man heute sowohl die drei **Festungen** im ungarischen Komárom als auch die vielen Kirchen in der **Altstadt** des slowakischen Komárno besichtigen kann. Gegenüber vom **Rathaus** in Komárno ist das **Stadt- und Donaumuseum** in die Räume eines schmucken klassizistischen Stadtpalastes eingezogen, viele elegante Bürgerhäuser aus dem 19. Jh. säumen die Straßen des Viertels. Vor allem aber fasziniert der **Hofraum Europas,** ein modernes Architekturensemble auf dem alten städtischen Marktplatz. Hier sind in den letzten Jahren 45 Gebäude entstanden, die als ›Miniatureuropa‹ verschiedene Länder und Baustile des Kontinents repräsentieren. Spitze Türmchen, runde Kuppeln, Arkaden und Stuckverzierungen, Fachwerk und Holzschnitzereien rahmen den Platz, in dessen Mitte die Millenniumsfontäne sprudelt. Das dicht gedrängte Architekturgemisch wird durch Cafés und Läden angenehm aufgelockert (Infos auf dem Europaplatz und unter www.komarno.sk).

Wassermühlen

Entlang der ›kleinen Donau‹, dem nördlich der Schüttinseln verlaufenden Wasserarm, finden sich viele alte Wassermühlen. Einige davon sind sehr schön restauriert und können besichtigt werden, etwa die Holzmühle in Tomášikovo und die (einzige) schwimmende Mühle in Kolárovo. Nähere Informationen bei der Gemeindeverwaltung Kolárovo, Kostolné námestie 1, Tel. 035-7 90 09 11, www.kolarovo.sk.

VOM DONAUKNIE BIS BUDAPEST

Ungarns Topadresse für alle anspruchsvollen Kulturtouristen, Naturliebhaber und Badefreunde ist das malerische Donauknie. Die Einwohner von Budapest wissen und genießen das, obwohl ihre Heimatstadt mit unzähligen Sehenswürdigkeiten und berauschendem Großstadtcharme ebenfalls viel zu bieten hat.

Das Donauknie

Reiseatlas: S. 233, E 2

Die malerische Flusslandschaft zwischen Esztergom und Budapest, in der sich die Donau in scharfen Windungen ihren Weg durch das ungarische Mittelgebirge sucht, ist als ›Donauknie‹ längst zum Urlaubsklassiker geworden. Geschichts- und Kulturdenkmäler, zahlreiche Wassersport- und Wandermöglichkeiten werden von der Budapester Bevölkerung ebenso gern wie von internationalen Gästen aufgesucht. Wellness und Entspannung gibt es vor allem auf und gegenüber der schmalen, langen Donauinsel, die bis an die Budapester Stadtgrenzen heranreicht. Schwindel erregende Ausblicke bieten sich von den bis zu 1000 m hohen Bergen links und rechts des Flusses, in die sich kleine, geschichtsträchtige Ortschaften, Burgen und Kirchen einfügen.

Esztergom

Reiseatlas: S. 233, E 2

Seit Esztergom im 10. Jh. zum geistlichen und weltlichen Zentrum des Stephansreiches aufstieg, wird es auch als ›ungarisches Rom‹ bezeichnet. Schon unter Karl dem Großen wurde das Städtchen zum Vorposten des Christentums im östlichen Donauraum, das Nibelungenlied preist den Glanz und die Pracht der ›Etzelburg zu Gran‹, was darauf hindeutet, dass der unbekannte Verfasser die alte Arpadenburg kannte. Fest steht, dass im Jahr 972 Fürst Géza seine Residenz nach Esztergom verlegte und seinen Sohn Stephan hier zum ersten ungarischen König krönen ließ.

Die Stadt, in der der katholisch-ungarische Erzbischof residiert, ist dank ihrer guten Lage ein gern besuchter Touristenort und auch Handelsstadt.

Dom

Am besten lässt sich die Bezeichnung ›ungarisches Rom‹ wohl mittels der monumentalen Bischofskirche auf einem Hügel unweit des Donauufers rechtfertigen. Allerdings ist das 107 m lange und 48 m breite Gotteshaus mit seiner Halbkugel auf dem Säulentambour ursprünglich nur ein kleines mittelalterliches Kirchlein gewesen.

Erst im 19. Jh. wurde die ›größte Kirche Ungarns‹ feierlich mit einer von Franz Liszt eigens zu diesem Anlass komponierten und von ihm selbst dirigierten Messe eingeweiht. Das Kircheninnere beeindruckt mit seiner kostbaren Ausstattung. So kopierte beispielsweise der italienische Maler Grigoletti für das **Altarbild** die ›Assunta‹ von Tizian. Auch die Renaissancearbeiten in der **Bakócz-Kapelle** wurden von italienischen Meistern geschaffen. In der **Schatzkammer** sind Kelche, Kreuze, Ikonen und weitere sakrale Kunstgegenstände zu besichtigen, vieles davon stammt noch aus dem Mittelalter (Mai–Okt. Di–So 9–16.30, Nov.–April Di–So 11–15.30 Uhr).

Königspalast

Erst im 20. Jh., als durch einen Zufall die Ruinen der alten Burg zum Vorschein kamen, wurde die Palastanlage von Gran restauriert und rekonstruiert. Vermutlich wurde die mittelalterliche Königsresidenz während der osmanischen Besatzung zerstört, verschüttet und allmählich vergessen. Heute kann man wieder durch die runden Torbögen schreiten und sich vor Ort über die Geschichte des Palastes informieren. In den frisch restaurierten Räumlichkeiten sind noch verschiedene Bau- und Umbauphasen erkennbar, die von der frühmittelalterlichen Romanik bis hin zu Renaissance und Barock reichen. In einigen Räumen und der kleinen Burgkapelle sind auch die alten Fresken und Ornamente wunderbar rekonstruiert (Szent István tér 1, Di–So 9–17 Uhr).

Altstadt

Das Stadtviertel zwischen Donau und Burg nennt sich ›Wasserstadt‹, ist jedoch von sakralen Sehenswürdigkeiten geprägt. Das Museum im **Erzbischöflichen Palais** bietet eine sehr sehenswerte Sammlung von Altären, Gemälden, Gobelins und Skulpturen (Mindszeny hercegprimas tér 2, Mai–Okt. Di–So 10–18, Nov.–April Di–So 9–15 Uhr). Neben dem Erzbischöflichen Palais steht die **Wasserstädtische Pfarrkirche,** die im 18. Jh. errichtet wurde und mit wunderschönen Altären ausgestattet ist. Auf einem Hügel im Süden der Altstadt liegt die alte **Synagoge** der Stadt. Hier befindet sich auch das **Donaumuseum** (Kőlcsey ferenc utca 2, Mai–Okt. Mi–Mo 10–18, Nov.– April 10–16 Uhr), in dem alte und moderne Wasserwerksanlagen vorgestellt werden. Dazu sind wechselnde Ausstellungen zu den Handwerkskünsten, zur Siedlungs- und Handelsgeschichte sowie zur Flora und Fauna der Region zu besichtigen. Unweit des Zentrums befinden sich die **St. Annenkirche** mit ihrem kreisförmigen Innenraum, eine **griechisch-orthodoxe Kirche** und die **Innerstädtische Pfarrkirche,** die auf dem Gelände des ehemaligen Franziskanerklosters steht.

Wer Erholung von den Besichtigungen sucht, wird unter den vielen hinter klassizistischen und barocken Fassaden verborgenen Cafés und Restaurants bald das richtige finden.

Gasthaus St. Anna: Erzsébet Kiralyné 2, Tel./Fax 033-40 40 50. In direkter Nachbarschaft zur Kirche

kann man im blumenreichen Hof des schönen Anwesens essen. Von der kleinen dazugehörigen Pension werden auch Campingplätze am Donauufer vermittelt, man kann aber auch in den kleinen bequemen Zimmern zu günstigen Preisen übernachten. 35 € Person/Nacht.
Hotel-Restaurant Ria: Batthány u. 11–13 Uhr, Tel. 033-31 31 15, Fax 40 14 29, info @riapanzio.com, www.riapanzio.com. Hübsche Pension am Donauufer unterhalb der Burg. 32 € Person/Nacht.

Visegrád

Reiseatlas: S. 233, E 2
Nur 3000 Einwohner, dafür aber 2000 Jahre Geschichte – mitten in der Donauschleife liegt die hübsche Festungsstadt Visegrád. Die ursprünglich slawische Bevölkerung gab der Siedlung den Namen ›hohe Burg‹ *(više grád)*, nachfolgende ungarische Herrscher bemühten sich nach Kräften, diesem Namen gerecht zu werden. So entstanden auf einem Berg die Oberburg und eine weitere Festung auf halber Höhe, beide waren durch Türme und Festungswälle miteinander verbunden. Vor allem unter Matthias Corvinus (1458–1490) wurde der ursprünglich gotische Palast mit reicher Renaissancepracht ausgestaltet. Obwohl die Palast- und Festungsanlagen durch Türken, Habsburger und Naturkatastrophen weitgehend zerstört worden sind, kann man dank tatkräftiger Archäologen heute einige Gebäude wieder besichtigen. Im Areal der unteren Festungsanlage hat die Ortschaft Visegrád selbst, die u. a. von deutschen Siedlern ausgebaut wurde, ihren Platz gefunden. Kirchen, Hotels, **Thermalbäder,** unzählige Restaurants und Cafés sowie eine 700 m lange **Bobbahn** und gut ausgebaute **Fahrrad- und Wanderwege** gehören zum modernen Urlaubsbetrieb.

Untere Burg, Königspalast

Die sagenhafte Pracht der ursprünglichen Anlage ist nur noch anhand von Zahlen und überlieferten Berichten nachzuvollziehen. So soll die Burg im 15. Jh. unter dem beliebten König Matthias Corvinus insgesamt 350 Räume gehabt haben. Je ein Palast für den König und seine italienische Gattin Beatrix gehörten zu dem Ensemble. Zwischen den Palastanlagen befand sich eine Hofkapelle, und zur Donau hin entstanden prachtvolle Gartenterrassen mit Teichen, Lauben und Nischen, zwischen denen eine imposante Freitreppe hinunterführte. Vom einstigen Renaissancereichtum sind inzwischen der **Prunkhof** und der **Empfangshof** mit den umgebenden Räumen, Arkadengängen und Terrassen wieder aufgebaut worden. Neben dem reich verzierten **Herkules Springbrunnen** aus

Königlich Speisen

Im Renaissance-Restaurant von Visegrád kann man mittelalterliche Königsmahlzeiten wie Fasansuppe mit Teigblättchen und Wachtelei zu sich nehmen; musikalisch live untermalt wird der Aufenthalt in den edlen Gemächern von den Klängen einer Laute (Fö u. 11, Tel. 026-39 80 81).

DIE WILDEN MAGYAREN

Sie sollen der Schrecken der Frankenkönige und das Verhängnis der Nibelungen gewesen sein: die wilden, kriegerischen Scharen, die sich Ende des 9. Jh. am Ufer der Donau im ungarischen Tiefland sammelten und dort unter Anführung des Stammesfürsten Árpad das Land in Besitz nahmen. 20 Pfeile pro Minute soll ein trainierter ›Hunne‹ – so wurden die Magyaren von den Westeuropäern in Anlehnung an die Awarenvölker genannt – auf sein Ziel abgeschossen haben. Kein Wunder, dass Mönche, Burgherren und Städter sich hinter Mauern und Türmen zu verschanzen suchten. Erst im Jahr 955, nachdem sich die Magyaren bei Augsburg zum alljährlichen ›Frühlingsplünderfest‹ getroffen hatten, konnten sich die verschiedenen Fürstentümer zur gemeinsamen Gegenwehr entschließen. Unter König Otto I. wurden die Reiterhorden auf dem Lechfeld vernichtend geschlagen, in der Folge wurde Otto zum ›Großen‹ und Kaiser, die Magyaren hingegen sesshaft und christlich. Indem die fromme Gisela, eine tugendhafte Passauerin und Schwester des deutschen Königs Heinrich II., den zehn Jahre älteren ersten Ungarnkönig Stephan heiratete, wurde das ›Barbarenvolk‹ endgültig vom christlichem Reichsverband akzeptiert. Mit Gisela zogen etliche bayerische Gefolgsleute ins Stephansreich, wo sie mit Ländereien belehnt und in wichtige Positionen versetzt wurden. In den folgenden Jahrhunderten waren fast die Hälfte der Bevölkerung Deutsche; sie waren es auch, die an der Verbreitung des Protestantismus maßgeblichen Anteil hatten. Mit der Niederlage gegen die Türken bei Mohács (1526) verschwand das Stephansreich als souveräne Macht für etliche Jahrhunderte von der Landkarte. Türken und Habsburger übernahmen die Vorherrschaft. Auch die Revolution von 1848 konnte das Land nicht von der Habsburgermonarchie lösen. Erst nach dem 1. Weltkrieg verlor es seine adeligen ›Vorgesetzten‹ sowie fast zwei Drittel seines Staatsgebiets. Ein Drittel der Ungarn lebte fortan außerhalb der Landesgrenzen. Dass dem lebhaften Volk trotz seiner dramatischen Geschichte auch weiterhin der Mut zum Widerstand nicht abhanden kam, beweist u. a. die Massenbewegung, mit der 1956 tausende Bürger die Liberalisierung des Kommunismus einzuleiten versuchten. Die Unruhen wurden blutig niedergeschlagen, doch Ungarn schuf sich in den folgenden Jahrzehnten innerhalb des kommunistischen Systems den Ruf, die ›fröhlichste Baracke‹ des Ostblocks zu sein. Das hatte mit den hartnäckig durchgesetzten wirtschaftlichen Freiheiten des ›Gulaschkommunismus‹ genauso zu tun wie mit einer gewissen gesellschaftlichen Offenheit, die man sich humorvoll zu erhalten wusste. Humor und Zähigkeit braucht der Ungar nicht nur für die Bewältigung seiner Geschichte: Allein um so etwas Simples wie Gemüsesuppe mit Knödeln zu bestellen, muss er seine Zunge zu *zöldségleves daragaluskaval* verdrehen. Die komplizierte Sprache ist übrigens das älteste und fernste Zeugnis des Reitervolks: Die sieben Stämme Árpads müssen aus der ugrischen Tundra stammen, denn nur dort an der Grenze Sibiriens spricht man diese mit dem Finnischen verwandte Sprache.

rotem Marmor und der edlen Inneneinrichtung zeugen Reste der alten **Bewässerungsanlagen** von der einstigen Pracht und Komplexität des Bauwerks. Weitere Fundstücke kann man im mittelalterlichen **Salomonturm** am Donauufer besichtigen. Hier finden auch während der Saison regelmäßig mittelalterliche Turniere statt, selbst als moderner Zeitgenosse darf man seine Kräfte dann im Wettkampf erproben oder sich zu König oder Königin küren lassen (Di–So 9–16.30 Uhr).

Oberburg

Etwa 250 m oberhalb der Donau befinden sich auf einem schroffen Hügel die Ruinen der mittelalterlichen Festungsanlage, zu der man entweder über die gewundene Panoramastraße gelangt oder über einen kleinen Fußweg, der hinter der katholischen Kirche ca. eine halbe Stunde lang stramm bergauf führt. Mehrere Türme, Mauern und Gebäude der inneren Burg sind erhalten geblieben, auch der Gesamtgrundriss mit seinen Wällen und Gräben lässt sich noch erkennen. In den Innenräumen werden Jagd- und Küchengeräte ausgestellt, an anderer Stelle vermittelt ein kleines Wachsfigurenkabinett mit nachgestellten Szenen (auch gruselige Exekutions- und Folterszenen gehören dazu) Einblicke in die mittelalterliche Lebenswelt (Di–So 10–18 Uhr).

Szentendre

Reiseatlas: S. 233, E 2
Das hübsche Künstlerstädtchen Szentendre, durch eine Vorortbahn mit Budapest verbunden, lockt zahllose Gäste

Volkstanz im Freilichtmuseum, nördlich von Szentendre

an, und so tritt man sich in den kopfsteingepflasterten Gassen vor allem in der Sommersaison schon mal auf die Füße. Doch entschädigt das malerisch an die Donauhänge geschmiegte Städtchen überreich mit seiner hübschen barocken Altstadtkulisse, der fröhlichen Betriebsamkeit in Cafés, Galerien und Straßenläden und dem schier überwältigenden Angebot von 18 Museen und sieben Kirchen.

Zwischen Fő tér und Templon tér

Das heutige Zentrum des Ortes bildet der **Marktplatz Fő tér** mit einem Pestkreuz in der Mitte und umgeben von zweistöckigen Wohnhäusern. Auf der Nordseite wird der Platz von der serbisch-orthodoxen **Blagoveszentka-Kirche** begrenzt. Das äußerlich schlichte, niedrige Gebäude beeindruckt innen mit Rokokoelementen und einer prächtigen Ikonostase. Hinter der Kirche zeigt das **Ferency-Museum** (Fő tér 6, Di–So 9–17 Uhr) Gobelins, Skulpturen und Gemälde von Künstlern der gleichnamigen Familie aus dem 19. Jh.

Über kleine Treppen und Gassen bergauf erreicht man den ehemaligen Burghügel **Templon tér.** Von hier hat man einen herrlichen Blick über die Dächer und Kirchtürme der Altstadt und die Donau. Am Platz befindet sich die **katholische Pfarrkirche** mit barocker Fassade und einer alten Sonnenuhr. Nur wenige Schritte entfernt imponiert die farbenfrohe **Belgrad-Kathedrale** mit einem reich verzierten Eingangstor und barocken Formen. Die Kirche und der benachbarte **Bischofspalast** bildeten lange Zeit das religiöse Zentrum der ungarischen Serben, die vor den Türken nach Szentendre geflüchtet waren. In dem Palast (Patriarka u. 5) sind heute noch die wertvollen Ikonen, Goldschmiedearbeiten und andere sakrale Gegenstände zu bewundern, die die geflohenen Gläubigen mit in die Stadt gebracht hatten (tgl. 10–18 Uhr).

Donau-Dorfromantik

Das **Freilichtmuseum** (Skanzen) nordöstlich von Szentendre präsentiert originale Bauernhäuser und Einrichtungen aus allen Regionen Ungarns (Staravodai út Pf. 63, www.skanzen.hu, 9–17, Park bis 19 Uhr). Auch ein Ausflug in das am anderen Donauufer gelegene **Vác** ist empfehlenswert: Die Altstadt des Ortes ist touristisch weniger überlaufen, aber ebenfalls reich an barocken Wohn-, Museums- und Sakralbauten. Wer einfach Ruhe, Natur und ein bisschen Dorfromantik ohne Eintrittsgebühr erleben will, findet dies auf der **Szentendre-Insel**, die man mit der Fähre oder über die Brücke bei Tahitotfalur erreichen kann.

Zwischen Dumtsa Jenö und Donaukai

Parallel zur Donau verlaufen die Dumtsa Jenő und später die Bogdánystraße in leichten Windungen durch das Zentrum. Hier und in den winkeligen Gassen bis zur Donau reiht sich Museum an Museum, hängen die Souvenirs an den Hausfassaden und stapeln sich unter den Torbögen. Schließlich ist der Ort seit 1928 mit der ›Gesellschaft für Maler von Szentendre‹ *der* Ausstellungsraum schlechthin für alle bildenden Künstler des Landes geworden. Einen Überblick verschafft die **Künstlermühle** (Bogdány 32), in der wechselnde Ausstellungen präsentiert werden (9– 17 Uhr). Auch das **Margit-Kovác-Museum** (Vastagh György utca. 1, 9–17 Uhr) mit Figuren der bekannten Keramikkünstlerin oder das **Kmetty-Museum** (Fő tér 21, 9–17 Uhr) mit Werken des kubistischen Malers János Kmetty (1889–1975) lohnen den Besuch. Folgt man der Bogdány stadtauswärts, erreicht man die serbisch-orthodoxe **Preobraženska-Kirche** – es sei denn man ist zuvor im **Konditoreimuseum Dobos** (Bogdány 2, 10–18 Uhr) oder im **Nationalen Weinmuseum** (Bogdány 10), hängen geblieben, kann man doch in beiden Museen den musealen Genuss durch kulinarische Kostproben vertiefen. Dies ist ebenfalls möglich im südlich des Fő tér gelegenen **Szabó Marzipanmuseum** (Dumtsa Jenö. u. 14, 10–19 Uhr). Im selben Viertel finden sich die übrigen, ebenfalls barocken Stadtkirchen. Weiter stadtauswärts dürfen noch Ausgrabungen des alten **Römerkastells** (Dunakanyar körút 1, tgl. 10–16 Uhr) aus dem 4. Jh. und nicht ganz so alte, aber skurrile Fahrzeuge im **Verkehrsmuseum** (Bahnhof HEV) besichtigt werden.

Tourinform: Dumsta Jenő 22, Tel. 026-31 79 65, www.szentendre.hu.

Budapest

Reiseatlas: S. 233, E/F 2

Budapest, die »Dame mit der Donau zwischen den Brüsten«, wie es der einheimische Autor Peter Esterházy formulierte, ist mit Sicherheit *die* Donaumetropole schlechthin. Nimmt man es genau, ist es zwar nur die Budaer Seite, die den Fluss mit sanften Erhebungen umgibt, aber nirgendwo sonst ist er so in die herrschaftlich alte Architektur eingebunden, wird er durch seine Brücken und die nächtliche Spiegelung der vielen Lichter zum direkten Bestandteil der Stadt. Auch als Tourist wird man immer wieder von hüben nach drüben pendeln: zur barocken Idylle des Burgviertels von Buda, zum Shopping in die lebhafte Innenstadt von Pest.

Geschichte

Schon Skythen, Thraker und Kelten besiedelten die Gegend des heutigen Budapest, unter den Römern wurde das Kastell Aquintum, das im heutigen Obuda lag, zur Hauptstadt der eroberten Provinz Unterpannonien. Dann jedoch blieb es um die später so ruhmreiche Stadt still – fast 1000 Jahre war das ungarische Tiefland von Awaren, Hunnen und bajuwarischen Kaisern heftig umstritten, an städtischen Aufbau mithin nicht zu denken. Erst nach der Christianisierung und Anerkennung des Stephansreichs erhielt Pest das Stadtrecht (1230); mit dem Bau der Burg Buda und dem Ausbau der dazugehörigen Siedlung Obuda unter Matthias I. im 15. Jh. begann eine erste wirtschaftliche und kulturelle Blütezeit.

1541 eroberten die Türken Festung und Städte (Obuda und Pest), das Stadtbild wurde durch den Umbau von Kirchen zu Moscheen bald orientalisch geprägt. Allerdings ist auch in Budapest von der osmanischen Architektur wenig erhalten geblieben. 150 Jahre später zogen die Habsburger in die Residenzen der Stadt ein. Das entvölkerte Land wurde durch gezielte Ansiedlung von Kolonisten neu belebt, auch in Buda und Pest ließen sich viele Deutsche nieder. Obwohl die Beziehungen des ungarischen Adels zum Haus Habsburg angespannt blieben und es immer wieder zu Aufständen kam, begann in den Städten eine Epoche des Wiederaufbaus, die bis ins 19. Jh. reichte: Häuser, Kirchen und Schlösser wurden im Stil des Barock errichtet, die erste verbindende Kettenbrücke entstand, der Bau von Werften und Eisenbahnverbindungen beförderte den wirtschaftlichen Aufschwung. 1848 drohte durch die nationale Revolution erneut Chaos und Zerstörung: Unter dem Revolutionsführer Lajos Kossuth wurden die Habsburger abgesetzt und der ungarische Reichstag von Pressburg nach Pest verlegt, doch bald schon eroberten die Habsburger mit Hilfe des russischen Zaren Stadt und Land zurück. Im Zuge des Ausgleichs der nun österreichisch-ungarischen Doppelmonarchie wurde Pest zum Regierungssitz des ungarischen Reichstags und zur Krönungsstadt. 1873 entstand mit der Vereinigung der Städte Buda, Pest und Obuda zur Hauptstadt Budapest die wichtigste Großstadt des Landes, die sich 1896 zum Jubiläumstag mit einer enorm gewachsenen wirtschaftlichen

Sehenswürdigkeiten

1 Palast und Museum
2 Matthiaskirche
3 Fischerbastei
4 Unterirdische Gewölbe
5 St. Annenkirche
6 Königsbad
7 Zitadelle
8 Gellerthotel und -bad
9 Markthalle
10 Nationalmuseum
11 Literatencafé Central
12 Innerstädtische Pfarrkirche
13 Römisches Kastell
14 Redoute
15 Konditorei Gerbeaud
16 Rathaus
17 Große Synagoge, Museum
18 Stephans-Basilika
19 Kettenbrücke
20 Ehemalige Postsparkasse
21 Ethnographisches Museum
22 Parlament
23 Margareteninsel
24 Kunstgewerbemuseum
25 New-York-Haus
26 Westbahnhof
27 Opernhaus
28 Kunsthalle
29 Museum der bildenden Künste

Übernachten

30 Danubius Thermal Hotel
31 City Hotel Mátyás
32 Buda Villa Panzió

Essen und Trinken

33 Articzoka
34 Kulacs Etterem
35 Marquis des Salade

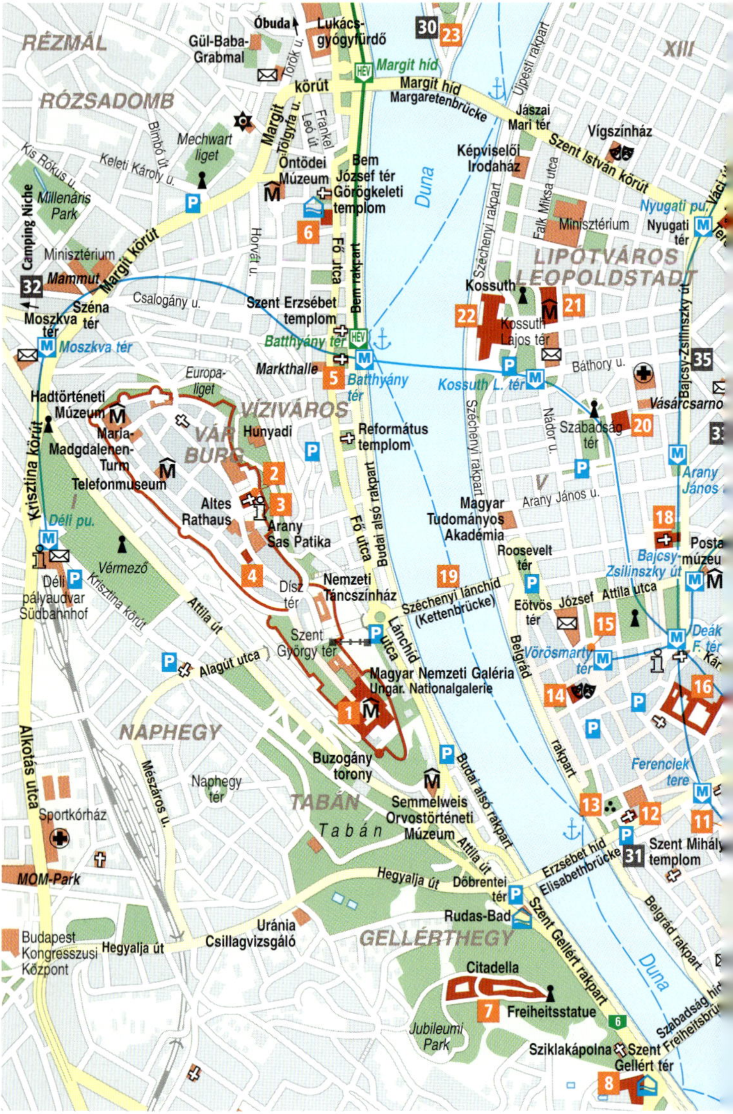

RÉZMÁL
RÓZSADOMB
Óbuda
Lukács-gyógyfürdő
Gül-Baba-Grabmal
Margit híd
Margaretenbrücke
körút
Mechwart liget
Keleti Károly u.
Bimbó út
Kis Rókus u.
Millenáris Park
Camping Niche
Minisztérium
Mammut
Margit körút
Széna tér
Moszkva tér
Csalogány u.
Öntödei Múzeum
Bem József tér
Görögkeleti templom
Fő utca
Bem rakpart
Horvát u.
Szent Erzsébet templom
Batthyány tér
Markthalle
Europa-liget
Hadtörténeti Múzeum
Mária-Magdgdalenen-Turm
Telefonmuseum
VÍZIVÁROS
VÁR BURG
Hunyadi
Altes Rathaus
Arany Sas Patika
Református templom
Budai alsó rakpart
Krisztina körút
Déli pu.
Vérmező
Déli pályaudvar Südbahnhof
Attila út
Dísz tér
Nemzeti Táncszínház
Szent György tér
Lánchíd utca
Alagút utca
Magyar Nemzeti Galéria
Ungar. Nationalgalerie
NAPHEGY
Naphegy tér
Mészáros u.
Buzogány torony
TABÁN
Tabán
Semmelweis Orvostörténeti Múzeum
Alkotás utca
Sportkórház
MOM-Park
Hegyalja út
Döbrentei tér
Rudas-Bad
Uránia Csillagvizsgáló
Budapest Kongresszusi Központ
GELLÉRTHEGY
Citadella
Freiheitsstatue
Jubileumi Park
Sziklakápolna
Szent Gellért tér
Szent Gellért rakpart
Duna
Újpesti rakpart
Jászai Mari tér
Vígszínház
Szent István körút
Képviselői Irodaház
Széchenyi rakpart
Falk Miksa utca
Minisztérium
Nyugati pu.
Nyugati tér
XIII
LIPÓTVÁROS LEOPOLDSTADT
Kossuth
Kossuth Lajos tér
Kossuth L. tér
Báthory u.
Bajcsy-Zsilinszky út
Vásárcsarnok
Nádor u.
Szabadság tér
V
Arany János u.
Arany János
Magyar Tudományos Akadémia
Roosevelt tér
Posta-múzeum
Széchenyi lánchíd (Kettenbrücke)
Eötvös József tér
Attila utca
Vörösmarty tér
Deák F. tér
Belgrád rakpart
Ferenciek tere
Szent Mihály templom
Erzsébet híd Elisabethbrücke
Szabadság híd Freiheitsbrücke
Margit híd
HÉV

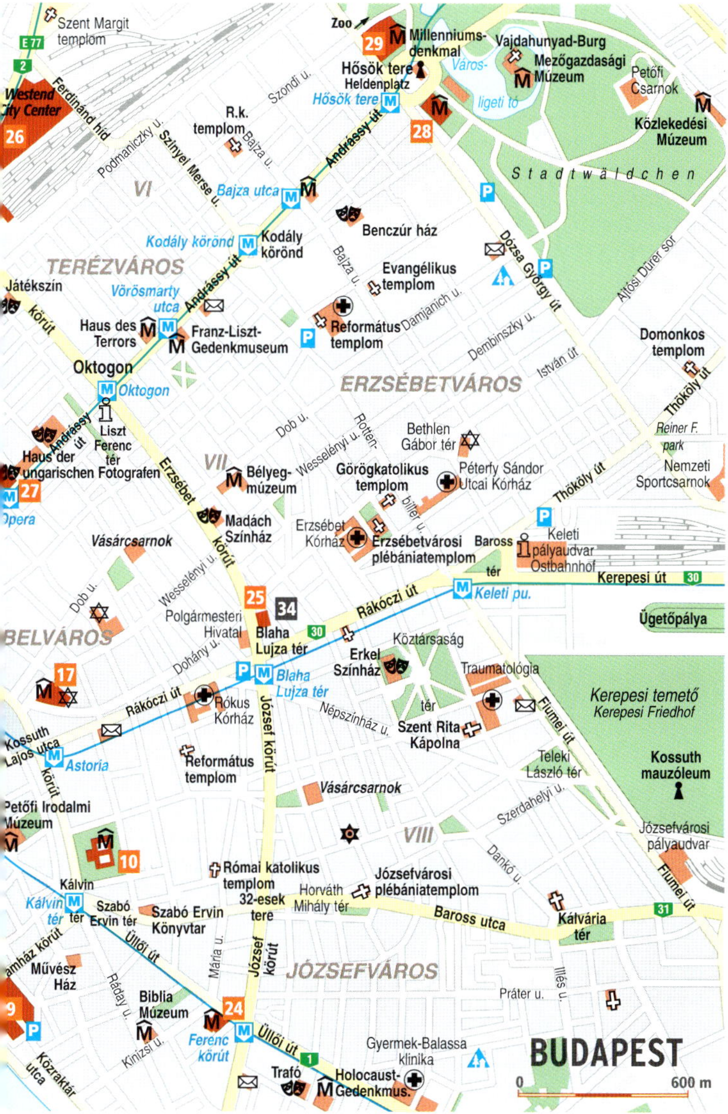
Szent Margit templom
E 77
2
Westend City Center
26
Ferdinánd híd
Zoo
29
Millenniums-denkmal
Vajdahunyad-Burg
Mezőgazdasági Múzeum
Petőfi Csarnok
Hősök tere
Heldenplatz
Hősök tere
Városligeti tó
Szondi u.
R.k. templom
Bajza u.
28
Közlekedési Múzeum
Podmaniczky u.
Szinyei Merse u.
Andrássy út
Stadtwäldchen
VI
Bajza utca
Benczúr ház
Kodály körönd
Kodály körönd
Bajza u.
Dózsa György út
TERÉZVÁROS
Evangélikus templom
Játékszín
Vörösmarty utca
Andrássy út
Damjanich u.
Ajtósi Dürer sor
Körút
Haus des Terrors
Franz-Liszt-Gedenkmuseum
Református templom
Dembinszky u.
Oktogon
István út
Domonkos templom
Oktogon
ERZSÉBETVÁROS
Andrássy út
Liszt Ferenc tér
Dob u.
Rottenbiller u.
Bethlen Gábor tér
Thököly út
Reiner F. park
Haus der ungarischen Fotografen
VII
Bélyeg-múzeum
Wesselényi u.
Görögkatolikus templom
Péterfy Sándor Utcai Kórház
Thököly út
Nemzeti Sportcsarnok
27
Opera
Erzsébet körút
Madách Színház
Erzsébet Kórház
Erzsébetvárosi plébániatemplom
Baross tér
Keleti pályaudvar
Ostbahnhof
Vásárcsarnok
Wesselényi u.
Kerepesi út
30
Dob u.
25
34
Rákóczi út
Keleti pu.
Polgármesteri Hivatal
Blaha Lujza tér
30
Köztársaság tér
Ügetőpálya
BELVÁROS
Dohány u.
Erkel Színház
Traumatológia
17
Blaha Lujza tér
Kerepesi temető
Kerepesi Friedhof
Rákóczi út
Rókus Kórház
Népszínház u.
Szent Rita Kápolna
Fiumei út
Kossuth Lajos utca
József körút
Astoria
Református templom
Teleki László tér
Kossuth mauzóleum
Körút
Vásárcsarnok
Szerdahelyi u.
Petőfi Irodalmi Múzeum
VIII
Józsefvárosi pályaudvar
10
Dankó u.
Római katolikus templom
Józsefvárosi plébániatemplom
Kálvin tér
Szabó Ervin tér
32-esek tere
Horváth Mihály tér
Fiumei út
Szabó Ervin Könyvtar
Baross utca
31
Kálvária tér
Üllői út
Mária u.
Vámház körút
József körút
Művész Ház
Ráday u.
JÓZSEFVÁROS
Illés u.
Biblia Múzeum
Práter u.
9
24
Ferenc körút
Üllői út
Kinizsi u.
Gyermek-Balassa klinika
BUDAPEST
Közraktár utca
1
Trafó
Holocaust-Gedenkmus.
0
600 m

und kulturellen Infrastruktur, stolzen Plätzen und Bauten und einer ersten U-Bahn-Linie präsentieren konnte. Die Weltkriege hinterließen abermals eine Spur der Verwüstung und des Schreckens in der Stadt: Hunderttausende jüdische Einwohner wurden allein in Budapest ermordet, nachdem Adolf Eichmann sein Büro in der Stadt eingerichtet hatte. Nach 1945 waren die meisten Häuser und repräsentativen Bauten zerstört, und obwohl die Kommunisten versuchten, das historische Erbe zu erhalten, investierte man doch vor allem in den Ausbau der Verkehrsinfrastruktur und in die Erweiterung der Trabantenstädte. Im Gegensatz zu anderen kommunistischen Ländern öffnete sich Ungarn schon ab den 70er-Jahren des 20. Jh. dem westlichen Tourismus, und mit dem Übergang zur Demokratie (1989) und dem Beitritt zur EU ist die Hauptstadt zu einem wichtigen wirtschaftlichen und kulturellen Zentrum Mitteleuropas geworden.

Burgberg

Mit der kleinen Zugseilbahn (Siklo), die vom Adam tér unweit der Kettenbrücke senkrecht den Hang hinaufführt, gelangt man auf den 60 m hohen Burghügel am rechten Ufer. Die weithin sichtbaren, repräsentativen Gebäude des **Burgpalastes** 1, der **Matthiaskirche** 2 und der **Fischerbastei** 3 sind nun leicht zu erreichen. Daneben ermöglichen die schmalen Gassen des mit Renaissance- und Barockarchitektur, Museen und Cafés reich bestückten **Burgviertels** einen Streifzug durch das älteste Kapitel der Stadtgeschichte.

Burgpalast

Die ursprüngliche Anlage geht auf das 13. Jh. zurück, hat jedoch etliche Zerstörungen, Ausbauten und Umgestaltungen erfahren. Zuletzt wurde der Palast 1945 vollständig zerbombt, aus den Trümmern konnten aber etliche Stücke geborgen werden, die im heutigen Palast im **Historischen Museum** ausgestellt werden (Flügel E, Mai–Sept. tgl. 10–18, sonst Mi–Mo 10–16 Uhr). Bei der Rekonstruktion des Palasts in der im 20. Jh. hielt man sich an die zuletzt realisierte Bauversion vom Ende des 19. Jh., nur die Befestigungsanlagen und der Stephansturm kopieren die mittelalterlichen Vorbilder. Auch sind die Fassade und die mächtige Kuppel heute kleiner als im Original. Trotzdem ist die Wirkung des lang gestreckten Baus noch immer gewaltig genug. In den Flügeln sind verschiedene Museen und die alte **Corvenius-Palastbibliothek** untergebracht, die auf die berühmte Sammlung von König Matthias zurückgeht. Sehenswert ist vor allem die **Ungarische Nationalgalerie** im Hauptflügel; sie zeigt Kunstwerke vom Mittelalter bis zur Gegenwart, darunter viele Kostbarkeiten des Barock (Flügel B, C, D, www.mng.hu, Di–So 10–18 Uhr). Das **Ludwig Museum,** das auf eine Schenkung des Sammlerehepaars Irene und Peter Ludwig zurückgeht, fasziniert mit zeitgenössischen Werken – von Warhol bis zur russischen Avantgarde (Flügel A) (Di–So 10–18 Uhr).

Matthiaskirche

Die Kirche am großen Dreifaltigkeitsplatz ist ein besonderes Beispiel sakralen Neuanfangs. Unter dem Namen ›Liebfrauenkirche‹ im 13. Jh. entstanden, wurde sie in osmanischen Zeiten zur Moschee, dann zur barocken Jesuitenkirche, bis sie schließlich zwischen 1873 und 1895 ihr neogotisches Gesicht und den Namen ihres spendablen Mäzens, Matthias Corvinus, erhielt. Franz Josef I. und Elisabeth heirateten in dieser Kirche zu den Klängen von Franz Liszts Krönungsmesse, König Matthias wurde hier gleich zweimal getraut. Das Innere der Kirche beeindruckt durch seine ausdrucksstarken Wandmalereien, die farbenfrohen Ornamente der Säulen und den reichen Einsatz von Blattgold.

Fischerbastei

Zum Donauufer hin säumen die Arkaden, Zinnen und Erker der Fischerbas-

Romantisch und schön: die Fischerbastei

tei mit ihren spitz zulaufenden ›Zipfelmützen-Türmchen‹ den Platz vor der Matthiaskirche. Die romantische Festungsanlage, die aus der phantastischen (und mitunter kitschigen) Welt der Kinderbücher stammen könnte, ist das Werk des Architekten Frigyes Schulek, auf den auch die Gestaltung der Matthiaskirche zurückgeht. Von hier hat man einen herrlichen Blick über den Fluss und die gegenüberliegende Stadt.

Burgviertel

Zwischen der Palastanlage und dem Wiener Tor im Norden drängen sich die Herrenhäuser des alten Buda, jedes einzelne ein Paradebeispiel barocker oder klassizistischer Baukunst. Aber auch Beispiele der Zopfstilarchitektur (z. B. in der Fortuna utca) oder mittelalterlicher Häuser im gotischen Stil (Úri utca, Tárnok utca und Országház utca) lassen sich entdecken. Von der Úri utca Nr. 9 kann man sogar in die **unterirdischen Gewölbe** 4 der alten Burg eindringen. Der 1200 m lange Spaziergang durch die schummrigen Gänge vermittelt Einblicke in die ungarische Geschichte anhand historischer Szenen, die mit Wachsfiguren nachgestellt wurden (tgl. 9.30–19.30 Uhr).

Selbst das supermoderne Hotel Hilton hält hinter seiner spiegelnden Glasfassade ein Stück mittelalterlicher Vergangenheit versteckt: Turm und Kreuzgang des einstigen Dominikanerklosters wurden in die Hotelarchitektur integriert. Neben zahllosen Restaurants, Cafés, Läden und Boutiquen findet man im Burgviertel einen kleinen Kunst- und Souvenirmarkt am Wiener Tor.

Das Wasser des Széchenyi-Thermalbads kommt aus 970 m Tiefe

Wasserstadt und Gellertberg

Der Weg nordwärts entlang der Donaupromenade führt über den Adam tér in das Viertel der **Wasserstadt** (oder ›Tabán‹), in dessen kurvenreichen Gassen schon früh Handwerker, Fischer und Kaufleute ansässig wurden. Viele schöne Gebäude aus dem 18. Jh., die hübsche **St. Annenkirche** 5 mit ihren zwei Barocktürmen und vor allem das **Königsbad** 6 – ein im 16. Jh. errichtetes türkisches Badehaus – gehören hier zu den Sehenswürdigkeiten. Das Innere des niedrigen türkischen Kuppelbaus ist Männern und Frauen an jeweils verschiedenen Tagen zugänglich, man sollte sich daher vorab informieren (Fő utca 82–84, Tel. 01-2 01 43 92).

Südlich vom Burgberg bildet der Gellertberg den Abschluss der Hügelkette am rechtsseitigen Donauufer. Auf der Spitze des etwa 150 m hohen Felsmassivs befindet sich an der ehemaligen habsburgischen **Zitadelle** 7 ein Aussichtspunkt, von dem sich ein wunderbares Panorama bietet. Hier steht auch das 14 m hohe Freiheitsdenkmal, das den Soldaten der Roten Armee nach der Befreiung vom Faschismus gewidmet wurde. Am unteren Hügelrand erwartet das berühmte **Gellérthotel und -bad** 8 seine Gäste. Das prächtige Badehaus im Jugendstil wurde 1918 eröffnet, noch heute kann man von 6 Uhr morgens bis spät nachts (nur in der Hochsaison) in den Thermalwassern kuren und schwimmen. Unter Wahrung des alten Ambientes wurde das Bad in den 1980er-Jahren umgebaut und um moderne Sprudel-, Wellen-, Schwimm- und Freibadbecken erweitert (Kelenhegyi út 2–4, Tel. 01-4 66 61 66).

Thermalbäder

Entlang des rechten Donauufers gibt es noch mehr Bäder zu entdecken, in denen man die heilende Wirkung der insgesamt 133 Thermalquellen Budapests testen kann. Das **Rác** und das **Rudas** gehören ebenso wie das **Lukács** und **Czaszar** dazu, offene Thermalbecken finden sich bei den Bädern auf der Margareteninsel und im Stadtwäldchen.

Donaubrücken und Pester Altstadt

Die zahlreichen, nachts beleuchteten Brücken sind in Budapest mehr als nur Verbindungswege. Jede von ihnen hat ihre eigene Geschichte. Die älteste und schönste ist sicherlich die **Kettenbrücke,** bereits 1848 ließ sie der reformerische Graf Sechenzy nach Plänen von Tierney W. Clark und Adam Clark erbauen. Die längste ist die **Árpádbrücke** mit sagenhaften 982 m, die jüngste die Lágymányosibrücke im Süden. Alle Brücken mussten nach dem Zweiten Weltkrieg restauriert werden, da die abziehenden deutschen Truppen die Donauübergänge gesprengt hatten.

Das Altstadtviertel von Pest befindet sich etwa zwischen **Freiheitsbrücke** und Kettenbrücke. Entlang der Ringstraße, die sich von der Freiheitsbrücke bis zum Deák tér hinzieht, verlief die alte Stadtmauer. Von den alten

Budapests berühmte Kettenbrücke

Befestigungen ist heute nichts mehr zu sehen, nur das Mercurhotel am Calvinplatz hat in seine Fassade eine symbolische gläserne Passage an der Stelle des alten Stadttors eingefügt.

Markthalle

Unweit der Freiheitsbrücke liegt der hübsche rotweiße Klinkerbau der alten **Pester Markthalle** 9. Die riesige Kaufhalle wurde 1896 eröffnet und ist durch hohe Stahlkonstruktionen, Brückchen und umlaufende Galerien in mehrere Ebenen eingeteilt. Trotz der vielen Stände und Menschen, die sich hier zusammenfinden, vermittelt der Bau, nicht zuletzt durch seine vielen Bogenfenster, eine heitere, luftige Atmosphäre. Heutzutage ist das Einkaufsparadies vorwiegend auf Touristen eingestellt, die Preise sind in den letzten Jahren um 10 bis 20 % gestiegen. Das Angebot reicht von Lebensmitteln über Souvenirs und Kunsthandwerk bis hin zu Kleidung. Einige Imbisscafés bieten herzhafte Snacks und Getränke.

Nationalmuseum

Ein Abstecher nach Nordosten führt von der Markthalle über den kleinen Ring zum **Nationalmuseum** 10. Die hohen Säulen des klassizistischen ›Tempels‹ und seine breite Freitreppe erstrahlen wieder in frischem Weiß, sodass der gewaltige Bau sich malerisch von der gepflegten Grünanlage, die ihn umgibt, abhebt. In dem Museum befinden sich einige der wertvollsten Schätze der ungarischen Geschichte, von der Urzeit über die Zeit der Entstehung des Königreichs bis hin zur Moderne (Múzeum körút 14–16, Di–So 10–18 Uhr).

Zwischen Markthalle und Vörösmarty tér

Die **Váci utca,** die parallel zur Donau von Süden nach Norden führt, ist die nobelste Budapester Flanier- und Einkaufsmeile. Berühmte internationale Marken sind mit ihren Filialen hier vertreten, zahllose Cafés und Souvenir-

geschäfte, Antiquitätenläden und Galerien präsentieren ein schmuckes, aber teures Angebot. Hier und in den rechts und links abzweigenden Gassen stehen schöne alte Bürgerhäuser mit reich verzierten historischen Fassaden, mit Erkern, Balkonen und kleinen Innenhöfen.

Ein Abstecher zum traditionsreichen **Literatencafé Central** 11 in der Károlyi Mihály utca ermöglicht einen Einblick in das stuckverzierte Innenleben der Häuser. Unberührt von aller Großstadthektik befindet sich unweit des Cafés ein hübscher kleiner Park. Nahe der **Elisabethbrücke** liegt heute die barocke zweitürmige **Innerstädtische Pfarrkirche** 12, die in ihren romanischen Ursprüngen auf das 12. Jh. zurückgeht und damit zu den ältesten Kirchen der Stadt gehört. Neben der Kirche sind einige Fundamente eines alten **römischen Kastells** 13 freigelegt worden, nördlich davon führt die Fußgängerpromenade zu der romantischen Pester **Redoute** 14, deren hochstrebende Fassaden mit kleinen allegorischen Figuren und maurischen Türmen reich geschmückt sind. Hier fanden ehemals die großen Bälle der Pester

Adelsgesellschaft statt, im großen Hauptsaal brachten Liszt, Brahms und Debussy ihre Werke zur Aufführung.

Bevor man sich an dem nahe gelegenen **Vörösmarty tér** dem Sog des bunten Kunst- und Handelsmarkts mit seinen Straßenmalern, Mimen und Musikern mitreißen lässt oder sich in der berühmten **Konditorei Gerbeaud** 15, zu Kaffee und Kuchen niederlässt, sollte man einen Abstecher in Richtung des Kleinen Rings unternehmen. Das vierstöckige **Rathaus** 16 in der Városház utca hat diverse, reich verzierte Innenhöfe, auch die fast 200 m lange Außenfassade ist üppig barock gestaltet. Nordöstlich des Gebäudes außerhalb der ehemaligen Stadtmauer begann früher das jüdische Viertel, dessen Zentrum die **Große Synagoge** 17 bildet. Die jüdische Gemeinde, die hier ansässig war, ist größtenteils der mörderischen Vernichtungspolitik Adolf Eichmanns zum Opfer gefallen. Heute zeigt sich ein zaghafter Neubeginn: Einige koschere Restaurants, jüdische Schulen, Galerien und Läden haben sich in dem ›goldenen Dreieck‹, wie das Viertel genannt wird, niedergelassen.

Große Synagoge

Zwei maurisch-byzantinisch anmutende Kuppeln krönen die schmalen Türme dieser größten **Synagoge** Europas, auch die Ornamente der gelbroten Ziegelfassade weisen auf maurische Architektureinflüsse hin. In dem Haus neben der Synagoge, dem Geburtshaus Theodor Herzls, ist das **Jüdische Museum** 17 eingerichtet worden. Kultobjekte und Gegenstände aus dem jüdischen Alltagsleben, vor allem aber die Dokumentation des Holocaust geben Einblick in die Geschichte der jüdischen Gemeinde der Stadt (Dohány utca 2, Mai–Okt. Mo–Do 10–17 Uhr, Fr, So 10–14, Nov.–April Mo–Do 10–15 Uhr).

Erzsébet tér bis Margaretenbrücke

Unweit des Vörösmarty tér bildet der große, mit zahlreichen Grünanlagen, Fontänen und Skulpturen gestaltete **Erzsébet tér** eine angenehm ruhige Oase. In der Mitte des Platzes findet man die Budapester Variante der allegorischen Donaudarstellungen – diesmal mit ihren ungarischen ›Schwestern‹ Drau, Theiß und Save.

Stephans-Basilika

Von 1851 bis 1905 sollte es dauern, bis die größte und höchste Budapester **Stadtkirche** 18 fertig gebaut und eingeweiht werden konnte. Zwischendurch stürzte die riesige Kuppel noch einmal in sich zusammen, die Pläne mussten geändert werden und ein anderer Architekt (Miklos Ybl) übernahm das Projekt. Beendet wurde es von einem Dritten (Josef Kauser), das Ergebnis kann sich sehen lassen bzw. ist von fast jedem Standpunkt innerhalb der Stadt nicht zu übersehen: Die mächtige Hauptkuppel über der dreischiffigen Anlage ragt weit in die Höhe, zwei weitere Türme flankieren das Eingangsportal. Auch die Inneneinrichtung ist vom Feinsten: Namhafte ungarische Maler und Bildhauer übernahmen die

Ausgestaltung mit Mosaiken, Wandmalereien und Statuen. Den allgemeinen Dimensionen entsprechend, ist auch die hiesige Devotionalie von besonderer Qualität: In der Kapelle ist die einbalsamierte rechte Hand des ersten ungarischen Christenkönigs Stephan zu besichtigen.

Die **Kettenbrücke** 19 befindet sich etwa auf derselben Höhe wie die Basilika. Wer nicht sofort ihre geschwungene Konstruktion und steinernen Löwen von nahem studieren will, sollte weiter nordwärts dem Donauufer zustreben. Auf dem Weg passiert man die von Ödön Lechner entworfene **ehemalige Postsparkasse** 20, deren schlichte Jugendstilfassade in ein Dach übergeht, das mit seinen farbigen Ziegeln recht verspielt wirkt.

Das **Ethnographische Museum** 21, ein prächtiges klassizistisches Bauwerk, wurde zwischen 1893 und 1896 von dem Architekten Hauszmann für den obersten Gerichtshof des Landes errichtet. Sehenswert ist neben der ausgestellten Volkskunst, Kleidung und Alltagskultur das ebenso harmonisch wie großzügig gestaltete Treppenhaus.

Parlament

Imre Steindl gewann 1885 den Wettbewerb um die architektonische Ausdrucksform, in der Ungarns Größe und Macht der Welt angemessen präsentiert werden sollte. Zwar war das Land damals noch erheblich größer, trotzdem spricht das monumentale Bauwerk 22 am Donauufer für ein überaus gesundes nationales Selbstbewusstsein. Über 268 m zieht sich die reich verzierte Längsfassade hin, die Spitze der runden Hauptkuppel reicht 96 m in die Höhe. Der Stil orientiert sich an der englischen Gotik, die zahlreichen spitzen Türmchen und hohen Bogenfenster gehören zu den meist fotografierten Motiven der Stadt. Wer die 27 m hohe farbenfrohe Kuppelhalle, weitere Räumlichkeiten oder gar die Stephanskrone sehen möchte, kann die Eintrittskarte am Tor X erwerben (Kossuth Lajos tér, Führung auf Deutsch tgl. 11 Uhr, Juli–Sept. auch 15 Uhr).

Margareteninsel

Die 2,5 km lange autofreie Insel 23 zwischen Margareten- und Árpádbrücke hatte sich vormals die gleichnamige Königstochter von Béla IV. zur klösterlichen Einkehr ausgesucht. Heute geht es immer noch beschaulich zu, wenngleich ohne fromme Zurückhaltung. Freizeit- und Sportanlagen (Palatinus-Strandbad!), Wellnesshotels und Restaurants finden sich in dem ausgedehnten Gartenpark ebenso wie römische und klösterliche Ruinen, romantische Wasserläufe und viele Rosen.

Große Ringstraße und Andrássay út

An der Stelle, wo heute die Margaretenbrücke auf das Pester Ufer trifft, zweigte einst ein Seitenarm der Donau ab. Dieser wurde zugeschüttet und später über 4 km mit einer Ringstraße und einheitlich prächtigen Häusern und Palästen bis hin zur Petőfibrücke bebaut. Heute kann man mit den Straßenbahnlinien 4 und 6 entlang des

Rings fahren. Wer an der Petőfibrücke einsteigt, kann auf diese Weise das Gesamt-Ensemble ›erfahren‹ und z. B. das **Kunstgewerbemuseum** 24 oder das **New-York-Haus** 25 besichtigen. Das Museumsgebäude mit seinem grüngelben Ziegeldach ist ein Musterbeispiel der Jugendstilarchitektur und auch seine Sammlung ist eng mit dieser Epoche verbunden: internationale Möbel, Keramiken, Teppiche und Schmiedekunst (Ferenc tér aussteigen, Üllői út 33–37, Mai–Okt. Di–So 10–18, Nov.– April 10–16 Uhr). Das ›New York‹ (Erzsébet körút/Rákóczi út) mit seinem weithin sichtbaren Obelisk war eines der berühmtesten Cafés in der k. u. k. Monarchie (derzeit leider wegen Renovierungsarbeiten geschlossen). Eine entsprechende Pause kann man jedoch unweit der nächsten Station (Oktogon) am **Liszt-Platz** einlegen. Die vielen Cafés und Kneipen, die es rund um die Komponistenskulptur gibt, machen den Platz zu einem beliebten Treffpunkt.

Ein weiteres Highlight der Route ist die Eisenkonstruktion des von der Pariser Eiffel-Companie konzipierten **Westbahnhofs** 26 mit seiner riesigen gläsernen Halle. Von hier (über die Zsillinsky út) oder bereits vom **Oktogon,** dem 45 m großen achteckigen Platz mit alten Straßenlaternen und neuen Neonreklamen, lässt sich der Prachtstraßenspaziergang mit der Besichtigung der **Andrássy út** fortsetzen. Im innerstädtischen Teil der breiten, von hohen Bäumen beschatteten Repräsentationsstraße, die seit 2002 zum UNESCO-Welterbe zählt, säumen elegante hohe Bürgerhäuser und prächtige Stadtpaläste die Straße.

Das **Opernhaus** 27, errichtet im Stil der Neorenaissance mit vielen Arkaden und Skulpturen, verfügt über einen sagenhaften Konzertsaal und gehört ganz sicher zu den besonderen Sehenswürdigkeiten dieses Stadtbezirks. Im nordöstlichen Abschnitt ist die Straße noch breiter und zweireihig bepflanzt, wobei die Bebauung etwas aufgelockert ist. In die Villen sind größtenteils diplomatische Vertretungen eingezogen.

Heldenplatz und Stadtwäldchen

In der Mitte des Platzes, der noch immer zu Staatsempfängen genutzt wird, steht die 36 m hohe Millenniumssäule. Oben auf der Spitze hält Erzengel Gabriel Wacht, während sich unten sieben ungarische Fürsten zu Pferd um den Sockel drängen. In den Kolonnaden neben der Säule ergänzen weitere wichtige Herrscher und Freiheitskämpfer das Kapitel der ungarischen Heldengeschichte. Rings um den Platz gruppieren sich Museen: rein äußerlich zieht die mit farbenfrohen Ornamenten

Ausflugstipp

Die Vorortbahn, ein Sessellift und eine Zahnradbahn sowie die gut organisierte Kindereisenbahn garantieren schöne und unterhaltsame Ausflüge in die Umgebung. Schlösser, Tropfsteinhöhlen, Gipfelpanorama und romantische Orte im Donauknie können dabei entdeckt werden.

und Fresken geschmückte klassizistische **Kunsthalle** 28 den Betrachter in ihren Bann. Hier wie auch im **Museum der bildenden Künste** 29 werden nationale und internationale Meisterwerke präsentiert (Di–So 10–17.30 Uhr).

Der Heldenplatz wird vom **Stadtwäldchen** mit gepflegten Grünanlagen und zahlreichen Attraktionen umrahmt. Ein mittelalterlicher Architektur nachempfundenes Wasserschloss, ein großes Thermalbad, eine Kirmes mit Achterbahn, der Zoo, Museen und etliche Restaurants tragen zur Erholung und Unterhaltung bei.

Informationsbüro: Liszt-Ferenc tér 11, Tel. 01-3 22 40 98, Fax 3 42 93 90, Liszt@budapestinfo.hu, www.budapestinfo.hu, Mai–Okt. 9–19, Nov.–April 10–18 Uhr.

Die Luxushotels befinden sich alle im Zentrum, günstigere Alternativen finden sich in den Budaer Vororten. Bei den Touristenbüros oder über www.travelport.hu kann man sich über Privatquartiere und Hotels informieren. Im Voraus buchen sollte man unbedingt während der ›Formel-1-Saison‹ im August und zur Jahreswende.

Danubius Thermal Hotel 30: Margitsziget (Margareteninsel), Tel. 01-8 89 47 00, Fax 8 89 49 88, www.danubiusgroup.com/thermalhotel. Wenn schon, denn schon: In dem Wellnesshotel kann man kuren und wohnen, gehobener Komfort, Fahrradverleih und hoteleigene Thermalbäder gehören dazu. Durch die autofreie Umgebung der Insel ein ruhiger Ausgangspunkt zur Stadterkundung. DZ ab 144 €.

City Hotel Mátyás 31: Március 15, tér 7, Tel. 01-3 38 47 11, Fax 3 17 90 86, www.taverna.hu. Komfortables Hotel mit Traditionslokal in der Nähe der Flaniermeile Vaci utca. DZ 70–95 €.

Buda Villa Panzió 32: Kiss Áaron utca 6, 01-2 75 00 91, Fax 3 98 00 41, www.budapansio.hu. Privatpension im bergigen Budaer Vorort mit Deutsch sprechenden Gastgebern. Solide Zimmer. DZ ab 52 €.

Geschäftiges Treiben in der alten Pester Markthalle

Traditionslokale, Cafés und Teehäuser, internationale und typisch ungarische Spezialitäten – die kulinarische Palette ist weit gefächert.

Literatencafé Central 11**:** Károlyi Mihály utca 9, Tel. 01-2 66 21 10, tgl. 8–24 Uhr, Preise zwischen 5 und 20 €.

Articzóka 33**:** Zichy Jenö utca 17, Tel. 01-3 02 77 57, tgl. 11–24 Uhr. Live-Konzerte, Dachterrasse und Palmengarten sowie ausgezeichnete Gerichte machen das preisgekrönte Restaurant seit Jahren berühmt. Gerichte ab 8 €.

Kulacs Etterem 34**:** Osvat utca 11, Tel. 01-3 22 36 11, 11–24 Uhr. Echt ungarische Atmosphäre, Gerichte zu angemessenen Preisen. 10–25 €.

Marquis des Salade 35**:** Hajos utca 43, Tel. 01-3 02 40 86, tgl. 12–24 Uhr. In dem Kellergewölbe mit orientalischem Dekor wird eine ausgezeichnete internationale Küche geboten – auf der Karte stehen vor allem hervorragende georgische, aserbaidschanische und russische Spezialitäten. Gerichte ab 10 €.

Die zentrale **Markthalle** (s. S. 146) und die sich daran anschließende **Vaci utca** sind zu beliebten touristischen Einkaufsadressen geworden. Lebensmittel, Souvenirs, Antiquitäten und Wein (Letzterer auch in den Seitenstraßen der Vaci utca) sind zu relativ hohen Preisen zu kaufen. Die **Falk Miksa utca** wiederum gilt als ›Galeriemeile‹ und wichtigste Adresse im Kunsthandel, ausländische Bücher und Zeitschriften findet man u. a. in der **Városház utca 3–5**.

Um den großen Ring in den Diskotheken und Kneipen, aber auch auf der Vörösmarty tér, der Váci utca und der Donaupromenade boomt das Budapester Nachtleben. Ruhiger ist es auf der Budaer Seite, obwohl man auch hier in vielen schönen Kneipen die nächtliche Donaukulisse genießen kann. Übrigens kann man auch auf der Zitadelle ›abtanzen‹ – im Sommer ist hier eine große Disko.

Durchs Jahr führen Neujahrsfest, Frühlingsfestival **(März)**, Donaukarneval **(Juni)**, Budafest **(Juli/August)**, Sziget-Fest **(August)**, Jüdisches Sommerfestival **(Anfang September)**, Weinfest **(Mitte September)** und Herbstfestival **(Oktober)** mit jeweils vielen Konzerten, Theatervorführungen und Folklore. Informationen zu wechselnden Veranstaltungen, Diskotheken, Bars und Restaurants liefert die deutsch-ungarische Monatsschrift ›City Budapest‹ im Tourismusbüro oder unter www.budapestinfo.hu.

Die Margareteninsel und das Stadtwäldchen bieten mit autofreien Fahrrad- und Spazierwegen, Bade- und Vergnügungsstätten ein zusätzliches Unterhaltungsprogramm.

Internationaler **Flughafen** Ferihegy, Tel. 01-2 96 96 96, etwa 28 km südöstlich vom Zentrum, regelmäßige Linienbusverbindungen zum Erzsébet tér, Minibusse und Taxen. **Bahnhof:** Déli- (Süd-), Keleti- (Ost-) und Nyugati- (West-) Bahnhof verbinden Budapest mit 25 Hauptstädten Europas. Informationen über Preise und Zeiten unter Tel. 01-4 61 55 00 (auch deutsch) sowie www.mav.hu oder www.elvira.hu. **Linienschiffe** verkehren von April–Nov. zwischen Wien, Bratislava und Budapest sowie nach Szentendre im Donauknie. Anleger: Belgrád rakpart, Tel. 01-4 84 40 10/25 www.marhartpassnave.hu. Ausflugsschiffe vom Vigadó tér und an der Elisabethbrücke. **Stadtverkehr:** Busse, Straßenbahnen und drei Metrolinien bedienen den öffentlichen Stadtverkehr, Fahrkarten zum Normaltarif gelten nur für eine Fahrt ohne Umsteigen, ansonsten muss man ein Umsteigeticket lösen.

DONAUBAROCK

Von der Quelle bis an die ehemalige habsburgische Reichsgrenze bei Novi Sad und Belgrad und sogar noch weiter stromabwärts wird die Donau vorwiegend von farbenfroher und formenreicher Architektur im Stil des Barock gesäumt. Ganz abgesehen von den üppig verzierten Kirchen und Klöstern mit ihrer meisterlichen Innendekoration finden sich selbst in den kleinsten Ortschaften noch Dreifaltigkeitssäulen oder Brunnen mit phantasievollen Figurengruppen und goldglänzenden Ornamenten. Auch die barocken Bürgerhäuser, die Stadtpaläste und Schlösser vermitteln mit ihren geschwungenen Formen und markanten Glanzpunkten den Eindruck von Lebensfreude, Triumph und Macht im einstigen Kaiserreich. Tatsächlich gab es mit dem Einsetzen der als ›Gegenreformation‹ höfisch inszenierten Barockisierung im 17. Jh. für das Kaiserreich genügend Gründe zum Feiern: Religions- und Bauernkriege schienen besiegt, die Pestepidemien überwunden und sogar die Türken und Kuruzzen (ungarische Aufständische), die 1683 vor Wien erschienen waren, konnten vertrieben werden.

Als 1713 Karl VI. durch ein neues Dekret vereinbarte, dass die ihm unterstehenden Länder fortan »untrennbar, unteilbar unter einem Herrscher vereinigt« bleiben sollten, schien das Haus Habsburg auf dem Höhepunkt seiner Macht angelangt zu sein. Nichts schien (buchstäblich) ›glanzvoller‹ die Blüte des Reiches zu demonstrieren als die dynamischen Formen des Barock, den man ja hinreichend aus Italien kannte. So waren es auch oftmals italienische Architekten wie die Brüder Assam, Carlo Canevale, Andrea del Pozzo und Carlo Antonio Carlone, die vom Hof oder Klerus gerufen wurden, um Kirchen, Klöster und Schlösser nach den Grundsätzen dieses Stil umzubauen oder neu zu errichten. Alte Kirchenformen wurden dabei oft so gekonnt architektonisch ›umspielt‹, dass in ihnen ein völlig neues Raumgefühl entstehen konnte, obwohl die Kernsubstanz erhalten geblieben war. Bald traten auch einheimische Künstler ins Rampenlicht, etwa Andreas Mayerhoffer (1690–1771), Johann Bernard Fischer von Erlach (1656–1723), Johann Lukas von Hildebrandt (1668–1745), Jakob Prandtauer (1660–1726) und Josef Munggenast (1680–1741), die mit ihrem umtriebigen Wirken und meisterlichen Bauresultaten untrennbar mit der Blüte barocker Architektur an der Donau verbunden sind.

Begleitet wurde der Bauboom von Bildhauern wie dem berühmten Georg Rafael Donner, dem u. a. Wien und Bratislava zahlreiche Putten, Engel und allegorischen Figurengruppen zu verdanken haben, und von ebenso kreativen wie namhaften Malern, die die Wände und Decken der Gebäude mit Wolken, Engeln und allegorischen Szenen füllen. Ein Höhepunkt in der Deckenmalerei bildete die aus Italien übernommene Technik, echte und gemalte Architektur perspektivisch ineinander übergehen zu lassen und so die Illusion einer Erweiterung des Raumes zu wecken.

Von der Ungarischen Tiefebene ins Donaudelta

Beim Paprika-fest in Kalocsa

Reiseatlas S. 233–239

VON DUNAÚJVÁROS BIS BELGRAD

Nicht nur Puszta und Paprika bietet die Reise entlang der Donau in der ungarischen Tiefebene. Hier wie auch an den kroatischen und serbischen Ufern haben unterschiedlichste kulturelle Einflüsse ihre Spuren hinterlassen, etwa die ›Schwabendörfer‹ in Ungarn und die vielen Architekturdenkmäler in Novi Sad und Belgrad. Genauso präsent ist das neue Lebensgefühl der jungen Nationalstaaten und deren sehr vitale Kulturszene.

Ungarische Tiefebene

Reiseatlas: S. 233, E–F 3–4

Nach Budapest durchfließt die Donau in vielen Windungen die breite Ebene des ungarischen Tieflands. Nur wenige sanfte Hügel erheben sich in der von Mais-, Sonnenblumen- und Paprikafeldern geprägten Landschaft. Irgendwo fern am Horizont beginnt die Puszta, das flache Weideland, karg, einsam und mit romantischen Ziehbrunnen bestückt – so zumindest das Klischee –, nur dass die ›Chickos‹, die Hirten mit den langen Peitschen und wendigen Pferden heute dem Tourismus statt der Rinderzucht zuarbeiten.

Dunaújváros

In Dunaújváros, früher Sztalinváros, sollte nach dem Zweiten Weltkrieg ein Industrieort zur sozialistischen Musterstadt entwickelt werden. So entstand rund um die Hochöfen und Stahlwerke eine Welt aus Marmor, Granit und Beton. Breite Boulevards werden von Häuserreihen im Stil der stalinistischen Architektur gesäumt, gewundene Treppen führen zu riesigen Plätzen mit Mosaiken und heroischen Skulpturen. Mit der politischen Wende verschwanden nicht nur die alten sozialistischen Ideale – auch das wirtschaftliche Potenzial des Städtchens ging erheblich zurück. Doch im Jahr 2003 begab sich noch einmal Erstaunliches: In einer Nacht- und Nebelaktion wurde ausgerechnet eine Leninstatue neu aufgestellt. Die Stadtbehörde hatte den Mann mit dem Käppchen als »historisch wichtige Persönlichkeit« für denkmalwürdig befunden, gleichzeitig fürchtete man eine empörte Reaktion der Bürger, die ja erst ein Jahrzehnt zuvor die Statuen des sozialistischen Führers aus dem Budapester Stadtpark entfernt hatten. Doch alles blieb ruhig, nur Lenin wirkt müde.

Dunaföldvár

Eine schmale **Brücke** aus grünen Stahlgittern führt zu dem hübschen

Ort Dunaföldvár am rechten Donauufer. Dem Erbauer des stark frequentierten Verkehrsweges, Jozsef Bezede, begegnet man bald darauf in Form einer lebensgroßen Skulptur: Mit ausgestreckter Hand späht der Baumeister hier durch einen Theodolithen, als wolle er noch einmal überprüfen, ob sein Werk auch korrekt ausgeführt wurde. Die meisten Sehenswürdigkeiten des Ortes liegen unweit der Brücke im Viertel zwischen Donau und Kossuth Lajos Straße. Schon von ferne sieht man den quadratischen **Turm der alten Festungsanlage,** in dem sich heute ein kleines **Waffenmuseum** (10–18 Uhr) befindet. Hübscher als der Turm ist noch das reich verzierte hölzerne Stadttor – die Kunstfertigkeit der hiesigen Holzschnitzer kann man im dazugehörigen **Museum** (10–18 Uhr) bewundern. Auch mehrere **barocke Kirchen** liegen in unmittelbarer Nähe, die hohen, schlanken Türme sind nicht zu übersehen, obwohl die Gotteshäuser ansonsten teilweise zwischen den Wohnhäusern errichtet wurden.

Tourist-Information: Rákóczi 2, Fax 34 11 76, www.dunafoldvar.hu.

Kalocsa

Das Städtchen liegt auf einer kleinen Anhöhe etwas zurückgesetzt vom Donauufer und vermittelt mit seinen baumbestandenen Straßen, den gelben Fassaden der schönen Bürgerhäuser, kleinen Cafés und Plätzen eine ebenso nostalgische wie gemütliche Atmosphäre. Am **Hauptplatz** (Szentháromság tér 1) imponiert die gewaltige **Barockkathedrale.** Das Ensemble des Platzes wird durch die **Dreifaltigkeitssäule** und das **Erzbischöfliche Palais** ergänzt – das hiesige Erzbistum kann auf gut 1000 Jahre Geschichte verweisen. Entsprechend gelten die Kopfreliquien des Staats- und Kirchengründers Stephan als wertvollstes Gut der **Schatzkammer.** Auch die **Bibliothek** des Palastes hat etliche handschriftliche und gedruckte Schätze zu bieten. Vor allem aber ist es die lebendige Gestaltung der Innenräume, die hier wie auch in der Kathedrale beeindruckt. Mitunter hat man das Glück, die hervorragende Akustik des Gotteshauses durch ein Orgelkonzert kennen zu lernen. Schon Franz Liszt hat hier gespielt (Di–So 9–17 Uhr).

Unweit des Kirchenensembles strömen die Touristen in ein unscheinbares kleines Gebäude an der Szent István Király ut 6, denn hier wird die zweite Attraktion Kalocsas präsentiert – Paprika. Seit Jahrhunderten wird das Gemüse hier weiterverarbeitet, 45 % der ungarischen Produktion entstammen den hiesigen Fabriken. Sämtliche Techniken und Gerätschaften der Produktion und Verarbeitung werden auf den zwei Etagen des **Paprikamuseums** gezeigt, so z. B. eine Donau-Wassermühle mit Haus- und Arbeitsboot. Selbstverständlich bietet das Museum seinen Besuchern Produkte aus einem reichen Sortiment auch zum Kauf an (Di–So 10–16.30 Uhr).

Ansonsten wird in Kalosca vor allem gesessen und gemalt, jedenfalls gilt das für die Frauen. Ersteres hängt mit dem hiesigen größten ungarischen Frauengefängnis zusammen, Letzteres

Highlights en bloc

In einem der kleinen Lokale der Fußgängerzone im Zentrum kann man Kalocsas Highlights noch einmal gleichsam en bloc genießen: Alte Bürgerhäuser, eine Skulpturenreihe von Erzbischöfen, ein kleiner Brunnen und dekorative Blumenrabatten schmücken den Platz. Selbstverständlich wird das Essen mit reichlich Paprika gewürzt.

mit dem **Volkskundemuseum**, das in einem traditionellen Landhaus (Tompa Mihály ut 7) untergebracht ist, dessen Wände mit Motiven der traditionellen Stickereien bemalt sind. Diese Motive finden sich auch auf Keramiken und Möbeln, die man im Laden neben dem Museum kaufen kann (10–16.30 Uhr).

Tourist-Information: Im Paprikamuseum, Szent István Király 6, Tel. 078-3 09 45 97 71, Fax 78 46 16 76, www.koronatours.hu, www.kalocsa.hu.

Naturpark Donau-Drava

Reiseatlas: S. 234, A 1
Gegenüber von Baja zieht sich das Gemencer Waldreservat am rechtsseitigen Ufer bis zur kroatischen Grenze hin. Seit 1996 gehört die Landschaft mit ihren vielen selten Tieren zum Naturpark Donau-Drava (in Kroatien Kopački Rit). In **Baja** und **Mohács** können Bootsausflüge gebucht werden.

Erntearbeiterinnen bei Kalocsa, dem Zentrum der ungarischen Paprikaindustrie

DIE DONAUSCHWABEN

Stefan Ulmenhofer sitzt gemütlich mit Frau und Schwägerin vor der Mauer seines hübschen, weiß gekalkten Hauses und hält ein Schwätzchen. Zu bereden gibt es viel, denn gerade erst ist die uralte Marienstatue, die die Gemeinde der Donauschwaben von Hajos vor Jahrhunderten aus der Heimat mit in den ungarischen Ort gebracht hat, vom Restaurator zurück, was heute mit einem Gottesdienst gefeiert werden soll. Dass Herrn Ulmenhofers Vorfahr, ein katholischer Seilermeister aus Posen, gerade hier landete, ist nur teilweise Zufall: Im 18. Jh. versuchte die Habsburger Regierung die durch Türkenkriege und Aufstände weitgehend entvölkerte Region der ungarischen Tiefebene zu kolonisieren und holte dafür vorwiegend Fachkräfte katholischen Glaubens ins neu eroberte Land, da man sich von ihnen besondere Treue zum Habsburgerhaus versprach. Unter dem preußischen ›Alten Fritz‹ kamen dann später auch zahlreiche Protestanten an die Donau, die sich vor allem in Siebenbürgen niederließen. Die Werber versprachen den umzugswilligen Handwerkern und Bauern niedrige Steuern, Land und Befreiung vom Wehrdienst. Vor allem in Baden und Württemberg, aber (wie man an Ulmenhofer sieht) auch in anderen Teilen des Kaiserreichs stieß die Kampagne auf offene Ohren. In drei großen ›Schwabenzügen‹ (1723–1726, 1763–1773, 1782–1787) fuhren die Abenteurer von Ulm aus die Donau herunter. Heute ist Ulm zum alljährlichen Treffpunkt und Zentrum der weit verstreuten, aber gut organisierten Donauschwabengemeinschaft geworden.

Ulmenhofers Urahn ist noch mit dem ersten Zug gekommen und hat so den ganzen mühevollen Urbanisierungsprozess miterlebt. Denn trotz aller optimistischen Versprechungen erwies sich das Leben in der neuen Heimat als hart. »Die ersten fanden den Tod, die zweiten die Not, die dritten kärglich Brot«, heißt es noch heute bei den Donauschwaben. Doch die Zähigkeit und technischen Fähigkeiten der Siedler zahlten sich aus: Längs der Donau wurden Sümpfe trockengelegt, aus Steppen entstanden fruchtbare Felder und die Häuschen und Gärten der Deutschen waren für ihre liebevolle Ordnung berühmt.

Nach dem Zweiten Weltkrieg wurden die ›Deutschen‹, die teilweise – wie auch Ulmenhofers Vater – mit einheimischen Anwohnern verwandt oder verheiratet waren, als ›faschistische Besatzer‹ aus ihren Häusern vertrieben. Viele Frauen und Kinder machten sich auf eine mühevolle Odyssee ›zurück‹ in ein Land, dass sie gar nicht kannten, während ihre Männer noch in Russland in Gefangenschaft waren oder erschossen wurden. Ulmenhofers Familie hatte noch Glück im Unglück: Die Familie blieb zusammen und, nachdem sie in Deutschland von Dorf zu Dorf geirrt waren, ohne eine Bleibe und Arbeit zu finden, gingen sie zurück, um als Angestellte in ihrem verstaatlichten Landwirtschaftbetrieb zu arbeiten. Heute hat der Rentner seinen Hof zurückgekauft, sein Sohn, drei Enkel und fünf Urenkel gehören zum Familienbetrieb.

Mohács

Die historische Bedeutung der kleinen Stadt unweit der Landesgrenze ist jedem ungarischen Schulkind geläufig: Bei der Schlacht von Mohács am 29. August 1526 gegen die Osmanen verloren an die 20 000 ungarische Soldaten und König Ludwig II. ihr Leben; mit der Niederlage begann eine 150 Jahre währende osmanische Besatzungszeit. Von den Kämpfen zeugen bis heute der **Türken-Gedenkhügel** (Richtung Sátorhely) mit einer Kriegs- und Archäologieausstellung, das städtische **Dorottya-Kanzsani-Museum** (Szerb ut 2) und die **Gedenkkirche** auf dem Schlachtfeld (Széchenyi tér), die zum 400. Jahrestag des Gemetzels erbaut wurde.

Der große ›Bosó‹-Faschingsumzug, der alljährlich im Februar stattfindet, sollte mit schrecklichen Masken und wilden Spielen angeblich nicht nur die bösen Geister, sondern symbolisch auch die Türken vertreiben.

Tourist-information: Városháza 1, Tel. 069-32 27 22, www.mohacs.hu.

Von der ungarischen Grenze bis Belgrad

Zwischen Mohács und Besdan wechselt die Donau die Landesgrenzen, gleichzeitig hat sie hier etwa die Hälfte ihres gesamten Laufs zurückgelegt. Sie verlässt Ungarn und fließt bis Ilok als Grenzfluss zwischen Kroatien und Serbien/Montenegro. Die vielen Kriege haben bei der ursprünglich bunt gemischten Bevölkerung der Region immer wieder traumatische Umsiedlungsprozesse eingeleitet – so blieb von der deutschen Minderheit, die bis 1944 fast ein Viertel der Bevölkerung ausmachte, nach dem Zweiten Weltkrieg kaum jemand in Jugoslawien; 1991, nach dem Krieg und Zerfall des Staates, verließen viele Ungarn und Kroaten die heutige (serbische) Vojvodina, während umgekehrt die meisten Serben aus dem kroatischen Slawonien fliehen mussten. Die intensive Kontrolle an den Zollstationen von Besdan und Batina, aber auch die traurigen Ruinen zerschossener Industrieanlagen und Häuser zeugen von den Konflikten, doch man merkt auch, dass hüben wie drüben versucht wird, eine gemeinsame touristische Infrastruktur aufzubauen.

Naturpark Kopački Rit und Osijek

Reiseatlas: S. 234, A 2

Auf kroatischer Seite gilt das 18 000 ha große Naturschutzgebiet Kopački Rit als größtes touristisches Potenzial an der Donau. Seit 1967 unter Naturschutz, ist die von unzähligen Flüsschen, Alt-Armen und Sümpfen durchzogene Landschaft Heimat seltener Vogel- und Fischarten sowie etlicher Waldtiere. Einst war der ausgedehnte Park Eigentum des Prinzen Eugen von Savoyen, später scheuchten auch Titos Jagdfreunde das Wild aus dem Unterholz. Radler, Jäger, Angler und Naturfreunde aus dem ›einfachen Volk‹ sind heute gern gesehene Gäste, denen man im Jagdzentrum hilfreich zur Seite steht: Im hübschen Schloss Eu-

Im Zentrum von Osijek, der bedeutendsten Stadt Slawoniens

gen Savoyski nahe der Ortschaft Bilje ist das Informationsbüro untergebracht, von wo aus Boots- und Wandertouren organisiert sowie Unterkünfte, Jagd- und Angelplätze vermittelt werden.

Zu den vielen Sehenswürdigkeiten der Umgebung (auch etwas abseits der Donau) gehören die Adelsitze in **Valpovo** und in **Donji Miholjac,** die Festungsreste von **Erdut** und natürlich das wirtschaftliche und administrative Zentrum der Region, Osijek. Immer wieder wird der Einfluss der habsburgischen bzw. westeuropäischen Architekten deutlich, sei es bei den romantischen Schlössern oder bei den pastellfarbenen Bürgerhäusern mit Stuckverzierungen und schlanken Türmchen im Zentrum von **Osijek.** Nicht zu übersehen ist auch, dass sich die repräsentativen Bauten sehr viel schneller von den Zerstörungen des Krieges erholt haben als die Gebäude in den Vororten und Dörfern. Während man in den kleineren Ortschaften immer noch auf halb zerstörte Häuser, Fabrikgerippe und ausgebrannte Ruinen trifft, ist Osijek mit seiner 90 m hohen gotischen Peter- und Paulskirche, dem ehrwürdigen Kapuzinerkloster, der Festung sowie alten Hotel- und Theatergebäuden vollkommen wiederaufgebaut. In der Festung informiert eine Ausstellung über die Geschichte Slawoniens. Hotels und Pensionen bieten zu relativ günstigen Preisen Unterkunft und touristisches Programm an (Infos unter www.tzosbarzup.hr und www.tzvsz.hr).

Tourist-Information: ul. Petefi Šandora 35, Bilje, Tel. 031-75 08 55, Fax 75 07 55. pp-kopacki-rit@os.tel.hr, www.kopacki-rit.com.

Naturpark Obere Donau, Apatin und Sombor

Reiseatlas: S. 234, A/B 2
Auch auf serbischer Seite wird die Donau von ebenso ausgedehnten wie wildwüchsigen Sumpflandschaften gesäumt. Allerdings findet sich an den Stränden schon sehr viel mehr touristische Infrastruktur, kleine Bungalowsiedlungen, Pensionen mit Boots- und Fahrradverleih sowie die landestypischen ›čardas‹ (Fischrestaurants), die unter den grünen Uferbäumen stehen. Von **Apatin,** einer aufgeräumten Kleinstadt mit unzähligen Kirchen und einer Synagoge gibt es seit 2005 sogar eine ausgearbeitete Fahrradroute, die durch Natur und kleine Dörfer bis nach Bačko N Selo führt. Auch ein Abstecher nach **Sombor** lohnt sich. Die Stadt begeistert nicht nur durch ihre schöne Architektur, sondern auch durch die vielen Baumalleen, die ein ›atemloser‹ Bürgermeister einst zur Therapie seines Lungenleidens anlegen ließ. In Sombor und Apatin wohnten bis 1944 vor allem ›Banater Schwaben‹, deutsche Kolonisten, die sich unter Maria Theresia hier angesiedelt hatten (Informationen zum Park und zu den Städten in Apatin, Petefi Šandora 2/a, Tel./Fax 025-77 25 55, www.turizam.apatin.com.)

Vukovar (Kroatien)

Reiseatlas: S. 234, B 2
Anders als Osijek hat sich die ehemals schöne Barockstadt Vukovar noch immer nicht von den Folgen des Krieges erholt. Zerschossene Wohnhäuser und Industrieanlagen – selbst in den restaurierten Teilen der Innenstadt ist noch manches Bauwerk reine Fassade ... Noch schwieriger sind die anderen Kriegswunden zu heilen: Vukovar wurde wie kaum eine andere Stadt während des Krieges blindwütig zerstört, Kämpfe und Massaker kosteten fast 2000 Menschen das Leben. Die meisten serbischen Bürger (immerhin 60 % der Bevölkerung Vukovars!) haben die Stadt verlassen. Seit 1995 hat die UNESCO eine Patenschaft übernommen, mit deren Hilfe nun einige der Kirchen und Paläste restauriert werden konnten. Das **Schloss der deutschen Adelsfamilie von Elz,** in dem das städtische Museum untergebracht ist (allerdings sind immer noch etliche Exponate im ›Exil‹), die **Nikolaikirche** aus dem 18. Jh. und das **Franziskanerkloster** etwas außerhalb der Ortschaft können besichtigt werden. Das Hotel Dunav (Trg Republike Hrvatske 1, Tel. 032-44 12 85) und einige Neubauten am Ufer der Donau zeugen vom aufkeimenden wirtschaftlichen Neubeginn in der Stadt. Im Jahr 2004 hat Vukovar wieder eine Anlegestelle für Schiffe eröffnet, eine Brücke zum serbischen Ufer ist in Planung.

Informationszentrum: J.J. Strossmayera 15, Tel. 032-44 28 89.

Ein einzigartiges Biotop: der Naturpark Kopački Rit

Ilok und Bačka Palanka

Reiseatlas: S. 234, B 3
Die mittelalterliche Festungsstadt Ilok liegt im östlichsten Zipfel Kroatiens, fast unmittelbar an der serbischen Grenze. Die roten Backsteine der alten Stadtmauern heben sich vom hoch gelegenen Donauufer ab, von hier eröffnet sich ein weiter Blick über den Fluss und die hügelige Landschaft des serbischen Naturschutzgebietes der Fruška Gora. An den Mauern steht die **Kirche des Hl. Ivana Kapistrana,** deren Schutzpatron seinerzeit mit einer selbst aufgestellten Armee gegen die Türken zog. Es half aber nichts, die Osmanen eroberten auch Ilok und machten es zu einem militärischen Stützpunkt. Heute künden außer den Wällen und der Kirche nur noch das **Stadtmuseum** und ein unterhalb der Mauern gelegenes **Kloster** von den vergangenen Zeiten. Doch auch auf andere Weise kann man der Vergangenheit huldigen: Seit jeher gilt die Region als hervorragendes Weinbaugebiet und es empfiehlt sich, auf der Terrasse eines der beschaulichen Cafés ein Glas Trmainac zu genießen.

Auf einem Kreuzfahrtschiff bei Vukovar

Von Ilok führt eine Brücke zur Ortschaft Bačka Palanka, wo ebenfalls ein hervorragender Wein produziert wird; an den Donauufern reicht man dazu pikante Fischsuppen und -speisen. Das Örtchen selbst hat zudem eine hübsche Kirche und ein kleines städtisches Museum zu bieten.

Naturparks Fruška Gora und Karađorđevo

Reiseatlas: S. 234, B–C 3

Im weiteren Verlauf des Flusses ist es bis Novi Sad dann vor allem wieder die Natur, die den Reiz der Region ausmacht. Wilde, bis zu 500 m hohe Hügellandschaften mit zahlreichen Pflanzen- und Tierarten prägen die Region des Naturparks **Fruška Gora** am südlichen Donauufer. In den Wäldern des 500 km^2 großen Gebietes liegen 17 orthodoxe Klöster, das älteste entstand 1477. Zwar haben die Mönche heute keinerlei Repressalien mehr zu fürchten, während der osmanischen Besatzung jedoch bildeten die klösterlichen Gemeinschaften ein Zentrum des Widerstands. Noch heute sind viele der Klöster in Betrieb, einige wurden zu Museen umfunktioniert.

Auf der anderen Donauseite erstrecken sich die Wälder des **Karađorđevo-Parks,** in denen neben Wildschweinen, Hirschen und Rebhühnern sogar noch Mufflons beheimatet sind.

Information zu Ausflügen und Wandertouren, Kartenmaterial und Unterkunft: Sremska Kamenica, Zmagev trg 1, Tel. 021-46 26 60, www.serbia-info.com/ntos/atr_frus.htm.

Novi Sad und Petrovaradin

Reiseatlas: S. 234, C 2/3
Die mächtige Festung Petrovaradin auf dem rechten, die malerische Altstadt von Novi Sad auf dem linken Donauufer – so präsentiert sich heute die Hauptstadt der autonomen Provinz Vojvodina. Mit ihren knapp 200 000 Einwohnern ist sie nach Belgrad die zweitgrößte Stadt Serbiens, bedeutender internationaler Messestandort sowie wichtiges kulturelles und universitäres Zentrum des Landes.

Das Altstadtzentrum mit unzähligen historischen Häusern und Kirchen zieht mit seinem fast italienisch anmutenden Flair die Touristen in seinen Bann.

Geschichte

Novi Sad bedeutet soviel wie ›neuer Garten‹, entsprechend jung ist die Stadt, die sich erst im 18. Jh. entwickelte, als sich Handwerker und Kaufleute aus den umliegenden Ländern, aber auch Griechen, Armenier, Juden und Deutsche im Schutze der Festung niederließen. Unter den Habsburgern erwarb sich Novi Sad den Status einer freien königlichen Stadt und es begann eine lebhafte Bautätigkeit. Wie auch Belgrad wurde die Stadt in den europäischen Kriegswirren immer wieder attackiert: 1849 zerstörten die Ungarn mehr als drei Viertel der Gebäude, im Zweiten Weltkrieg kam ein Großteil der meist jüdischen Bevölkerung durch die Gräueltaten des ungarischen Horthy-Regimes um. Während der sozialistischen Periode erholte sich die Stadt allmählich und wurde zum wirtschaftlichen und kulturellen Zentrum der Provinz. Im Kosovokrieg wurde sie 1999 zum Angriffsziel der NATO – sämtliche Brücken und ein Großteil der Industrieanlagen wurden zerbombt.

Trg Slobodenska und Umgebung

Hauptplatz und Mittelpunkt der Stadt ist der **Freiheitsplatz**, an dem sich früher der Markt befand. Durch die ungarischen Angriffe im Jahr 1849 ist von der ursprünglichen Bebauung leider nichts erhalten geblieben, alle heutigen Gebäude stammen aus der Zeit der Jahrhundertwende, sind wunderbar restauriert und rahmen den Platz mit eleganten, reich dekorierten Fassaden. Historische Straßenlaternen und ein alter Straßenbahnwaggon, in dem sich nun ein Lokal befindet, machen das Ambiente perfekt. Ins Auge fällt das 1894 errichtete große **Rathaus** mit seinen Arkaden vor dem Eingang, zahlreichen allegorischen Figuren und dem spitzen Turm auf dem Dach im Stil der Neorenaissance. Auch der Turm der katholischen **Marienkirche** ragt hoch in den Himmel. Das Gotteshaus wirkt trotz seiner neugotischen Stilelemente, den Kreuzgewölben, Türmchen und Bogenfenstern keineswegs überladen; ein prächtiges Meisterwerk sind die vielen farbigen Fenster.

Der Hauptplatz und die umgebenden, sternförmig abgehenden Straßen wurden Ende des 20. Jh. in eine Fußgängerzone umgewandelt, vor allem die Zmaj Jovina und die sich daran anschließende Dunavska ul. sind *die* **Flaniermeilen** der Stadt. Überall öffnen hier schmale Durchgänge und Torbögen in den hohen Hausfassaden den Weg in Einkaufspassagen oder Hinterhöfe mit Blumen, Bäumen und Cafés – es ist ein verblüffendes Labyrinth, in dem man sich leicht bis zum frühen Morgen verfangen kann …

Aber auch das **Museum der Vojvodina,** auf der Dunavska 35–37 (Di–Fr. 9–19, Sa/So 9–14 Uhr) mit einer reichhaltigen, von der Frühzeit bis zur Gegenwart reichenden ethnografischen Sammlung und die **Kathedrale des Heiligen Georg** (Ecke Dunavska/Zmaj Jovina) mit wertvollen Ikonen sind einen Besuch wert. Eine grüne Oase der Ruhe ist der hübsche **Donaupark**, der die Dunavska in ihrem letzten Abschnitt bis zum Donaukai säumt.

Vom Trg Galereja zur Almaška

Außerhalb des historischen Zentrums sind die Straßen verkehrsreicher und an den schattigen langen Alleen mischen sich alte und moderne Architektur. Immer wieder kommt man zu kleinen Plätzen, verziert mit einem Denkmal oder einem Markt. Am **Galerien-Platz** (Trg Galerija) stellen gleich mehrere Museen ihre Exponate aus, darunter bildet die **Matice srpske** (Nr. 1, Di–So 10–18 Uhr) eine der ältesten und umfangreichsten grafischen Sammlungen des Landes. Vom Platz ist es nicht weit zur Jevreskastraße, an der die 1909 errichtete **Synagoge** mit Schule und Gemeindehaus liegt. Heute wird die Synagoge nur noch für Konzerte genutzt. Gegenüber führt die Šavarikovastraße bzw. Subotićastraße gen Norden – wer ihr folgt, kann die serbisch-orthodoxe **Maria Himmelfahrtskirche,** die griechisch-katholische **Peter-Paul-Kirche** und schließlich eine der ältesten Kirchen, die **Almaška-Kirche** (in gleichnamiger Straße), besichtigen.

Petrovaradin

Die wehrhafte Anlage Petrovaradin, auch als ›Gibraltar an der Donau‹ bezeichnet, ist ungleich älter als das betriebsame Städtchen Novi Sad. Kelten und Römer nutzten die strategische Lage im Donaubogen, Byzantiner, Awaren, Ungarn und Habsburger bauten die Wehranlage aus. Doch erst unter Prinz Eugen wuchs die Festung auf über 112 ha zu einer der größten Befestigungsanlagen an der Donau. Bastionen und Kasematten sowie ein weit verzweigtes unterirdisches System mit über 16 km langen Gängen und ausgedehnten Kavernen entstanden. Etwa 5000 Mann konnten in der Festung, die durch einen tiefen Brunnen mit Donauwasser versorgt wurde, monatelang ausharren.

Heute sind Künstler und Gastwirte in die Festungsanlage eingezogen – Maler, Bildhauer und Musiker lassen sich gern in ihren Ateliers über die Schulter schauen, an Souvenirs, Speisen und Getränken herrscht kein Mangel. Im Juli findet hier alljährlich eines der größten internationalen **Rock- und**

Popfestivals statt, begleitet von zahlreichen Theateraufführungen und Ausstellungen.

Ganzjährig ist das **Stadtmuseum** (Di–So 9–17 Uhr) im Zentrum der Anlage zu besichtigen. Hier wird sehr anschaulich und ausführlich durch die zivile und militärische Vergangenheit der Stadt vom 18. bis zum 20. Jh. geführt. Man darf sogar Teile der unterirdischen Gänge betreten. Hinter den dicken Mauern haben einige prominente Persönlichkeiten ihre politischen Haftstrafen abgesessen, etwa der legendäre Anführer des Widerstandes gegen die Osmanen, Karađorđe, und Josip Broz, der später unter dem Namen Tito international bekannt werden sollte.

Das **Terrassencafé** unweit des Uhrturms (man achte auf das Ziffernblatt mit vertauschten Minuten- und Stundenzeigern für die Donauschiffer!) bietet nicht nur ein schönes Panorama, sondern auch eine gute Küche.

Tourist-Information: Bulevar Mihajla Pupina 9, Tel./Fax 021-42 18 11, 42 18 12 oder 45 14 81, ticns@ptt.yu, www.novisadtourism.com. So–Mo 9–20, Sa 9–14 Uhr.

Hotel Park: Novosadskog Sajma 35, Tel. 021-4 88 88 88, www.hotelparkns.com. 5-Sterne-Luxus, frisch saniert – Sauna, Swimmingpool, Autovermietung, Kasino, Restaurant. Das Hotel liegt zwar nicht in der historischen Altstadt, gilt aber als nobelste Adresse der Stadt. DZ 50–400 €.
Hotel Vojvodina: Trg Slobode 2, Tel. 021-6 62 21 22, Fax 61 54 45, vojvodina@visitnovisad.com. Zentrale Lage am Freiheitsplatz, Minibar und Diskothek. DZ ab 35 €.

Auf der Fußgängerzone und in den angrenzenden Hinterhöfen reihen sich Restaurants, Snackbars und Cafés aneinander – die meisten mit leckeren Wurst- und Schinkenvorspeisen, herzhaften Suppen und diversen Teigwaren. ›Durchprobieren‹ heißt hier die Devise, wenn man nicht einfach mit einem Eis herumschlendern oder bei einem kräftigen Mokka die Atmosphäre auf sich wirken lassen will.
Plava Frajla: Sutjeska 2, Tel. 021-61 36 75, 9–24 Uhr. Das Restaurant unweit vom Sportzentrum gilt unter Einheimischen als eines der besten Lokale der Stadt, mit großer Speisekarte und vielen guten Weinen der Region. Menü ab 12 €.
Staro Zdanje: Trg. Marje Trandafil 1, Tel. 021-52 70 40, 9–22 Uhr. Hier gibt es Spezialitäten der Vojvodina, von kundiger Hand lecker zubereitet. Menü ab 12 €.

Mitte April findet das **Musikfestival NOMUS** (www.muzickaomladina.org) statt: In den Kirchen und der Synagoge der Stadt werden Konzerte mit klassischer Musik veranstaltet. Zwischen Mai und September treten nationale und internationale Schauspieltruppen auf die städtische Volksbühne, während der August vornehmlich dem Film gewidmet ist. Akustischer Höhepunkt der Saison ist mit Sicherheit das **EXIT-Noise-Summer-Festival** auf dem Festungsgelände, wo sich alljährlich im Juli Rock- und Hip-Hop-Fans treffen – im Jahr 2005 waren es über 150 000 (www.exitfest.org). Aber auch das **Jazzfestival** im November lässt zahlreiche Besucher in die Stadt strömen.

Bahnhof (auch Busse): Bulevar Jaše Tomiča 6, Tel. 021-44 32 00, im Nordwesten der Stadt.

Am Ufer der Save, die bei Belgrad als 280 m breiter Fluss in die Donau mündet

Belgrad

Reiseatlas: S. 235, D 3

Belgrad ist keine habsburgische Donauperle wie Wien, Bratislava, Budapest oder Novi Sad, gleichwohl wird man auch hier bald in den großstädtischen Bann gezogen: An den Fußgängerzonen und den großen Plätzen reihen sich architektonische Prachtbauten, zahllose Restaurants, Hotels und Einkaufsmöglichkeiten auf westeuropäischem Niveau haben sich etabliert, ein breites Kulturangebot zeugt von der reichen Vergangenheit und Gegenwart der Stadt. Inmitten scheinbar undurchdringlicher Häuserfronten finden sich ruhige Höfe mit kleinen Cafés, zwischen Bauruinen stehen wunderschöne Kirchen oder Museen im so genannten Balkan-Stil, kleine Parkanlagen bilden lauschige Nischen – allerorten lässt sich in dem scheinbar undurchschaubaren Stadtpuzzle Neues entdecken …

Geschichte

Schon Griechen und Illyrer siedelten an den Hügeln zwischen Save und Donau, die Römer errichteten hier im 1. Jh. die Grenzbastion Singidum. Später verlief die Grenze des weströmischen Reiches unmittelbar an der nun von den Byzantinern eroberten Stadt entlang. Durch ihre Lage in dem strategisch wichtigen Gebiet ist die Geschichte der heutigen serbischen Hauptstadt geprägt von Leid und Zerstörung: Im 7. Jh. von den Awaren zerstört, im 8. Jh. von den Slawen unter dem Namen ›weiße Burg‹ (Beograd) wiederaufgebaut, wechselte die Stadt bis ins 16. Jh. ständig die Besitzer, wobei Bulgaren, Byzantiner, Ungarn, Serben und schließlich die Osmanen in die jeweils eingerissene und wieder neu aufzubauende Festungsanlage einzogen. Damit nicht genug, richteten die marodierenden Kreuzfahrerheere zusätzliche Verwüstungen an. So nimmt es kein Wunder, dass sich die Stadt erst

im 17. Jh. wirtschaftlich und kulturell behauptete, obwohl die Serben unter ihrem Fürsten Stephan Lazar (um 1329–1389) hier erstmals ein Staatszentrum mit entsprechenden repräsentativen Bauten errichteten. Reisende beschrieben die ›weiße Stadt‹ mit ihren etwa 50 000 Einwohnern damals als orientalisch geprägte, lebensfrohe Handelsstadt. Doch politische Großinteressen bereiteten dem friedlichen Wachstum bald wieder ein Ende – Habsburger und Osmanen zerstörten die Metropole in wechselseitigen Eroberungszügen, erste Befreiungsversuche unter dem legendären ›Schwarzen Georg‹ (Kara Djordje) brachten Belgrad kurzfristig in serbische Hand. Ende des 19. Jh. teilte sich die Stadtbevölkerung in eine türkische und eine serbische Bevölkerungsschicht, doch nach dem Ende der Osmanenherrschaft wurden die architektonischen Zeugnisse der Türkenherrschaft immer

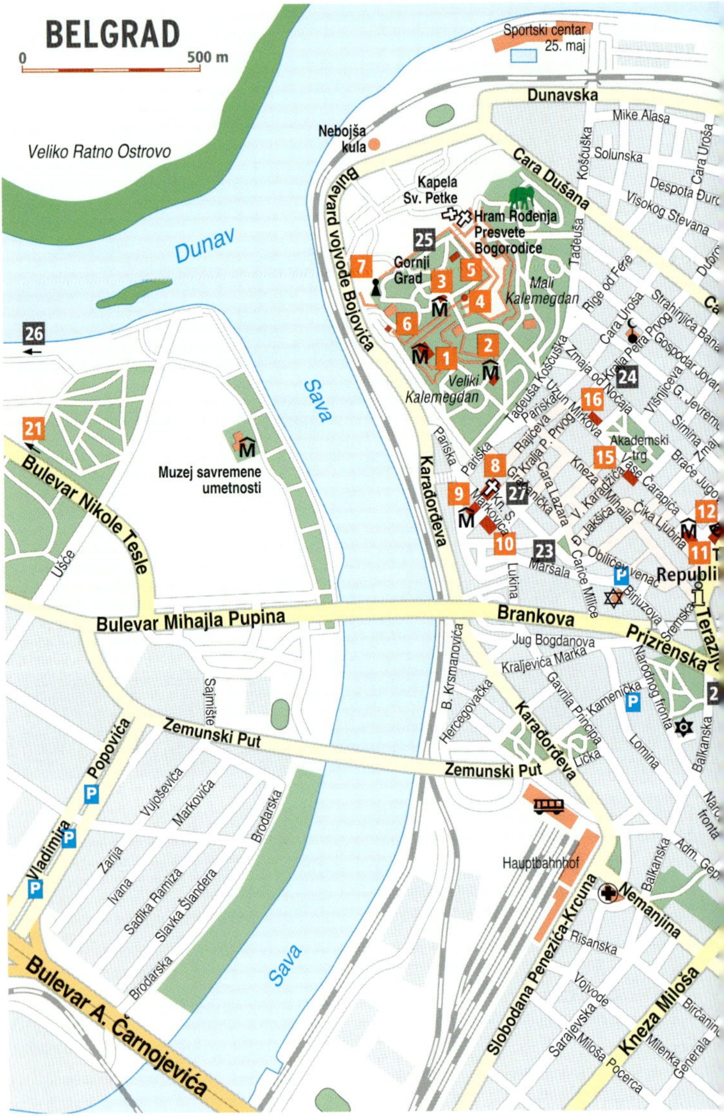
BELGRAD
0
500 m
Veliko Ratno Ostrovo
Dunav
Sava
Sportski centar 25. maj
Dunavska
Nebojša kula
Kapela Sv. Petke
Hram Rođenja Presvete Bogorodice
Gornji Grad
Mali Kalemegdan
Veliki Kalemegdan
Bulevard vojvode Bojovića
Cara Dušana
Muzej savremene umetnosti
Bulevar Nikole Tesle
Bulevar Mihajla Pupina
Brankova
Prizrenska
Zemunski Put
Karađorđeva
Akademski trg
Republi
Hauptbahnhof
Nemanjina
Slobodana Penezića-Krcuna
Kneza Miloša
Bulevar A. Čarnojevića
Vladimira Popovića

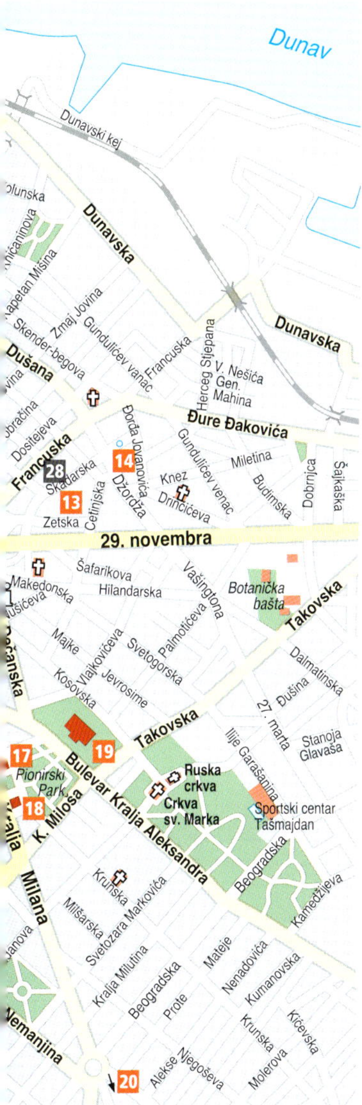

Sehenswürdigkeiten

1 Militärmuseum
2 Naturkundemuseum
3 Museum zur Burggeschichte
4 Uhrturm
5 Mausoleum
6 Zisterne
7 Monument des Siegers
8 Saborna-Kirche
9 Patriarchat und Museum der Orthodoxen Kirche
10 Residenz der Prinzessin Ljubića
11 Nationalmuseum
12 Nationaltheater
13 Skadarlija
14 Sarajevo-Brunnen
15 Rektorat der Universität
16 Ethnographisches Museum
17 Altes Schloss
18 Neues Schloss
19 Parlament
20 Kirche des Heiligen Sava
21 Zemun

Übernachten

22 Hotel Moskwa
23 Hotel Palace
24 Hotel Royal

Essen und Trinken

25 Kalemegdanska terasa
26 Stara Kapitanija
27 Kafe ?
28 Tri Šešira

mehr aus der sich erweiternden Stadt getilgt. Von den 14 Moscheen und zahlreichen türkischen Wohnhäusern, aber auch von der alten Balkanarchitektur ist nahezu nichts mehr erhalten. Ältere Gebäude stammen zumeist aus dem 19. Jh. Die alte habsburgische Quarantänesiedlung Zemun auf dem anderen Save-Ufer und Neu-Belgrad schließen sich an die Innenstadt an.

In den beiden Weltkriegen wurde Belgrad von österreichischen bzw. deutschen Truppen abermals besetzt.

Zemun

Bis 1918 bildete Zemun 21 als Grenzgarnison der Österreicher eine eigene Stadt, ja eine eigene Welt, da hier von den Habsburgern eine Quarantänestation eingerichtet worden war, in der alle Reisenden zwischen Ost und West mindestens zehn Tage verbringen mussten. Heute befinden sich auf dem ehemaligen Zollgelände Parkanlagen, barocke Kirchen und Ausgrabungsstätten. Der ganze Ort ist ein museales Gemisch osmanischer, barocker und Balkan-Architektur, doch das ›Museum‹ lebt und verführt mit seinen betriebsamen Fischerlokalen, Märkten und Geschäften immer wieder zur Einkehr. Wer damit noch etwas warten will, kann auf den Hügel Gardoš steigen – oben dominiert der ›Millenniumsturm‹ von 1896, vom Aussichtsplateau bietet sich eine herrliche Sicht (Zubringer-Busse: 15, 17, 73, 83 und 705 vom Zentrum).

Erst nach 1945 erlangte die neu erwählte Hauptstadt Jugoslawiens wirtschaftliche und politische Stabilität. In dieser Zeit haben erneut viele verschiedene Bevölkerungsgruppen hier ihre Heimat gefunden. Die Konflikte der letzten Kriege nach dem Zerfall Jugoslawiens haben jedoch gezeigt, wie schnell die Grundfesten dieser ›Vielvölkerstadt‹ zu erschüttern sind.

Kalemegdan

In der fast 7000-jährigen Geschichte Belgrads war das Plateau Kalemegdan oberhalb des Zusammenflusses von Save und Donau stets einer der Hauptanziehungspunkte. Während jedoch den vormaligen, meist kriegerischen Besuchern Pulverdampf die Sicht versperrte und Kanonendonner in den Ohren klang, kann man heute durch eine weitläufige stille **Parkanlage** flanieren, die seit Ende des 19. Jh. die einstigen Schlachtfelder bedeckt. In der Mitte des Parks stößt man auf die alten **Stadttore**, zwischen denen in den alten Gemäuern der Festung verschiedene Galerien und Museen eingezogen sind. Schon draußen vor dem **Militärmuseum** 1 finden sich alte Geschütze und Panzer aus den verschiedenen Kriegen (tgl. außer Mo 10–17 Uhr). Das **Naturkundemuseum** 2 (hinter dem Karađođe Tor, tgl. 10–17 Uhr) und ein **Museum zur Burggeschichte** 3 am Südtor ergänzen das museale Angebot. Vor allem aber sind es die Mauern, Tore und Türme selbst, die mit ihren wuchtigen Steinquadern die Aufmerksamkeit fesseln. Österreichisch-habsburgische und osmanische Architektureinflüsse sind noch gut zu erkennen, so z. B. in dem **Uhrturm** [4] bei dem achteckigen **Mausoleum** [5] des türkischen Paschas Damad Ali oder der **Zisterne** [6], die von den Österreichern im 18. Jh. mit einer 30 m in die Tiefe führenden Ziegeltreppe ausgebaut wurde. Schließlich öffnet sich dem Blick das herrliche Panorama über die beiden Flüsse und die Stadt. Unübersehbar ragt das **Monument des Siegers** [7] mit Schwert und Falken in den Händen an der westlichen Aussichtsplattform in die Höhe. Zwischen Donau und der inneren Burg sowie im Nordosten der Anlage finden sich weitere Ausgrabungen, Wehranlagen und zwei kleine Kirchen.

Kralja Petra

119 Treppenstufen oberhalb des Donauufers ragt der schmale grün-goldene Barockkirchturm der **Saborna-Kirche** [8] empor. Innen beeindrucken die große, golden eingefasste Ikonenwand, die Wandmalereien sowie Glasmosaiken. Die Kirche aus dem 19. Jh. wirkt mit ihrer schmalen hohen Fassade neben bzw. gegenüber dem **Patriarchat der Orthodoxen Kirche** regelrecht zart und bescheiden. Das Patriarchat mit seiner breiten niedrigen Kuppel und dem dicken Goldkreuz darauf wurde von dem russischen Architekten Viktor Lukomski erbaut und beherbergt das **Museum der Orthodoxen Kirche** [9]. Letzteres ist allerdings nur nach Anmeldung zu besichtigen.

Das schräg gegenüber der Kirche liegende Museum der Stadtgeschichte **Residenz der Prinzessin Ljubića** [10] in der Kneza Sime Markovića ist in einem hübschen weiß gekalkten Balkanhaus mit orientalischen und klassizistischen Formelementen untergebracht. Gezeigt werden Exponate der Stadtgeschichte und der serbischen Alltagskultur (Di/Fr 10–17, Sa/So 10–16 Uhr). Ein weiteres Balkanhäuschen – eines der ältesten Gebäude und die älteste Gastwirtschaft der Stadt – liegt unweit davon in der **Kralja Petra Straße Nr. 8,** eingezwängt zwischen hohen Wohnhäusern. Die Wirtschaft machte sich einen Ruf statt eines Namens: Nachdem einer der Besitzer das Lokal ›Kathedralenwirtschaft‹ nennen wollte, erhob man seitens der benachbarten Kirche Einspruch. Der Wirt ersetzte seine ›spirituelle‹ Eingebung durch ein über die Tür gemaltes Fragezeichen und dieser Name (nämlich ›Kafe ?‹ [27]) lockt bis heute viele Gäste zur Einnahme auch geistiger Getränke an.

Knez Mihailova Straße und Platz der Republik

Über die Kralja Petra Straße erreicht man die lange und belebte Fußgängerzone der Mihailovastraße. Ihr eines Ende führt bis zum Park der Kalemegdanfestung, an dieser Seite befinden sich auch die **Stadtbibliothek** und unzählige kleine Souvenirstände. In der anderen Richtung gelangt man auf ihr ins Stadtzentrum und zum **Platz der Republik,** wobei sich rechts und links in den teils modernen, teils schön renovierten Gründerzeitbauten ein unübersehbares Shoppingangebot bietet. Es lohnt sich auch, in die Passagen und Hinterhöfe hineinzuschauen – nicht nur das Kaufangebot ist reizvoll, sondern auch die architektonische Gestaltung, die hier auf gelungene Art moderne Glasbaukunst mit dem Ambiente der alten, aus dem 19. Jh. stammenden Bürgerhäuser zusammengebracht hat. Die ganze Straße steht nämlich unter Denkmalschutz, was in Anbetracht der faszinierenden Vielfalt der architektonischen Formen unmittelbar einleuchtet. Die Belgrader selbst schlendern oder eilen allerdings unbekümmert durch die beeindruckende Kulisse hindurch – manch einer ist auf dem Weg zum zentralen Platz der Republik. Hier treffen die Hauptverkehrsachsen aufeinander und etliche Straßencafés laden zum Verweilen ein. Das hohe **Reiterstandbild** des Fürsten Miloš Obrenovič dominiert vor dem roten Nationalmuseum den Platz. Dem ersten Fürsten dieses Namens danken die Serben hiermit die Befreiung von der osmanischen Fremdherrschaft – unerwähnt bleibt hierbei allerdings, dass sie diesem geschickten Taktierer auch die jahrelange Blutfehde mit der konkurrierenden Herrscherdynastie der Karađorđevič verdanken. Obronovič hatte damals den ersten Karađorđe, den legendären ›Schwarzen Georg‹ ermorden lassen, was bis 1941 zu grausamen Racheakten zwischen den Familien führte.

Die künstlerischen Aspekte der Landesgeschichte sind auf den fünf Etagen des **Nationalmuseums** 11 zusammengetragen worden. Schätze aus der Frühzeit (hier u. a. auch Ausgrabungsstücke aus Lepenski Vir, s. S. 183), eine große numismatische Sammlung, Iko-

Die Arbeiten im Inneren der Kirche des Heiligen Sava sind noch nicht abgeschlossen

nen, Skulpturen und vor allem Gemälde gehören dazu. Zusätzlich zu den nationalen Werken sind auch viele berühmte europäische Künstler vertreten – Meisterwerke von Dürer, Rembrandt, Gauguin, Degas und Picasso. 2005 war das Museum wegen Renovierung geschlossen, Informationen unter www.narodnimuzej.org.

Das **Nationaltheater** 12 auf der anderen Seite des Platzes geht abermals auf einen Obrenovič zurück – Fürst Mihajl ließ es in den 60er-Jahren des 19. Jh. erbauen. Dann kam auch ihm ein Karađorđe in die Quere, der Fürst wurde kurz vor der Einweihung ermordet. Das 700 Zuschauern Platz bietende Theater wird bis heute bespielt.

Skadarska-Viertel

Das Viertel um die Skadarskastraße, von Belgradern liebevoll **Skadarlija** 13 genannt, gilt als ›Künstlerviertel‹ der Stadt. Hier traf sich die Boheme Belgrads in den von alten Bäumen überschatteten Terrassencafés auf ein Bier oder einen Rakija, stellten Literaten und Maler ihre Werke vor. Heute ist es vornehmlich die schmale, steile Skadarskastraße selbst, die mit einigen Galerien und Lokalen Künstler und Touristen anzieht. Hauptanziehungspunkt ist nach wie vor das seit 1864 geöffnete Traditionsrestaurant ›Tri Šešira‹, vor dem das ›Denkmal des reisenden Schauspielers‹ an den einstigen Tausch kultureller gegen kulinarische Genüsse erinnert. Am Marktplatz befinden sich die arabisch anmutende Kopie des **Sarajevo-Brunnens** 14 und eine evangelische Kirche mit hohem Glockenturm.

Akademski Trg

Hier befindet sich das elegante **Rektorat der Universität** 15, ein Stadtpalast von gewaltigen Dimensionen, mit zahlreichen Rundbögen im neoromanischen Stil. Das Gebäude wurde zwischen 1858 und 1863 für den reichsten Mann Serbiens, den Donaukapitän Miša Anastasijevič, erbaut. Kontrastiert wird es auf der anderen Seite von einem äußerlich unattraktiven Gebäude: Das **Ethnographische Museum** 16 befindet sich in einem dunklen Betonklotz, begeistert von innen jedoch mit einer sehr vielseitigen Ausstellung zu Trachten, Interieur, Schmuck, Fest- und Alltagstraditionen der zahlreichen Bevölkerungsgruppen des Landes (Studenski trg 13, Di–Sa 10–17, So 10–13 Uhr).

Gegenüber im schattigen alten **Park** lassen sich die Studien zur Lebensweise fortsetzen: Hunde und Kinder tollen herum, während die elterliche und großelterliche Generation auf den Bänken ein Nickerchen macht.

Zwischen Terazije, Parlament und Sava-Kirche

Am großen, teilweise als Grünanlage gestalteten **Terazije-Platz** befinden sich das Hotel Balkana und das reich verzierte Jugendstilgebäude des Hotels Moskwa mit seinen grünen Kachelmosaiken und spitzen Türmchen. Hier kann man in ein Taxi oder einen Bus steigen (die Linien 21 und 22 halten an Schloss und Kirche), um den Weg entlang der verkehrsreichen Kralja Milana zu verkürzen.

Zwischen und hinter den Gebäuden des **Alten** 17 und **Neuen Schlosses** 18 erstreckt sich der wunderschöne große Schlosspark bis hin zum Alexanderboulevard. Der alte ›Konak‹, wie das Palais früher genannt wurde, sollte laut Auftrag der Obrenovič Dynastie alle bisherige serbische Baukunst übertreffen. Das architektonische Ergebnis scheint äußerlich eher trotzig-wuchtig, doch innen ist alles pompös und überreich dekoriert. Dennoch ist es vor allem die blutige Geschichte des serbischen Königsmordes von 1903, die dem Palais zur Berühmtheit verhalf: Hier wurden der 27-jährige Alexander Obrenovič und seine – gegen den Willen des Volkes und des Militärs geehelichte – Frau Draga auf grausige Weise ermordet und verstümmelt.

Auf der gegenüberliegenden Seite des Parks bildet das lang gezogene **Parlament** 19 Serbiens und Montenegros die Spitze des Regierungsdreiecks. Obwohl es nie als Palast geplant war, erscheint das zwischen 1906 und 1936 errichtete Gebäude ähnlich prächtig. Hohe Säulen tragen den griechischen Portikus, hinter dem die große Hauptkuppel aufragt, links und rechts nehmen die Seitenfassaden die Stilelemente symmetrisch auf.

Auf einem kleinen Hügel südlich des Schlossparks imponiert die 81 m breite, 91 m lange und fast 70 m hohe **Kirche des Heiligen Sava** 20 mit ihrer blendend weiß restaurierten Fassade, der breiten Kuppel und dem drei Tonnen schweren goldenen Kreuz. Die vier mit Aufzügen versehenen Türme beherbergen 40 Glocken aus deutschen Gießereien. Obwohl bereits 1934 mit dem Bau begonnen wurde, konnte das Gotteshaus erst 1985 eingeweiht werden. Da die Arbeiten zur Innendekoration noch nicht abgeschlossen sind, ist die Besichtigung der Ikone des kirchlichen Schutzpatrons Sava nicht immer möglich. Die Dimension der Kirche entspricht der Bedeutung dieses Mannes – Sava, der als Mönch auf dem Berg Athos gelebt hatte, erkämpfte u. a. die Unabhängigkeit der serbisch-orthodoxen Kirche und wurde der erste Erzbischof des Landes.

Turisticka organizacija Beograda: www.tob.co.yu, www.serbia-tourism.org. An der Terazije (in der Unterführung), Tel. 011-63 56 22, Mo–Fr 9–21, Sa 9–17, So 10–16 Uhr, Knez Mihajlova 18, Tel. 011-2 62 99 92.

Hotel Moskwa 22**:** Balkanska 1, Tel. 011-2 68 62 55, Fax 2 68 83 89, www.hotelmoskva.co.yu. Jugendstil-Hotel von 1906 mit historischem Interieur, aber modernem Komfort. Zum Hotel gehört das beliebte Kaffeehaus im Erdgeschoss. DZ 170 €.

Hotel Palace 23**:** Topličin venač 23, Tel. 011-18 55 95, Fax 18 44 58, www.palacehotel.co.yu. Mitten in der Stadt, aber angenehm ruhig ist das ehemals Adeligen und Millionären vorbehaltene Luxusquartier mittlerweile zum erschwinglichen Übernachtungspalast geworden. Mit Aussichtscafé unter dem Dach und Autowerkstatt in der Tiefgarage. DZ 80 €.

Hotel Royal 24**:** Kralja Petra 56, Tel. 011-2 63 42 22, Fax 2 62 64 59, www.hotelroyal.co.yu. Unter dem Namen ›Topliče‹ wurde das Hotel bereits 1886 eröffnet. Hervorragende Lage unweit von Festung, Zentrum und Donau; günstige Preise für einfache Zimmer ohne großen Luxus. DZ ab 30 €.

Kalemegdanska terasa 25: Tel. 011-3 28 27 27, tgl. 12-1 Uhr. Mitten in der Festung gelegen und von Touristen stark frequentiert ist das Lokal vergleichsweise teuer, doch der herrliche Blick und die guten serbischen Spezialitäten rechtfertigen die Preise. Menü ab 15 €.
Stara Kapitanija 26: Zemun, Kej oslobodjenja 8, Tel. 011-3 16 19 65, tgl. 10–23 Uhr, hervorragender Zander, ab 7 €.
Kafe ? 27: Kralja Petra 6, Tel. 011-63 54 21, tgl. 7–23 Uhr. Im ältesten Lokal der Stadt gibt es Grillgerichte und leckere Salate, die vor allem von den Studenten der benachbarten Akademie gern bestellt werden. Menü ab 6 €.
Tri Šešira 28: Skadarska 2, Tel. 011-3 24 75 01, tgl. 11–2 Uhr, mit Garten. Seit mehr als 100 Jahren Traditionstreffpunkt Belgrader Gourmets. Serbische Küche mit musikalischer Begleitung. Gerichte ab 6 €.
Schiffrestaurants: Längs der Donau auf der Zemuner Seite ankern unzählige Hausboote, die im Sommer typisch serbische Grillgerichte, pikante Fischsuppen, aber auch Tanz und Unterhaltung bieten. Hin kommt man mit den Bussen der Linie Nr. 15 und 84.

Der kleine Marktplatz an der Brankova ist allein schon durch das rotweiße Karodesign auf den Spitzdächern der Pavillons sehenswert. Essbares, aber auch Musik und Textilien gehören zum Angebot. Schöne Souvenirs sind im Ethnographischen Museum, Bücher, Musik-CDs, DVDs, Multimedia und Souvenirs werden im Ips-Mammut (Knez/Mihailova/Sremska, auch Sonntag 12–22 Uhr) verkauft. Die meisten großen Kaufhäuser und Markenboutiquen sind in den Passagen an der Mihajlovastraße.

Über die zahllosen Festivals (ein **Filmfestival,** das Sommerfestival **BELEF,** das Theaterfestival **BITEL** und das Musikfestival **BEMUS,** im Oktober) informiert die örtliche Touristenauskunft unter www.tob.co.yu bzw. die Zeitschrift ›Welcome to Belgrade‹.
Im Unterhaltungszentrum auf der Save-Halbinsel Ada Ciganlija gibt es im Sommer Bademöglichkeiten, Sport-, Kino- und Musikveranstaltungen. Hier ist auch die berüchtigte Disko ›Black Panthers‹, in der rasante Balkan- und Zigeunerrhythmen gespielt werden. Internationalere Trends stehen in der ›Sky Bar‹ (auf einem Floß an der Brankov most) auf dem Programm.

Der **internationale Flughafen** (Tel. 011-2 09 40 00, www.beg.aero) befindet sich ca. 20 km westlich der Stadt. Busse und Taxis verkehren von dort bis zum Zentrum.
Busse und Bahnen: Tel. 011-62 94 00, 64 58 22 (unweit der Sava-Kirche). Ausflugsreisen in den historischen Waggons nach Smederevo und Novi Sad können hier gebucht werden. Infos unter www.yurail.co.yu und in den Touristenämtern.
Schiffe: Am Hotel Jugoslavija, bul. Nikole Tesle, am Donauufer von Zemun legen in der Saison die Ausflugsschiffe Richtung Festung und Vergnügungsinsel Ada Ciganlija ab.

Stadtrundfahrt

Eine günstige Stadtrundfahrt lässt sich mit der Straßenbahn Nr. 2 machen, die einen Kreis um die Innenstadt beschreibt und dabei an fast allen wichtigen Sehenswürdigkeiten vorbeifährt.

DAS PULVERFASS – ZUR GESCHICHTE VON KROATIEN UND SERBIEN

Bereits als serbische und kroatische Volksstämme zwischen dem 6. und 7. Jh. auf die Balkanhalbinsel einwanderten, schien diese Region in besonderem Maße durch Krisen und Konflikte belastet zu sein. Nicht nur zwischen den vielen kleinen nationalen Gruppierungen, die hier aufeinander trafen, herrschten Spannungen, sondern vor allem zwischen den beiden damaligen Weltmächten – Byzanz und Rom – war das Gebiet heftig umkämpft. Seitdem die beiden Reiche auseinander drifteten, galt das Gebiet zwischen Donau, Drau und Save als politische Demarkationslinie, und jede Seite versuchte, ihr Territorium zu verteidigen, gleichzeitig aber von der Opposition noch etwas dazuzugewinnen. Kaum formierten sich die ersten kroatischen und serbischen Fürstentümer, mussten sie sich auch schon zwischen römisch-katholischem bzw. byzantinisch-orthodoxem Glauben entscheiden, um bald darauf von den benachbarten, gleichgläubigen ›Paten‹ in Gewahrsam genommen zu werden. Das kroatische Reich, das für die Einführung der katholischen Taufe vom Papst im Jahr 995 mit der Königskrone belohnt worden war, ging auf diese Weise bereits

›Erstürmung von Belgrad am 7. Oktober 1915‹, Gemälde von Oskar Laske

1102 an Ungarn, später sollten Istrien und Dalmatien von Venedig teils erobert, teils gekauft werden. Unter den habsburgischen Kaisern wurde das kroatische Binnenland zwischen Donau und Zagreb wiederum strategisch zur Militärgrenze ausgebaut. Die Bevölkerung war fest in den Wehrdienst eingebunden, genoss allerdings dadurch auch etliche Privilegien. Meisterhaft geschult im täglichen Grenzkrieg, wurden die ›Krabanten‹ (Kroaten), die mit ihren bunten Halstüchern die ›Krawatten‹ eingeführt und modisch gemacht haben sollen, zu gefürchteten habsburgischen Vasallen.

Die frühmittelalterlichen Fürstentümer Serbiens hingegen orientierten sich im 9. Jh. am byzantinischen Christentum, bemühten sich aber gleichzeitig um die politische Gunst des Papstes und konnten durch ihr kluges politisches Taktieren ihre Unabhängigkeit bis ins 14. Jh. bewahren und ihren politischen Einfluss beständig erweitern. Dann allerdings wurde dem nationalen Wachstum durch die vernichtende Niederlage gegen die Türken auf dem Amselfeld (1389) ein jähes Ende bereitet: Serbien wurde dem osmanischen Reich einverleibt und konnte in den nächsten Jahrhunderten kaum eine eigenständige Rolle übernehmen. Stattdessen wurde es, fast mehr noch als Kroatien, zum Schauplatz ständiger habsburgisch-osmanischer Auseinandersetzungen. Während alle westeuropäischen Städte ausgebaut und schließlich mit dem prunkvollen Glanz des Barock überzogen wurden, sind die Ortschaften Serbiens bis ins 18. Jh. in regelmäßigen Abständen zerstört worden. Wirklich alte Bausubstanz ist in Serbien selten, dafür kann jede Stadt ihre ›Narben‹ herzeigen ... Zusätzlich führten die Auseinandersetzungen zu weiteren Aufspaltungen: Es gab die Serben ›diesseits‹ und ›jenseits‹ der Donau, jene die katholisch und jene, die orthodox waren. Türkische Siedler lebten in der Belgrader Region und umgekehrt Serben im heutigen Kosovo. Durch die Politik der ›Großen‹ hatte die multiethnische Bevölkerung kaum eine Chance, friedlich zusammenzuwachsen.

Erst nach mehreren zerstörerischen Aufständen erhielt Serbien 1878 auf dem Berliner Kongress erneut die Souveränität. Das änderte allerdings nichts daran, dass die Großmächte das Land auch weiterhin als strategisches Schachbrett benutzten: Spione aus aller Herren Länder zogen ihre Fäden in Belgrad, bis heute vermutet man, dass das Attentat von Sarajevo auf russische Geheimabsprachen zurückgeht. Erst die taktisch gut organisierte Politik Titos, der nach dem Zweiten Weltkrieg die verschiedenen Territorialstaaten zu ›Jugoslawien‹ vereinte und das Land geschickt zwischen den Fronten des Kalten Kriegs hindurchmanövrierte, leitete eine Periode des Aufbaus und des scheinbar friedlichen Miteinanders ein. Doch die schrecklichen Bürgerkriege, die nach der politischen Wende 1989 das Staatengebilde erschütterten und auseinander fallen ließen, haben nur zu deutlich gezeigt, wie schwach der innere Zusammenhalt zwischen den vielen Bevölkerungsgruppen noch ist, wie stark hingegen über Jahrhunderte Ängste und Misstrauen in der krisengeschüttelten Region angewachsen sind. Und noch immer sieht es so aus, als müsse die Weltpolitik gerade hier ausgetragen werden.

VOM EISERNEN TOR INS DELTA

Die Dramatik des engen Gebirgsdurchbruchs und die Verträumtheit der weiten Flusslandschaft werden gerade durch den Kontrast wirkungsvoll spürbar. Höhepunkt des Naturerlebens ist sicherlich das Labyrinth des Donaudeltas. Doch auch Kunst und Stadtkultur stehen auf dem Programm, etwa bei einem Ausflug nach Bukarest oder bei Entdeckungstouren in die kleinen Ortschaften Bulgariens und Rumäniens.

Das Eiserne Tor

Reiseatlas: S. 235, F 3

Vom Altertum bis weit in das 20. Jh. hinein hat die felsige Gegend, in der die Donau sich ihren Weg zwischen den Karpaten und dem Balkan hindurchgräbt, für die Menschen eine gefahrvolle, ja unheimliche Barriere gebildet. Als mutige Händler und Eroberer schließlich die Fahrt durch die engen Schluchten wagten, mussten viele von ihnen dies mit ihrem Leben bezahlen: Scharfe Felsenzähne zerrissen die Boote, tückische wandernde Wirbel und sich umkehrende Strömungen zogen sie nach unten, zwischen den steilen Felswänden blieb oft nicht mehr als zwei Meter Platz, um hindurchzusteuern. Dennoch legten bereits die Römer unter dem Feldherrn Trajanus in mühseliger Arbeit einen Weg am südlichen Ufer an.

Im 19. Jh. begann man, mit Sprengungen das Flussbett zu erweitern bzw. einen Umgehungskanal zu bauen, und im 20. Jh. wurden unter deutscher Besatzung Eisenbahnschienen verlegt, sodass mit Hilfe einer Lokomotive die Schiffe getreidelt werden konnten. Trotzdem blieb der Weg voller Gefahren, selbst mit Hilfe von kundigen und tatkräftigen Lotsen sind hier bis in die 50er Jahre des 20. Jh. etliche Schiffe havariert. 1964 schlossen die Regierungschefs Jugoslawiens und Rumäniens, Tito und Gheorgiu-Dej, ein Abkommen, das den Bau eines Staudamms und Kraftwerks vorsah und die Situation für den Schiffsverkehr entschärfen sollte. Bereits 1984 war das Projekt vollendet – ein fast 500 m langer Damm mit den dazugehörigen Kraftwerksanlagen staut das Wasser bei Flusskilometer 942 auf, etliche Orte versanken in den Fluten und mehr als 25 000 Menschen mussten umgesiedelt werden. 79 km weiter bei Prahova befindet sich das zweite Stauwehr ›Đerdap II‹, und zusammen erzeugen die beiden Kraftwerke insgesamt 3060 Megawatt. Die Schiffspassage ist heute vollkommen unproblematisch.

Smederevo

Reiseatlas: S. 235, D 3
Die Festungsanlage, die auf den Resten eines ehemaligen Römerkastells im 15. Jh. entstand, gilt als eine der wehrhaftesten Burgen ihrer Zeit, die wirtschaftlichen Rahmenbedingungen der sich in ihrem Schutz entwickelnden Stadt waren optimal. Dennoch fiel auch Smederevo in die Hände der Osmanen; aber erst im Zweiten Weltkrieg stürzten die Mauern der Trutzburg ein, als hier ein Munitionslager explodierte. Mehr als 1000 Menschen verloren ihr Leben, die Türme stehen bis heute.

Nach einer weiteren fotogenen Ruine, der Festung **Ramski Grad,** nähert sich die Donau **Veliko Gradište,** dem serbischen Grenzkontrollpunkt der Donauschifffahrt. Hier beginnt die Sektion des ›Đerdap‹, wie der riesige Schleusenkomplex genannt wird.

Die Donau windet sich um die gemeinschaftlich von Serben und Rumänen verwaltete Insel Moldava und fließt sodann als Grenzfluss zwischen den beiden Staaten dahin. Die Rumänen haben eine kleine Eisenbrücke zur Insel gebaut, doch da den Serben das verbindende Element nicht zusagte, ist die Brücke bisher nicht für den öffentlichen Verkehr zugänglich.

Đerdap-Nationalpark

Reiseatlas: S. 235, E–F 3/4
Zwischen Golubač und Đerdap I erstreckt sich der gut 100 km lange Đerdap-Nationalpark auf serbischer Seite. Über das Tourismuszentrum in Veliko Gradište (s. o.) und Dolnij Mihajlovač (Tel. 030-8 67 88) werden Boot- und Landausflüge, Campingplätze, Hotels und Museumsbesichtigungen (Lepenski Vir und Kladovo) vermittelt.

Eisenbahnromantik und Silbersee

Zwischen Belgrad und Smederevo kann man in historischen Eisenbahnzügen an der Donau entlangfahren. Tickets kosten zwischen 200–400 Dinar und sind in Belgrad am Bahnhof, im Touristenbüro oder unter romantika@yurail.co.yu zu buchen.

Unweit von Smederevo locken der Badestrand des Silbersees und das Goldwäscherflüsschen Pek zu Erkundungstouren. Auskunft und Beratung im Informationsbüro Veliko Gradište, Kneza Lazara 37, Tel. 012-6 31 61 oder 6 26 50, 6 21 30.

Golubač

Reiseatlas: S. 235, E 3
Felder und Wiesen begleiten die Donau auf rumänischer Seite, bewaldete Hügel mit schroffen Felsabhängen auf serbischer Seite. Bei Kilometer 1040,5 liegt die Ruine der ›Taubenburg‹ (Golubač) aus dem 14. Jh. Auch diese ursprünglich hoch in die Felsen gebaute Burg, deren Wälle und Bastionen den Weg entlang der Donau versperren sollten, liegt mittlerweile teilweise im Wasser. Viele romantische Legenden ranken sich um die Burg und die steilen Fel-

DECEBALUS REX
DRAGAN FECIT

senklippen, wie etwa die Geschichte der sündigen Suleika, die von ihrem Mann, einem türkischen Pascha, zur Strafe auf einem Felsenriff ausgesetzt worden sein soll. Bald rücken die Berge steil, kahl und hoch der Donau von beiden Seiten zuleibe, sodass man selbst heute noch eine Vorstellung bekommt von der beklemmenden Naturgewalt, die der eingezwängte Fluss zu entfachen vermochte. Dann wieder öffnet sich die Landschaft ein wenig, entlässt die Donau in ein neues Becken, das abermals in schmale Schluchten mündet; bei **Ljubovica** schließlich breitet sich die Donau in einem großen See aus. Schmale Straßen säumen rechts und links das Wasser, doch viel Verkehr herrscht hier nicht; andererseits ist der Aufwand, um die teilweise durch die Bergüberhänge gesprengten Wege instand zu halten, immens. Die Tunnel sind oft unbeleuchtet, Fahrradfahrer sollten über starke Lampen verfügen.

Bei Donaukilometer 1012 beginnt die so genannte **Obere Klissura** mit einem zweiten großen ›Felsentor‹. Wieder ragen schroffe Felswände empor, schauen scharfe Spitzen aus dem Wasser. Eine kleine Kapelle und der überdimensionale in den Stein gemeißelte Kopf des Dakerkönigs Decebal sorgen für malerische Fotomotive.

Lepenski Vir

Reiseatlas: S. 235, F 3
Die Ausgrabungsstätte ›Lepenski Vir‹ am rechten, serbischen Ufer beim Dorf Boltjetin gehört zu den wichtigsten archäologischen Fundstätten an der Donau: 8000 Jahre alte Funde einer hoch entwickelten Zivilisation, wertvolle Skulpturen, Werkzeuge und Schmuck sind in dem kleinen Museumsgebäude zu besichtigen. Neben dem Museum wurden auf einem Außengelände die Fundamente der neolithischen Siedlung mit komplizierten Grundrissen, Schornsteinen und Arkaden aufgebaut, nachdem man sie vor der Überflutung durch den Staudamm gerettet hatte (tgl. außer Mo 9–18 Uhr).

Bevor die Donau in die dritte Stelle des Durchbruchs eintritt, weitet sie sich noch einmal im Becken von Milanovac, das die gleichnamige versunkene und am Ufer neu entstandene Ortschaft umspült. Die anschließende Schlucht ist heute die engste Stelle der Region – steile, von Höhlen durchzogene Wände überschatten den Fluss. In diesem Abschnitt findet sich auch die berühmte Trajan-Tafel, die vom Römerkaiser zum Lobe seines Straßenbaus ursprünglich bei Flusskilometer 1011 an die Felswände angebracht und im Zuge der Aufstauung hierher verlegt wurde.

Monument des Dakerkönigs Decebal

Orșova

Reiseatlas: S. 235, F 3
Auch die alte Römerstadt Orșova ist in den Fluten versunken. Das heutige moderne Städtchen erstreckt sich zwischen dem nördlichen Ufer des breiten Donausees und dem Flüsschen Czerna, das hier in die Donau mündet. Orșova bietet sich vor allem als Anlauf- und Ausgangspunkt für Auto-, Fahrrad- und Fußwanderungen an; von hier

führen die deutlich stärker befahrenen Transitstraßen Richtung Bulgarien und ins rumänische Inland. Von den Gipfeln der umliegenden Berge bietet sich ein herrliches Panorama, mehrere schöne Klöster sind zu besichtigen, was man allein schon wegen der aus dem 14. Jh. stammenden Ikonen nicht versäumen sollte. Die Restaurant-Pension ›Steaua Dunarii‹ zwischen Moldava Veche und Orșova ist ein Geheimtipp für alle, die vorzügliche Fischsuppen und -gerichte mit freundlichem Service und Bequemlichkeit verbinden möchten (Tel. 02 52-7 22 20 79 18 oder 7 23 54 21 21, www.steaua-dunarii.ro).

Đerdap I

Reiseatlas: S. 235, F 3
Von Orșova nähert sich die Donau in mehreren Schleifen dem ›Đerdap I‹, der ersten Doppelschleuse des riesigen Kraftwerks. Bevor die Schiffe in die Kammern einfahren können, warten sie oft noch etwas auf dem breiten See, der hier die versunkene Stadt **Ada Kale** bedeckt, bis 1912 eine türkische Enklave. Die besondere Atmosphäre dieses untergegangenen Ortes mit seinen unzähligen Minaretten und seinem orientalischen Bauschmuck wurde von Reisenden immer wieder erwähnt; inzwischen sind die Anwohner in alle Richtungen verzogen, der Ort wurde nicht neu aufgebaut.

In der Doppelschleuse werden die passierenden Schiffe jeweils um 16 m gehoben bzw. gesenkt, wobei jede Kammer etwa 12 Schiffen Platz gewährt. Beide Schleusen sind 310 m lang und 34 m breit, auf der linken und rechten Seite überwachen und steuern der rumänische und serbische Schleusenmeister aus ihren schwindelerregend hohen Glastürmen das Geschehen, indem sie per Funk Anweisungen in verschiedensten slawischen und rumänischen Dialekten durch den Äther schicken. Die Straßenbrücke am Đerdap I ist der erste der insgesamt drei festen Donauübergänge, die es auf der restlichen Strecke bis zum Schwarzen Meer überhaupt noch gibt (sonst nur noch bei Cernavodă und Russe).

Drobeta-Turnu Severin

Reiseatlas: S. 236, A 2
Drobeta-Turnu Severin steht ganz im Zeichen römisch-dakischer Vergangenheitsbewältigung. Nicht nur der Name der Stadt geht auf einen Römer zurück, nämlich Septimus Severinus, der hier die alte Römerfestung errichtet haben soll. Auch Straßen und Plätze, Hotels und Lokale, ja sogar das Einkaufszentrum schmücken sich gerne mit den Namen ›Decebal‹ und ›Trajan‹. Das hat seinen Grund in einem Meisterwerk des römischen Feldherren Trajan: Um die ständig ins Römerreich einfallenden Stämme der Daker unter König Decebal zu besiegen, befahl er hier im Jahr 101 den Bau eine 1000 m langen, festen Brücke über die Donau. Appolodorus, Trajans gewitzter griechischer Architekt, lenkte die Donau während der Bauphase jeweils in kleine Kanäle um, so dass die 20 steinernen Sockel fest in den Grund verankert werden konnten. Sodann wurden die Sockel mit 19 Brückenbögen aus Holz

überspannt und an beiden Enden von Triumphtoren eingerahmt. Der gigantische Aufwand erfüllte seinen Zweck: Trajan marschierte über diese Brücke in eine Schlacht, die im Jahr 106 siegreich für die Römer und tödlich für König Decebal enden sollte. Bis heute sind Reste der Pfeiler auf beiden Seiten der Donau zu erkennen. Auch von Septimus' Festungsanlagen sind Ruinen erhalten, die man im Park des Museums besichtigen kann.

Ein Spaziergang durch das Zentrum des heutigen Severin – ausgehend von dem imposanten Theatergebäude im Secessionsstil bis hin zum Wasserturm – lässt noch einiges von der Atmosphäre des späten 19. und beginnenden 20. Jh. erahnen. Viele Parks und Grünanlagen umgeben die schönen alten Bürger- und Handelshäuser. Sie sind vorbildlich angelegt und gepflegt, leider im Gegensatz zu etlichen Gebäuden, die dringend saniert werden müssten. Bis zum Zweiten Weltkrieg haben in dieser Stadt viele Deutsche gewohnt, die für die hiesige Werft der DDSG arbeiteten.

Vor allem aber das große **Museum des Eisernen Tores** (Muzeul Portile de Fier, am Ende des Boulevard Carol I in der Str. Independenței) sollte man sich nicht entgehen lassen. In einer alten Mädchenschule mitten im Park an der Donau sind in zahlreichen Sälen und auf drei Etagen Exponate aus Ur- und Frühgeschichte, aus der römischen Epoche (inkl. eines Modells der Trajanusbrücke, das einen ganzen Raum einnimmt!), aus Flora und Fauna, Folklore und Industrialisierungszeit der Gegend zu sehen. Eine Bilderreihe im ersten Saal des Museums zeigt die Ortschaften, die durch den Bau des Stausees für immer in den Fluten versunken sind. Unten wiederum, im Kellergeschoss, tummeln sich in etwas düsteren Aquarien die verschiedensten Donaufische, zu denen u. a. auch der Stör gehört.

Belogradčik und Magurahöhlen

Von Vidin über die E 79 und kleine gewundene Gebirgsstraßen kommt man zu den uralten Magurahöhlen am Rabischasee und nach Belogradčik. Während die unterirdischen Gewölbe der Höhlen am blau glitzernden Gebirgssee mit eindrucksvollen Tropfsteinformationen und alten Wandmalereien aus der Jungsteinzeit imponieren, ragen kaum 30 km weiter ebenso bizarre wie schroffe Felsfiguren in den Himmel von Belogradčik. Inmitten dieser Karstriesen, die mit phantasievollen Namen und Legenden verbunden sind, liegt die in römischer Zeit errichtete Festung Kaleto. Die Anlage wurde von den Byzantinern, Bulgaren und Osmanen zu einem soliden Bollwerk ausgebaut – heute hat man von den Ruinen einen herrlichen Rundblick über die Gebirgslandschaft und das kleine Städtchen zu ihren Füßen (tgl. 8–11.30, 13.30–17.30, im Sommer bis 20 Uhr, Führungen auch in Deutsch. Reiseatlas: S. 236, A 4).

Wild-romantische Landschaft mit bizarren Felsformationen nahe Belogradčik

Nach dem Museumsbesuch kann man durch den Uferpark an den Resten der **Festungsanlage,** einer **römischen Therme** und durch die wunderbar gepflegte Anlage des **Rosenparks** zurückspazieren. Es lohnt sich, eine Führung über das örtliche Tourismuszentrum zu buchen, da die Beschilderungen größtenteils auf Französisch und Rumänisch sind (Di–So 9–18 Uhr).

Das touristische Informationszentrum befindet sich neben dem Hotel Continental; sollte es nicht geöffnet sein, fragt man an der Hotelrezeption nach einem Ansprechpartner.

Continental Hotel Park: Boulevard Carol Nr. 2, Tel. 02 52-30 67 30, Fax 30 67 07, drobeta@continentalhotels.ro. Auf der Hotelterrasse lässt sich für preiswert und gemütlich speisen. Weitere Klein-Restaurants finden sich am Anleger und am Boulevard Smardan.

Herkulesbad: Von Turnu Severin werden Ausflüge in das etwa 45 Autominuten entfernte Herkulesbad angeboten. In dem schönen Gebirgstal sind die römischen Thermen instand gesetzt worden, so dass man in ihnen wieder kuren kann. Leider wurde die Originalanlage in den 1970er-Jahren mit einem riesigen Hotelklotz umbaut. Andere Gebäude aus der Belle Epoque sind bereits oder werden gerade schön restauriert.

Die Donau als Grenze zwischen Rumänien und Bulgarien

Nach der zweiten Đerdap-Schleuse bei Prahova öffnet sich die Landschaft zu einer flachen, relativ eintönigen Tiefebene, die im Norden einerseits von den transsilvanischen Karpaten, im Süden vom Balkangebirge eingerahmt wird. Der Fluss schmiegt sich nun an die südlichen Hänge an, bis er in einem Bogen das serbisch-rumänisch-bulgarische Dreiländereck und mit ein paar weiteren Schleifen Calafat und Vidin erreicht. Scharf abknickend bildet die nun stetig und behäbig gen Nordosten fließende Donau die bulgarisch-rumänische Grenze.

Calafat und Vidin

Reiseatlas: S. 236, A/B 3
Während **Calafat** vorwiegend von Verkehr und Industrie geprägt ist, hat sich das bulgarische **Vidin** trotz vieler Zerstörungen im Zuge seiner wechselvollen Geschichte und trotz der sozialistischen ›Städtebaumaßnahmen‹ eine historisch und architektonisch interessante Stadtatmosphäre bewahren können. Die von den Kelten im 3. Jh. gegründete und unter den Römern, Bulgaren und Byzantinern befestigte Siedlung war zwischenzeitlich Hauptstadt des nordwestlichen Bulgarenreiches und im Mittelalter dessen wichtigster Donauhandelshafen. Von den unzähligen Minaretten aus der osmanischen Zeit ist auch hier, unweit des Donauufers, nur noch ein einziges erhalten. Das kleine herzförmige Symbol auf dem Minarett, das den Halbmond ersetzt, ließ Pascha Osman Pasvantoglu, ein abtrünniger Vasall des Sultans, als Zeichen seiner Unabhängigkeit anbringen – Vidin profitierte vom Trotz des rebellischen Paschas und wurde im 18. Jh. Zentrum seines kleinen souveränen Imperiums.

Direkt an der Donau liegt die von den Römern angelegte und mehrmals im Laufe der Geschichte von Byzantinern, Bulgaren und Osmanen umgestaltete quadratische Festung **Baba Vida** (tgl. 8.30–16.30, Fei 10–16.30 Uhr). Von hier zieht sich längs des Flusses ein langer Park bis zum Hafen. Vom Hafen gelangt man über die ul. Simeon Veliki zum **Historischen Museum** (Nr. 13, Di–So 9–12 und 14–18 Uhr), das allein schon durch sein pagodenähnliches Gebäude beeindruckt – es ist der ehemalige türkische Regierungspalast.

An derselben Straße befindet sich auch die prächtige **Kathedrale Sveti Dimetar** mit ihren hohen Zwiebeltürmen und einer sehenswerten Ikonenwand im Inneren. Auch der zentrale **Platz Bdinzi** liegt nicht weit entfernt. Während der sozialistischen Periode wurde der Platz so umgestaltet, dass er aus der Vogelperspektive wie ein Schiff aussieht. Da man sich allerdings selten in dieser Perspektive dem Platz nähert, wirkt das Architekturgemisch aus alten Bürgerhäusern, dem gedrungenen Stadttor und den monumentalen Hochhausfassaden vor allem skurril. Im Sommer laden die kühlen Räume der kleinen Cafés, die in den alten Stadttoren eingerichtet wurden, zur Erholung ein.

Es gibt keine lokale Touristeninformation, aber in den Hotels hilft man gern weiter.

Hotel Ninov: ul. Dunavska 28, Tel. 094-60 04 87. Unweit vom Hafen und direkt am Donaukai, mit ordentlichen Zimmern, Restaurant und Panoramacafé. DZ 44–55 €.

5 km südlich der Stadt befindet sich die **Fährstation** zum rumänischen Calafat (ca. 10–12 € pro Auto). Mit dem Passagierschiff vom städtischen Hafen (ca. 2–3 € pro Person) können Fußgänger und Fahrradfahrer mehrmals täglich übersetzen.
Nationaler und internationaler Eisenbahnverkehr vom direkt am Hafen gelegenen **Bahnhof** (ul. Saedenenie), nebenan der **Busbahnhof,** ul. Schelesnicharsk, von dem aus man auch ins Ausland reisen kann.

Zwischen Vidin und Russe

Grüne Sumpflandschaften, Inselgruppen mit palisadenartigen Pappel- und Weidenbeständen, Wasser und dichtes Buschwerk, hinter dem ab und an ein verfallenes Industriegebäude hervorlugt, sind für diesen Landstrich Rumäniens typisch. Auf bulgarischer Seite sind zahlreiche kleine Ortschaften an den leicht ansteigenden Ufern entstanden. Blumenreiche Uferterrassen, Kirchen und hübsche Häuschen heben sich vor hellen Kreidefelsbrüchen und grünen Feldern des bulgarischen Donautafellandes malerisch ab. Der breite Streifen zwischen dem Fluss und dem Balkangebirge ist eine der fruchtbarsten Regionen Bulgariens, noch heute wird der größte Teil der landwirtschaftlichen Produkte hier erzeugt.

Kosloduj

Reiseatlas: S. 236, C 3
Das Atomkraftwerk von Kosloduj stellt für Bulgarien eines der größten Probleme in Bezug auf den geplanten Beitritt zur Europäischen Union dar. Die Anlage soll bis zum Jahr 2006 vollständig abgeschaltet werden, bisher sind jedoch erst zwei der vier Blöcke außer Betrieb. Abgesehen von dieser Umweltgefahr ist die Stadt für ihre Rolle im Befreiungskampf gegen die Osmanen berühmt geworden. Im April 1876 ging hier der in Bulgarien als Poet und ›Gentlemanrebell‹ verklärte Christo Botev mit einer als Gärtner verkleideten Widerstandsgruppe von Bord des von ihnen gekaperten Schiffes ›Radetzky‹ – nicht ohne sich vorher bei den Passagieren und dem Kapitän des Schiffes vornehm entschuldigt zu haben. Schon kurz nach der Landung wurden Botev und seine Mitstreiter überwältigt und hingerichtet. Eine Nachbildung des DDSG-Dampfers kann man im Westen der Stadt am Donauufer besichtigen.

Turnu Măgurele und Nikopol

Reiseatlas: S. 237, D 3
Die im zweiten nachchristlichen Jahrhundert gegründeten Befestigungen und heutigen Städte Turnu Măgurele und Nikopol wurden unter den Römern, Byzantinern und Osmanen zu wichtigen militärischen Stützpunkten

ausgebaut. 26 Türme sollen sich damals über der Burg von Nikopolis emporgereckt haben, hier und über der Festung am linken, rumänischen Ufer flatterten die Fahnen der türkischen Obrigkeit. 1396 erlitten die Kreuzfahrerheere des französischen Marschalls Jean de Boucicaut, des Burgunderherzogs Jean de Nevers und König Sigismunds an dieser Stelle eine vernichtende Niederlage, durch die die Vormachtstellung der Osmanen auf dem Balkan in den nächsten Jahrhunderten maßgeblich bekräftigt wurde.

Wie überall entlang der Donau finden sich in beiden Orten noch zahlreiche Ausgrabungsstücke der römischen Periode, hinzu gesellen sich in Turnu Măgurele Ruinen aus neuerer Zeit – die Anlagen des großen, mittlerweile stillgelegten Chemiewerkes am Donauufer gehören zum sozialistischen Erbe.

Insel Belene und Svištov

Reiseatlas: S. 237, E 3
Auf den kleinen Donauinseln mit ihren Sandstränden und ihrer üppigen Vegetation herrscht im Sommer vergnügter Bade- und Angeltourismus. Die Insel Belene (Flusskilometer 574) hat sich allerdings keinen guten Ruf in der bulgarischen Geschichte erworben. Zwischen 1941 und 1944 befand sich hier ein Konzentrationslager, später setzten die Kommunisten die Schrecken fort, indem sie politische und kriminelle Gefangene unter grausamen Bedingungen auf der Insel gefangen hielten. In den 1980er Jahren begann man den Bau eines 1000-Megawatt-Reaktors, doch obwohl für die Fundamente und Infrastruktur dieses Atomkraftwerkes damals 1,3 Mrd. US-Dollar ausgegeben wurden, mussten die Bauarbeiten aufgrund von massiven Protesten verschiedener Umweltschutzorganisationen für mehr als ein Jahrzehnt eingestellt werden. Erst Anfang April 2005 gab die bulgarische Regierung grünes Licht für den Weiterbau, der nun mit einer geplanten Kapazität von 2000 Megawatt die Anlage von Kosloduj ersetzen soll.

Mit **Svištov** hat die Donau ihren südlichsten Punkt erreicht. Hier befand sich einst das römische Novae. In der **Ausgrabungsstätte** unweit der heutigen Stadt kann man wertvolle Skulpturen und Münzen dieser Epoche sowie Fundamente und Rekonstruktionen des ehemaligen Kastells und seiner frühchristlichen Basilika besichtigen. Unter den Osmanen wurde Svištov zum persönlichen Eigentum der Sultanin und genoss damit erhebliche wirtschaftliche Vorteile. Seidenraupenzucht, Weinbau und Viehzucht sorgten einst für den Reichtum der Stadt, der Hafen war ein beliebter Warenumschlagplatz. Die schönen alten Häuser im Zentrum, ein Park und viele Kirchen – darunter die 1867 entstandene **Sveta Troica Kirche** des berühmten bulgarischen Baumeisters Koljo Fičeto – tragen zum Reiz des heutigen, touristisch leider allzu oft übersehenen Städtchens bei.

Gemeinde Svištov: Canko Cerkovski 2, Tel. 06 31-6 08 54. Vom Hafen besteht Fährverkehr nach Rumänien.

Russe

Reiseatlas: S. 237, F 3

Verbunden durch die 2824 m lange ›Brücke der Freundschaft‹ liegen sich die rumänische Stadt Giurgiu und das bulgarische Russe gegenüber. Die Freundschaft zwischen den beiden ungleichen Donaustädten hat sich allerdings trotz des 1954 erbauten und 2003 erneuerten doppelbödigen Verkehrswunders herzlich wenig und wenig herzlich entwickelt. Misstrauisch blickt man von hüben nach drüben – alte Vorurteile und neues Konkurrenzgehabe sind gewiss auch mit im Spiel, vor allem aber hat die verpestete Luft, die aus rumänischen Kombinaten in den 1980er Jahren herüberwehte, das Verhältnis nachhaltig belastet.

Russe, das auf eine bewegte Vergangenheit zurückblicken kann, hat mittlerweile als fünftgrößte Stadt Bulgariens und wichtigster Donauhafen des Landes einen spürbaren wirtschaftlichen Aufschwung erlebt. **Giurgiu** wird bisher meist nur als Ausgangshafen für Fahrten nach Bukarest angesteuert, obwohl die von genuesischen Kaufleuten gegründete Stadt mit einer alten Burgruine aus dem 15. Jh., einer Turmuhr aus der türkischen Epoche und einigen schönen Altstadthäusern und Kirchen durchaus auch ihren Reiz hat.

Russes Ursprünge gehen auf die römische Epoche zurück. Im 2. Jh. n. Chr. sollte der Limes hier durch die Gründung der ›Stadt der 60 Schiffe‹ (Sexaginta Prista) nach Norden abgesichert werden. Russes Potenzial als strategisch wichtiger Hafenplatz schien damit vorgezeichnet. Dennoch verließen die meisten Bewohner im 6. Jh. die Stadt, um im befestigten Červen zu wohnen. Russe bzw. Rustschuk, wie es von den Osmanen genannt wurde, bildete sich erst im 15. Jh. zur belebten Handelsstadt aus. Durch seine günstige Lage erfreute sich das Städtchen besonderer wirtschaftlicher Zuwendungen durch die Osmanen, war aber auch Anziehungspunkt für viele Handelsschiffe aus Westeuropa. Konsulate, Schulen, Hotels und Bibliotheken entstanden. ›Klein-Wien‹ wurde die Stadt damals genannt, die mit ihren reich verzierten Bürgerhäusern und Adelspalästen, dem prunkvollen administrativen Zentrum im ›Haus des Einkommens‹ (heute das Theater) sowie schattigen Alleen und Plätzen Tummelplatz für europäische Kaufleute und

Sehenswürdigkeiten

1 Freiheitsplatz
2 Theater Sava Ognjanov
3 Opernhaus
4 Dreifaltigkeits-Kathedrale
5 Historisches Museum
6 Pantheon
7 Baba Tonka und Haus-Museum
8 Museum zur Städtischen Lebensweise
9 Hafen
10 Nationales Museum für Transport und Kommunikation

Übernachten, Essen & Trinken

11 Hotel Danube-Plaza
12 Hotel Bistra & Galina
13 Grillrestaurant Happy

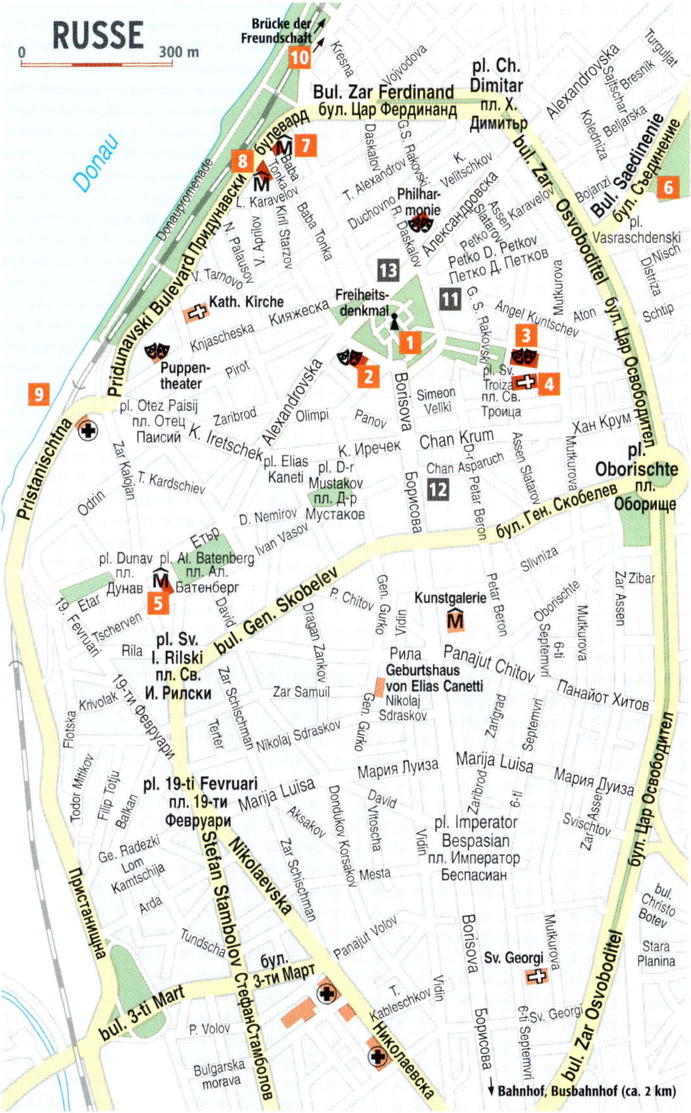
RUSSE
0
300 m
Donau
Brücke der Freundschaft
Bul. Zar Ferdinand
бул. Цар Фердинанд
pl. Ch. Dimitar
пл. Х. Димитър
bul. Zar Osvoboditel
бул. Цар Освободител
Bul. Saedinenie
бул. Съединение
Pridunavski Bulevard Придунавски булевард
Donaupromenade
Kath. Kirche
Puppen-theater
Philhar-monie
Freiheits-denkmal
Kunstgalerie
Geburtshaus von Elias Canetti
Sv. Georgi
pl. Otez Paisij
пл. Отец Паисий
pl. Sv. Troiza
пл. Св. Троица
pl. Oborischte
пл. Оборище
bul. Gen. Skobelev
бул. Ген. Скобелев
pl. Dunav
пл. Дунав
pl. Al. Batenberg
пл. Ал. Батенберг
pl. Sv. I. Rilski
пл. Св. И. Рилски
pl. 19-ti Fevruari
пл. 19-ти Февруари
pl. Imperator Bespasian
пл. Император Беспасиан
pl. D-r Mustakov
пл. Д-р Мустаков
pl. Elias Kaneti
Pristanischtna
Пристанищна
Stefan Stambolov
СтефанСтамболов
Nikolaevska
Николаевска
bul. 3-ti Mart
бул. 3-ти Март
Borisova
Борисова
Alexandrovska
Александровска
Marija Luisa
Мария Луиза
Panajut Chitov
Панайот Хитов
Chan Krum
Хан Крум
K. Iretschek
К. Иречек
Knjascheska
Княжеска
Chan Asparuch
Petko D. Petkov
Петко Д. Петков
Bahnhof, Busbahnhof (ca. 2 km)
1 2 3 4 5 6 7 8 9 10 11 12 13

Diplomaten war. Elias Canetti, Literaturpreisnobelträger von 1981, hat seine Kindheit und Jugend in ›Rustschuk‹ verbracht – sein schönes, aber leider immer mehr verfallendes Geburts- und Elternhaus in der General Gurko Str. 13 wartet seit Jahren darauf, restauriert und zu einem Museum zu werden.

Vom Freiheitsplatz zur Donau

Der weitläufige **Freiheitsplatz** 1 mit seinen schönen Blumenbeeten und Wasserspielen sowie dem ›Denkmal der Freiheit‹ des italienischen Bildhauers Arnoldo Zocchi (1906) ist von ebenso wichtigen wie stattlichen Häusern umgeben: Das ehemalige ›Haus des Einkommens‹ und heutige **Theater Sava Ognjanov** 2 von 1896 ist ohne Zweifel einer der prächtigsten Gründerzeitbauten Russes. Vom Freiheitsplatz ist es nicht weit bis zum benachbarten **Dreifaltigkeitsplatz** (ploschad Sveta Troica), der mit dem architektonisch reich dekorierten **Opernhaus** 3 und der im 17. Jh. errichteten **Dreifaltigkeits-Kathedrale** 4 und dem beeindruckt. Wer lieber den Spuren heutiger Geschäftsleute folgt, erkundet die Aleksandrovska. Manch skurriles Souvenir, aber auch Markenartikel, Bücher und Musik finden sich hier in den zahlreichen Läden längs des breiten Fußgänger-Boulevards. Am südwestlichen Ende der Flaniermeile schließt sich der große Alexander Battenberg Platz mit schönen Grünanlagen an. In dem frisch sanierten gleichnamigen Neorenaissance-Palais befindet sich das **Historische Museum** 5 (Mo–Fr 9–12, 14–17 Uhr). Ikonen und Alltagsgegenstände aus Červen, Informationen zum Höhlenkloster von Ivanovo sowie Teile des Thrakerschatzes von Borovo und Funde aus Urgeschichte und Römerzeit sind zu besichtigen.

Vom Freiheitsplatz über die ul. Baba Tonka erreicht man schnell die Donaupromenade. Die patriotische Baba (Mutter), nach der die Straße benannt ist und die hier auf einem Sockel steht, soll den Tod ihrer vier Söhne mit den Worten »Hätte ich noch einmal vier Söhne, würde ich auch sie schicken, die bulga-

Das Haus der Finanzen in Russe

rische Fahne in den Kampf zu tragen« kommentiert haben. Die fatalen Folgen solch mütterlicher Vaterlandsliebe kann man in den Grünanlagen am Bulvard Saedinenie auf der anderen Seite der Innenstadt besichtigen. Dort nämlich sind die Gebeine von 453 Helden der nationalen Wiedergeburt in einem **Pantheon** 6 beigesetzt. Tonkas **Haus-Museum** 7 hingegen ist meistens verschlossen. Stattdessen befindet sich unweit davon das **Museum zur städtischen Lebensweise** 8 (Mo–Fr 9–12, 14–17 Uhr). Dort sind Fotos, Dokumente und Mobiliar aus der Zeit der Wiedergeburt der Stadt zu besichtigen, die Architektur und das Interieur veranschaulichen die großbürgerlichen Gepflogenheiten im 19. und 20. Jh.

Entlang der einsamen Donaupromenade ist es stromaufwärts nicht weit bis zum städtischen **Hafen** 9. In entgegengesetzter Richtung befindet sich im ehemaligen Bahnhof das **Nationale Museum für Transport und Kommunikation** 10. Die älteste Lokomotive Bulgariens gehört zum Fundus, aber auch weitere originelle Zugmaschinen und Waggons. Immerhin hielt, und hält nun wieder, der legendäre Orient-Express in Russe (Mo–Fr 8.30–17.30 Uhr).

Das **Touristik-Informationszentrum** befindet sich an der ul. Aleksandrovska 61, Tel. 082-23 56 60, tic @tic.rousse.bg. An der Rezeption des Hotels Danube-Plaza werden ebenfalls Ausflüge und Unterhaltungsangebote organisiert.

Hotel Danube-Plaza 11: pl. Svoboda 5, Tel. 082-82 29 29, Fax 82 29 52, hotel@danubeplaza.com, www.danubeplaza.com. Das 4-Sterne-Haus am Zentrumsplatz bietet mit Cocktailbar, Folkloreshows und Nachtclub einen eigenen gediegenen Komfort und gilt als bestes Hotel der Stadt. Im Restaurant werden Kuchen aus der eigenen Konditorei serviert. Neben leckeren Törtchen bekommen Touristen hier auch die aktuellen Informationen über Russe auf Englisch. DZ ab 60 €.

Hotel Bistra & Galina 12: ul. Khan Asparuch 8, Tel. 082-82 33 44, Fax 82 33 45, hotel@chamber.rousse.bg. Das komfortable moderne 3-Sterne-Hotel bietet günstige Einzel- und Doppelzimmer (ab 35 €). In dem kleinen Restaurant wird gute bulgarische Hausmannskost serviert.

Grillrestaurant Happy 13: pl. Svoboda, Tel. 082-27 71 81, tgl. 9–24 Uhr. Die landesweite Happy-Kette zählt in Bulgarien zu den beliebtesten Treffpunkten. Auf dem schönen Platz in Russe kann man hier das städtische Treiben bei frischen Salaten und leckeren Fleischspeisen genießen. Ab 3 €.

Inlandsverkehr über den **Bahnhof** und **Busbahnhof,** ul. Pristanična, Richtung Sofia, Balkangebirge, Plovdiv und zur Schwarzmeerküste. Der **Grenzübergang** für Autofahrer ist die Brücke der Freundschaft, Fahrradfahrer und Fußgänger sind auf den **Fährverkehr** angewiesen.

Russenski Lom

Reiseatlas: S. 237, F 3

20 km südlich von Russe erstreckt sich das mehr als 3000 ha große **Naturschutzgebiet Russenski Lom** mit hohen Kalksteinmassiven, zwischen denen sich der Fluss Lom mit seinem tief eingegrabenen Bett hindurchschlängelt. 1970 wurde die malerische Landschaft, die mit ihrer reichen Flora und Fauna ein Paradies für Wanderer und Naturliebhaber ist, zum Nationalpark erklärt. Während man hier durchaus auch Wölfen und Wildkatzen begegnen kann, trifft man Menschen eher selten. Die Wege führen oft steil und steinig bergan und bergab. Von den Graten und Gipfeln hat man einen herrlichen Blick über das Tal und auf die von Höhlen durchsetzten Felshänge. In den Tropfsteinhöhlen am Adlerfels (Orlovka Tschuka) kann man auf Spuren vergangener menschlicher und tierischer Bewohner stoßen. Die gut erhaltene Festungs- und Dorfanlage von Červen aus dem 13./14. Jh. neben der gleichnamigen Siedlung lohnt die Besichtigung.

Nicht nur geografische Höhepunkte des Parks sind die **Höhlenklöster** und **Felsenkirchen** von **Ivanovo.** Im 13./14. Jh. bezogen Mönche die an steilen Felswänden gelegenen Höhlenkomplexe und bemalten die Kammern mit religiösen Motiven. Derzeit ist leider nur eine der seit 1983 zum UNESCO-Welterbe zählenden Felsenkirchen zu besichtigen – dazu folgt man von der Ortschaft Ivanovo dem Fluss Lom bis zu einem Parkplatz, von wo aus der Weg markiert ist (tgl. 10–13, 15–18 Uhr, Infos unter 08116-27 15).

Bukarest

Reiseatlas: S. 237, F 2/S. 238, A 3
Obwohl die rumänische 2-Millionen-Hauptstadt Bukarest etwa 70 km abseits der Donau und fast 200 km vom Schwarzen Meer entfernt liegt, führt praktisch jeder Weg in Rumänien hierhin. Über eine Million Fluggäste aus dem In- und Ausland landen jährlich allein auf dem Flughafen Otopeni, sämtliche wichtige Verkehrsstraßen führen von Bukarest strahlenförmig ins Land und die meisten Zugverbindungen enden am Gara de Nord, dem Nordbahnhof der Stadt.

Von Giurgiu können Donaureisende mit dem Bus oder der Bahn durch die flache, oft einsame Landschaft der rumänischen Tiefebene fahren, um die Hauptstadt zu besichtigen. Die Fahrt führt durch Felder und Wiesen sowie oft durch ärmliche Siedlungen. Eselskarren und barfüßige Kinder gehören ins Straßenbild.

Stadtmitte

Umso schärfer ist der Kontrast, wenn man das Zentrum mit dem überdimensionierten **Palast des Volkes** 1 und der architektonisch entsprechend gestalteten Umgebung mit seinen Prachtstraßen und Wasserspielen erreicht. Nicolae Ceaușescu hatte dafür in den 1980er-Jahren fast ein Fünftel der Gebäude der Stadt abtragen lassen, allein 333 000 m² gehören zu den Räumlichkeiten des Hauptgebäudes, in dem sich heute das Parlament befindet.

Bisher sind erst 90 % der Arbeiten abgeschlossen, zudem heißt es, man habe längst noch nicht alle existierenden Räume entdeckt. Ein unterirdischer Atombunker und ein Schwimmbad sollen z. B. erst unlängst aufgespürt worden sein. Doch selbst wenn die Möglichkeit bestände, könnte wohl kaum jemand die mehr als 300 Säle, die sich über vier Ebenen erstrecken, bei einem Bukarest-Besuch besichtigen. In den riesigen Räumen korrespondieren Marmor, Stuck und Intarsienarbeiten mit den Ornamenten der Teppiche und Möbel, tonnenschwere Kronleuchter hängen von den Decken. Unfassbar erscheinen die Ausstattung und die magisch anmutenden Zahlen und Summen, die zu dem Thema genannt werden: 30 000 Menschen arbeiteten täglich in drei Schichten auf dem Bau, für den bereits 1984 mehr als 3 Mill. Dollar ausgegeben worden waren. Wem das alles zu viel wird, der sollte ein Stück zu Fuß um das Bauwerk herumgehen – auf diese Weise erlebt man Wuchtigkeit und Ausmaß fast am besten und bekommt zudem noch gute Fotomotive geboten. Dabei sieht man übrigens auch den Balkon, von dem schon viele prominente Persönlichkeiten heruntergrüßten. Michael Jackson soll der jubelnden Bevölkerung von hier ein fröhliches ›Hallo Budapest‹ zugerufen haben …

Vom Haus des Volkes führt der **Prachtboulevard dul Unirii** an hohen Funktionärsquartieren mit bereits dunkel werdenden Marmorfassaden vorbei, die das riesige Architekturensemble ergänzen sollten. Jetzt haben sich hier Firmen und Regierungsbehörden angesiedelt, auf den Dächern glänzen Reklametafeln. Am Vereinigungsplatz

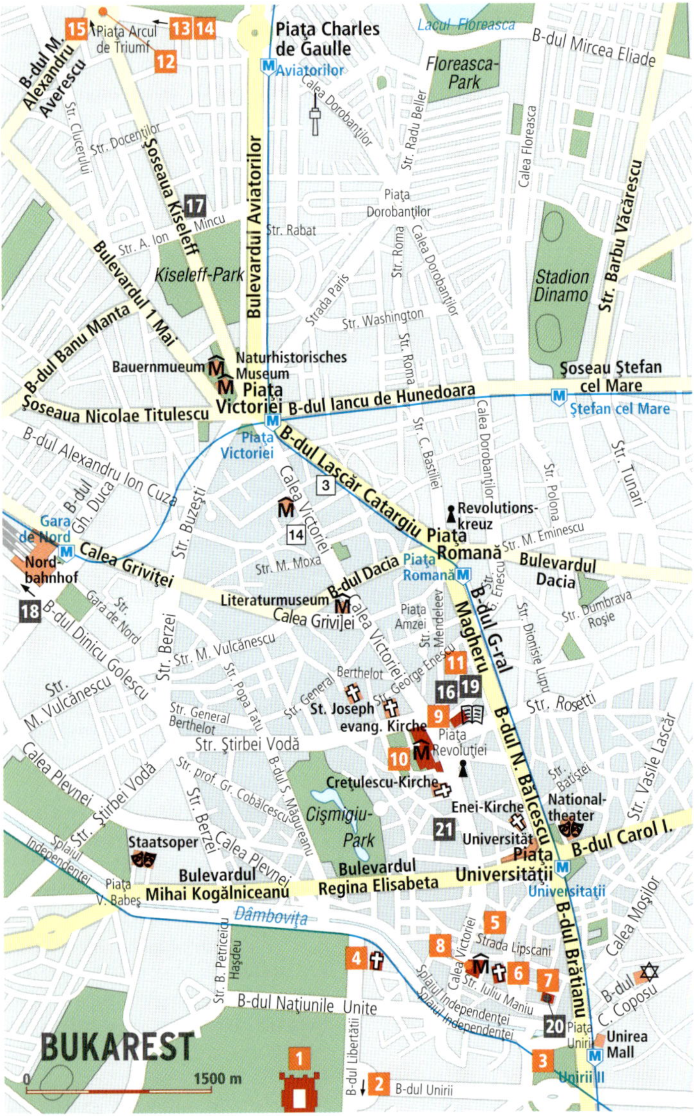
BUKAREST
0
1500 m
Piața Charles de Gaulle
Aviatorilor
Lacul Floreasca
B-dul Mircea Eliade
Floreasca-Park
Piața Arcul de Triumf
B-dul M. Alexandru Averescu
Str. Ciucerului
Str. Docenților
Șoseaua Kiseleff
Bulevardul Aviatorilor
Calea Dorobanților
Str. Radu Beller
Calea Floreasca
Str. Barbu Văcărescu
Piața Dorobanților
Str. Rabat
Mincu
Str. A. Ion
Kiseleff-Park
Bulevardul 1 Mai
Str. Roma
Strada Paris
Str. Washington
Stadion Dinamo
B-dul Banu Manta
Bauernmuseum
Naturhistorisches Museum
Piața Victoriei
Șoseaua Nicolae Titulescu
B-dul Iancu de Hunedoara
Șoseau Ștefan cel Mare
Ștefan cel Mare
B-dul Alexandru Ion Cuza
B-dul Lascăr Catargiu
Str. C. Bastiliei
Str. Polona
Str. Tunari
Calea Victoriei
Str. Buzești
B-dul Gh. Duca
Gara de Nord
Nordbahnhof
Calea Griviței
Revolutionskreuz
Piața Romană
Str. M. Eminescu
Bulevardul Dacia
Str. M. Moxa
B-dul Dacia
Str. G. Enescu
B-dul G-ral Magheru
Literaturmuseum
Calea Griviței
Piața Amzei
Str. Mendeleev
Str. Dionisie Lupu
Str. Dumbrava Roșie
Str. Gara de Nord
B-dul Dinicu Golescu
Str. Berzei
Str. M. Vulcănescu
Str. Popa Tatu
Berthelot
Str. General Berthelot
Str. George Enescu
St. Joseph
evang. Kirche
Piața Revoluției
Str. Rosetti
B-dul N. Bălcescu
Str. Știrbei Vodă
Str. prof. Gr. Cobălcescu
B-dul S. Măgureanu
Crețulescu-Kirche
Cișmigiu-Park
Enei-Kirche
Str. Batiștei
Nationaltheater
Str. Vasile Lascăr
Calea Plevnei
Str. Știrbei Vodă
Staatsoper
Universität
Piața Universității
B-dul Carol I.
Splaiul Independenței
Piața V. Babeș
Bulevardul Mihai Kogălniceanu
Bulevardul Regina Elisabeta
Universității
Dâmbovița
Calea Moșilor
Str. B. Petricelcu Hașdeu
Strada Lipscani
Calea Victoriei
Str. Iuliu Maniu
Splaiul Independenței
B-dul Brătianu
B-dul C. Coposu
B-dul Națiunile Unite
Piața Unirii
Unirea Mall
Unirii II
B-dul Libertății
B-dul Unirii
1 2 3 4 5 6 7 8 9 10 11 12 13 14 15 16 17 18 19 20 21

Sehenswürdigkeiten

1 Palast des Volkes
2 Kathedrale des Patriarchats
3 Karawanserei Hanul lui Manuc
4 St.-Michael-Kirche
5 Schmuckpassage
6 Stavropoleos-Kirche
7 Fürstenhof
8 Geschichtsmuseum
9 Universitätsbibliothek
10 Königsschloss, Kunstmuseum
11 Romanisches Athenäum
12 Triumphbogen
13 World Trade Center
14 Pressezentrum
15 Dorfmuseum

Übernachten

16 Hotel Athenee Palace Hilton
17 Hotel Triumf
18 Hotel Černa

Essen und Trinken

19 La Premiera
20 Niro
21 Simfonia

gehen sternförmig Straßen von dem schönen Boulevard ab. In südwestliche Richtung führt eine Straße bergauf zur **Kathedrale des Patriarchats** 2, die sich in einem ehemaligen Klosterkomplex befindet. Nördlich des Platzes stößt man auf die einzige in der Stadt erhalten gebliebene ehemalige **Karawanserei Hanul lui Manuc** 3. In dem Gasthof des Armeniers Manuc Bey aus dem 19. Jh. machten damals die Kaufleute mit ihren Pferden halt, die zu Handelszwecken in die walachische Fürstenstadt kamen. Aber auch ohne Pferd können Touristen hier im heutigen Restaurant eine Stärkung bekommen.

Dem kanalisierten Fluss Dâmbovița aufwärts folgend, kommt man zur **St.-Michael-Kirche** 4, einem hohen Gotteshaus mit effektvollen Blendarkaden und schöner Innenausstattung. Die Kirche ist das einzige Gebäude, das 1985 nicht abgerissen, sondern versetzt wurde, als Ceaușescu daranging, die Pläne zur Gestaltung der Umgebung seines Palastes umzusetzen.

Viktoriastraße bis Revolutionsplatz

Elegante und teure Boutiquen, schicke Cafés, Kinos mit den neuesten Hollywood-Erfolgen, Banken und Auto-Salons reihen sich auf der traditionellen Prachtallee der Calea Victoriei aneinander. Ebenso umtriebig, aber ohne Autoverkehr sind die von hier abzweigenden Seitengassen des ehemaligen **Handelsviertels.** Hübsch ist die mit getöntem Glas überdachte **Schmuckpassage** 5, die ein diffuses gelbes Licht erzeugt, sowie die **Stavropoleos-**

Kirche 6 – ein mit zarten Pflanzenmotiven verziertes griechisches Gotteshaus aus dem 18. Jh., das zwischen den schönen hohen Bäumen einer weiteren Seitenstraße hervorlugt. Von der Kirche ist es nicht weit zur Strada Iuliu Maniu, in der sich die Reste des ersten Bukarester **Fürstenhofes** 7 aus dem 15. und 16. Jh. verstecken, am besten erhalten davon ist die mit Blütenornamenten verzierte Dreikonchenanlage der nahe gelegenen alten **Hofkirche.**

Auf der Calea Victoriei kommt man zunächst am großen klassizistischen ehemaligen Postpalais vorbei, in dem heute das **Geschichtsmuseum** 8 untergebracht ist (Eingang Stavropoleos 12, Tel. 021-6 15 70 56, Mi–So 10–16, im Winter 9–17 Uhr). Vorbei an etlichen schönen alten Kirchen und Palastgebäuden, die im so genannten ›Brăncoveneanu-Stil‹ mit zahlreichen Blendarkaden und Verzierungen erbaut wurden, gelangt man schließlich zum **Revolutionsplatz.** Hier befindet sich die **Universitätsbibliothek** 9, ein 1910 errichtetes hohes Gebäude mit nachempfundener Barockfassade, das 1989 während der Revolution von Ceauşescus Truppen angegriffen und gestürmt wurde. Viele Bücher und Handschriften gingen dabei verloren. Auch das gegenüberliegende **Königsschloss** 10, im neoklassizistischen Stil von N. Nenciulescu 1927–1937 erbaut, ist maßgeblich mit der Revolution verbunden: Von dem Balkon, der dem Platz zugewandt ist, versuchte Ceauşescu 1989 noch einmal das politische Ruder herumzureißen, dann jedoch floh die ganze Familie mitsamt ihren

Blick vom Hotel Continental auf das Zentrum von Bukarest

Hündchen vom Dach des Hauses per Hubschrauber.

Schon 1947 hatte die kommunistische Regierungspartei einen Teil des U-förmigen Palastkomplexes bezogen, vorher war es der Wohnsitz der rumänischen Königsfamilie. Seit 1950 ist in einem Teil des Schlosses das **Kunstmuseum** 10 (Calea Victoirei 49–53, Tel. 021-6 14 97 74) untergebracht, das mit über 70 000 Exponaten zu den bedeutendsten und reichsten Sammlungen des Landes gehört. Ikonen und Plastiken sowie Meisterwerke holländischer, italienischer, spanischer, russischer und rumänischer Künstler sind ein echtes Kulturhighlight der Stadt (Sommer Mi–So 11–19 Uhr, Winter 10–18 Uhr).

Nur wenige Schritte vom Platz entfernt stößt man inmitten einer Grünanlage auf das einem griechischen Tempel ähnelnde **Romanische Athenäum** 11 aus dem 19. Jh. Hinter der typisch griechischen Säulenvorhalle ragt der hohe Kuppelrundbau des Konzerthauses auf, in dem heute das Philharmonische Orchester spielt.

Zwischen Piața Romana und Dorfmuseum

An dem von dichtem Autoverkehr umfluteten Platz mahnt ein großes Revolutionskreuz an die Opfer der Revolution im Jahr 1989; der sich anschließende Boulevard Ana Ipătescu bzw. die Chaussee Kiseleff beeindrucken durch schöne alte Villen aus dem 19. und 20. Jh., in denen sich heute wie damals vor allem diplomatische Vertretungen einquartiert haben.

Am Ende der Chaussee wartet eine Überraschung: Ein **Triumphbogen** 12 wie in Paris steht inmitten der sternförmig darauf zustrebenden Verkehrsstraßen. Das ›Siegertor‹ wurde zu Ehren der im Ersten Weltkrieg kämpfenden Truppen errichtet.

Unweit des Platzes bilden das rumänische **World Trade Center** 13 und das 1956 im sozialistischen Zuckerbäckerstil erbaute **Pressezentrum** 14 einen harten architektonischen Gegensatz. Bei einer Pause im Luxushotel Sofitel dürfen mit Kaffee und Zeitung jedoch auch Politik und Wirtschaft ganz unzensiert miteinander vereint werden.

Ob hier oder woanders – eine Erfrischung empfiehlt sich auch deswegen, weil es auf dem gesamten Gelände des **Dorfmuseums** 15 keinerlei Getränkeverkauf gibt – außer einem nur bedingt funktionierenden Automaten! Das Freilichtmuseum bietet in der Hitze des Sommers nur wenige schattige Plätzchen, doch die auf 10 ha versammelten Häuser, Kirchen und Bauernhöfe aus verschiedensten Zeiten und Gegenden Rumäniens machen die Anstrengungen schnell vergessen. Tore mit reichen Schnitzereien aus der Moldauregion, kleine weiß gekalkte Häuschen mit bunten Fensterläden, die auch für die Donaudeutschen in Rumänien typisch waren, Holzkirchen mit hohen Türmen … Insgesamt sind 300 originale Bauten hier ausgestellt, doch auch diese repräsentieren nur einen Bruchteil der ehemaligen Vielfalt der rumänischen Dorfarchitektur (Sos. Kiseleff 28, 22291 10, Di–So 10–18 Uhr).

HELDEN UND VAMPIRE – ZUR GESCHICHTE BULGARIENS UND RUMÄNIENS

Der Bulgare nickt, wenn er nein sagt, und schüttelt den Kopf, wenn er etwas bejaht – diese ebenso listenreiche wie schwierige (man versuche es nur einmal selbst!) Ausdrucksform habe man sich unter dem ›osmanischen Joch‹ angeeignet, heißt es heute. Denn nur so konnte man den inneren Widerstand gegen die ungeliebten türkischen Besatzer demonstrieren, die über 500 Jahre das Land kontrollierten. Verhasst war vor allem die so genannte ›Knabenlese‹: Einmal im Jahr sammelten die türkischen Militärs in den besetzten Ortschaften männliche Kleinkinder ein, um sie am Sultanshof auszubilden. Ihren Familien völlig entfremdet, wuchsen diese Jungen zu ebenso kriegerischen wie islamtreuen Handlangern der osmanischen Armee heran, um später als allseits gefürchtete ›Janitscharen‹ militärisch einzugreifen oder mordend und plündernd durch die Lande zu ziehen.

Auch die Zerstörung von Palästen, Kirchen und Klöstern sowie das Verbot, neue Gebäude zu errichten, und darüber hinaus die zunehmende Ansiedlung türkischer Bevölkerungsgruppen kränkten das Nationalbewusstsein der Bulgaren tief. Schließlich hatte man sich in zwei glanzvollen Reichen selbst einmal weit über die Landesgrenzen hinaus ausbreiten können. Andererseits haben aber viele bulgarische Städte gerade in der osmanischen Zeit wirtschaftlich expandieren können und selbst religiöse Einrichtungen erfreuten sich mitunter etlicher Privilegien. Anders wäre es wohl kaum möglich gewesen, dass sich – oft ausgehend von den Klöstern – der von Priestern, Künstlern und Intellektuellen organisierte Widerstand immer mehr formieren konnte. Nicht nur in Partisanenkämpfen, auch in Architektur, Malerei, Literatur und Musik probte man den Aufstand. Bis heute sind die Zeugnisse jener Zeit, die als Epoche der ›nationalen Wiedergeburt‹ in die Geschichte Bulgariens eingegangen ist, allgegenwärtig, obwohl nach der russischen ›Befreiung‹ noch jahrzehntelang die Moskauer Politik den politischen Kurs des Landes bestimmte.

Auch in Rumänien kommt der Frage der nationalen Identität zentrale Bedeutung zu, ist doch die Herkunft des rätselhaften Walachenvolkes, das irgendwann im 11. oder 12. Jh. an den linksseitigen Donauufern sesshaft wurde, bis heute nicht eindeutig geklärt. Ob romanisierte Daker oder im Land gebliebene Römer die Vorfahren der heutigen Rumänen bilden, ist heftig umstritten. Es sei denn, man betrachtet die Angelegenheit wie in jenem Witz, nach dem die Rumänen das Produkt der weltweit ersten Männerehe sein sollen: Daker und Römer seien ihre Väter.

Erst mit der Entwicklung einzelner Fürstentümer nimmt die rumänische Geschichte klarere Konturen an. Dank des 1897 erschienen, überaus erfolgreichen Romans von Bram Stoker wurde einer dieser Fürsten, Vlad Tepes, Sohn des Dracul, später weltweit als ›Dracula‹ berühmt und berüchtigt. Das historische Vorbild der Romanfigur hatte zwar weder Vampirzähne noch die Gewohnheit, Blut zu trinken, doch seine unbarmherzige Gewaltherrschaft versetzte sowohl die Untertanen als auch die Feinde in Angst und Schrecken. Später, im Osmanenreich, übernahmen die zumeist griechisch-byzantinischen Vasallenfürsten, die ›Fanarioten‹, auf ihre Weise die Vampirrolle: Sie beuteten die Bauern, Hirten und die aus Indien eingewanderten und versklavten Stämme der Sinti und Roma erbarmungslos aus, um ihre Abgaben an den Sultanshof und den eigenen kostspieligen Lebenswandel zu finanzieren. Auch Königsdiktatur, Faschismus und schließlich der kommunistische Diktator Nicolae Ceauşescu haben in diesem Sinne den rumänischen ›Vampirismus‹ fortgesetzt: Nach der Revolution 1989, bei der Ceauşescu gestürzt und hingerichtet wurde, blieb das Land wirtschaftlich verarmt und politisch ruiniert zurück, gleichsam ›ausgeblutet‹. Erst allmählich zeichnet sich ein Genesungsprozess ab. Und mit der Aussicht auf den EU-Beitritt 2007 0der 2008 hofft Rumänien aus der ›Walachei‹ herauszukommen und politischen und wirtschaftlichen Anschluss an die europäischen Nachbarn zu finden.

Sozialistische Tristesse: der monumentale Palast des Volkes in Bukarest

›Was Wo Wann‹ erfährt man unter www.bucurestiwww.ro. Arcadia, Şos. Stefan cel Mare 2, apt. 25, sector 1, Tel. 021-2 10 07 07, Fax 2 10 12 22, www.rotravel.com/agencies/arcadia. Zimmervermittlung, Mietautos, Ticketservice, Stadtführungen, Rundreisen gehören zum kompetenten Service.

Hotel Athenee Palace Hilton 16: Str. Episcopiei 1–3, Tel. 021-3 15 44 00, Fax 3 15 38 13, www.hilton.com. Edel saniertes historisches Gebäude mit feinster moderner Ausstattung, in guter Lage unweit des Athenäums. DZ/Person ab 145 €.
Hotel Triumf 17: Şos. Kiseleff 12, Tel. 021-2 22 31 72, Fax 2 23 24 11. Nicht schick, aber ruhig gelegen, alle Zimmer mit Kabel-TV, außerdem Restaurantbetrieb, Bar und Tennisplatz. DZ ab 50 €.
Hotel Černa 18: Boulevard Golescu 29, Tel. 021-6 37 40 87, unweit des Gara de Nord. Gemeinschaftsbad, einfache saubere Zimmer. Ab 10 € pro Person.

La Premiera 19: Str. Tudor Arghezi 16, Tel. 021-3 12 43 97. Teures, aber ausgezeichnetes Restaurant, das sich dank seiner Köche schon seit der politischen Wende innerhalb der harten Konkurrenz behaupten kann. Menü ab 18 €.
Niro 20: Str. Covaci 16, Tel. 021-6 15 96 77, gute rumänische Küche, abends mit Folkloreauftritten, im alten Palast Curtea Veche. Menü ab 15 €.
Simfonia 21: Calea Victoriei 174, Tel. 021-3 12 95 16. Beliebtes und belebtes Restaurant im prächtigen Gebäude des Casino-Theaters Victoria. Menü ab 15 €.

Luxusboutiquen und Markenartikel findet man allerorten, u. a. auf den großen Prachtstraßen Victoriei und B-dul Magheru. Souvenirs werden meist vor den Museen und auf den Plätzen von fliegenden Händlern feilgeboten. Antiquitäten gibt es u. a. bei Andrews Antiques, Calea Victoriei 118, Tel. 021-2 22 55 43.

Auf der **Calea Victoriei** gibt es am Abend etwas für jeden Geschmack: Im Jazz Club Green Hours 22 (Victoriei 120) finden donnerstags und sonntags Jazzkonzerte statt, der Clubul Victoria (Nr. 174) genießt den Ruf, ein ebenso fröhliches wie anspruchsvolles Publikum zufrieden zu stellen. Mittels des ›Was Wo Wann‹ im Internet (s. o.) bzw. als Zeitschrift in den Hotels kann man sich über die aktuell angesagten Lokale informieren.

Ein Konzert der Philharmonie im Athenäum oder das alle zwei Jahre im September stattfindende internationale George-Enescu-Musikfestival sollte man nicht versäumen. Auch die religiösen Zeremonien zu den großen kirchlichen Festtagen – vor allem die Osterfeierlichkeiten – sind sehr eindrucksvoll.
Ganzjährig werden internationale Messen und Ausstellungen veranstaltet, in der ROMEXPO S.A., B-dul Marasti 65–67, Tel. 021-2 24 31 60, www.ccir.ro.

Flug: Aeroportul Otopeni, Şos. Bucureşti-Ploieşti, Tel. 021-2 04 12 10, 2 01 40 50, www.otp-airport.ro (international, etwa 17 km nördlich der Stadt). Aeroportul Băneasa, Şos. Bucureşti 40, Tel. 6 33 00 30 (Binnenflüge); Busse und Taxen von hier ins Stadtzentrum.
Bus und Bahn: Bucureşti Nord: internationale Züge und die wichtigsten nationalen Linien. Von Bucureşti-Băneasa, -Basarab, -Progresu, -Triaj, -Vest bzw. -Obor nur nationale Verbindungen. Unter www.cfr.ro finden sich Inlandsverbindungen und Tipps zur Weiterreise.
Busreisen: Eurolines-Touring Europabus România, Boulevard Alexandru Ion

Cuza 1, Tel. 021-2 10 08 90, Fax 3 12 85 43, office@touring.ro, www.eurolines.ro.
Stadtverkehr: Es gibt drei Linien der städtischen ›Metrou‹ (U-Bahn), die Fahrt durch den Untergrund ist schnell und preiswert. Oberhalb verkehren Straßenbahnen und Busse.

Silistra

Reiseatlas: S. 238, C 4
Die Kleinstadt an der Grenze zu Rumänien scheint mehr Taxis als Einwohner zu haben, was natürlich den Vorteil hat, dass man sich, ohne warten zu müssen, für sehr wenig Geld umherkutschieren lassen kann, z. B. zu der etwa 5 km südöstlich vom Zentrum auf einem Hügel gelegenen Festung **Medjid Tabija.** Allein der Ausblick auf die Stadt und die Donau lohnt einen Besuch; wenn man außerdem das Glück hat, den ›Hausherrn‹ der Ruine anzutreffen (am Festungstor steht seine Mobiltelefonnummer) kann man einen Rundgang durch die weitläufige Anlage unternehmen. Diverse Waffen, Dokumente und Fotos zur Geschichte, aber auch das Weinlager des Verwalters sind zu besichtigen. Einen edlen Tropfen aus seinem Bestand reicht der ebenso historisch- wie kulinarisch bewanderte Herr gern zur Verköstigung, zusammen mit Delikatessen aus der Küche seiner Frau (ul. Rakowski 24, offiziell Mo–Fr 8–12, 14–18 Uhr).

Silistra selbst entstand einst als römisches Militärfort im 2. Jh. an der Stelle einer thrakischen Siedlung. Neben verschiedenen Ausgrabungsstücken, auf die man überall in der Stadt und vornehmlich im **Donaupark** trifft, gehört das erst 1942 entdeckte **römische Grabmal** an der ›Straße des 7. September‹ zu den bedeutendsten Hinterlassenschaften der Römer in Bulgarien. Der mit wertvollen Fresken und Ornamenten verzierte Raum ist derzeit leider für Touristen nicht zu besichtigen. Stattdessen kann man im Zentrum das bulgarische Geschäftsleben auf der Flaniermeile rund um die großen Hotels studieren, in eine der alten Kirchen oder eines der brandneuen Cafés einkehren oder an der Donau spazieren gehen. Am Hafen lassen sich kleinere Ausflüge vereinbaren, auf ei-

Naturreservat Srebarna

Naturfreunde sollten einen Ausflug in das 16 km westlich von Silistra gelegene Naturreservat Srebarna nicht versäumen. Das 600 ha große Gebiet mit vielen flachen Süßwasserseen, schwimmenden Inseln und üppiger Vegetation ist Heimat von mehr als 100 Vogelarten bzw. unzähligen Zugvögeln. Zwischenzeitlich war das Gebiet durch Staudämme und die Verschmutzung der Donau derart gefährdet, dass die UNESCO es 1992 auf die Liste des bedrohten Weltnaturerbes setzte. Mittlerweile hat sich die Lage verbessert. Mit dem Boot können Touristen von der Ortschaft Srebarna aus Ausflüge buchen, am Westufer befindet sich ein kleines Naturkundemuseum (tgl. 9–12, 14–16 Uhr).

Niculiţei und Kloster Cocoş

Von Isaccea kann man durch die Hügel des ältesten Gebirges Europas, des ›Măcin‹, nach Niculiţei und zum Kloster Cocoş fahren. In Niculiţei befindet sich eine kleine, ehemals eingegrabene Kirche aus dem 14. Jh., die so vor der Zerstörung durch die Osmanen bewahrt wurde (Schlüssel beim Pfarrer). Das Museum am Ortsende überdacht die Fundamente einer Basilika aus dem 4. Jh., in der die Gebeine dreier christlicher Märtyrer aus dem 2. Jh. gefunden wurden. Die heiligen Knochen wurden mittlerweile ins Kloster Cocoş gebracht, das die Kirchen-Geschichte in der Gegenwart fortschreibt: Hinter dem reich verzierten Eichentor versteckt sich ein gut gepflegter Klostertrakt mit Kirche und Wohngebäude im Dobrudscha-Stil (s. S. 214).

nem der Restaurantschiffe kann man oft auch dinieren.

Hotel Slatna Dobrudscha: ul. Svoboda 1, Tel. 086-82 13 55, Fax 82 13 57. Mitten im Zentrum, sehr komfortabel, aber nicht billig und mit hoteleigenem Restaurant. Weitere gute Cafés und Speiselokale findet man in der direkten Umgebung. DZ ab 70 €.

Während der **Zug** nur einmal täglich ins Inland verkehrt, kann man mit den öffentlichen **Bussen** schnell und günstig z. B. nach Russe, Varna, Sofia und Veliko Tarnovo gelangen.
Zwischen Silistra und dem ukrainischen Izmail besteht einmal wöchentlich **Fährverkehr** (ca. 40 €), die Fähre ins rumänische Călăraşi verkehrt täglich alle zwei Stunden und kostet pro Auto/Person ca. 15/3 €.

Zwischen Călăraşi und Isaccea

Reiseatlas: S. 238, C–D 1–3
Hinter Silistra fließt die Donau in zwei Armen nach Norden in rumänisches Gebiet. Vom Cernavadă-Arm zweigt der unter Ceauşescu vollendete Donau-Schwarzmeer-Kanal nach Osten und zum Schwarzen Meer ab, der Hauptstrom bleibt als zunehmend sumpf- und seenartiges Gewässer bis **Brăila** und **Galaţi** auf Nordkurs. Galaţi wurde in den 1960er- und 1970er-Jahren systematisch zur Industrie- und Hafenstadt ausgebaut.

Sehr viel hübscher ist das Kleinstädtchen **Isaccea**, mit weinumrankten Häusern, einer Kirche, einer Moschee und dem Donauhafen. Von hier verkehrt die Fähre Richtung Ukraine. Von der römischen Siedlung Novio Duno, die sich bei Isaccea befand, ist nicht mehr viel zu sehen, einige Marmorsarkophage und etliche ionische und korinthische Säulen liegen noch immer am Donauufer. Mit der Einmündung des Pruth bei Galaţi schwenkt die Donau nach Osten und verläuft linksseitig als moldawischer, dann ukrainischer Grenzfluss. Kurz vor Tulcea zweigt der nördlichste Deltaarm ab.

Pelikane im Vogelparadies des Deltas

Im Delta: Rumänien, Moldawien und Ukraine

Reiseatlas: S. 239, E–F 1–2

Bevor die Donau die letzten Kilometer bis zum Schwarzen Meer überwindet, verzweigt sie sich noch einmal in einem fast 5000 km^2 großen Mündungsdelta. Seit Jahrhunderten ist diese Region durch den von der Donau mitgeführten Schlamm stetig angewachsen; der Fluss bringt jährlich 50 Mio. Tonnen ›Zuwachs‹ heran, der durch die Vertikalströmung des Schwarzen Meers in Form von Sandbänken und Dünen ›angekleistert‹ wird. Fast 50 m pro Jahr wächst das Land ins Meer hinein. So entstanden und entstehen immer neue Seen und Inselgebiete, in denen sich eine unglaubliche Artenvielfalt entwickelt hat. Pelikane, Kormorane, Silberreiher und Seeadler sind nur einige der etwa 325 Vogelarten, die hier nisten. In dem riesigen Feuchtgebiet grenzen Sanddünen an ausgedehnte Eichenwälder mit bis zu 600 Jahre alten Bäumen, wachsen Lianen und wilde Orchideen, blühen See- und Teichrosen auf den Seen und bedecken schwimmende Schilfinseln kilometerweit die Kanäle. Vor allem das Schilf ist für den Umweltschutz zum unverzichtbaren Bundesgenossen geworden. Durch die zellulosehaltigen Rohrstängel wird das Donauwasser so gründlich gefiltert, dass es im Delta viel von seiner ursprünglichen Reinheit zurückerlangt. Fast zwei Kategorien höher – von der Güteklasse 3 auf 2 bis 1 – wird das durch zehn europäische Staaten verschmutzte Nass hier einge-

LEBEN IM SCHILF – DIE BEVÖLKERUNG DES DELTAS

In den wasserreichen Gegenden des Donaudeltas leben Ungarn, Griechen, Ukrainer, Moldauer, Rumänen und Lipowaner seit Jahrhunderten abgeschieden inmitten einer urwaldähnlichen Tier- und Pflanzenwelt. Wer heute durch das grüne Labyrinth reist, wird erstaunt sein, wie viele unterschiedliche Traditionen sich noch immer nebeneinander erhalten haben. Allein beim Fischen, der Hauptberufstätigkeit aller Deltabewohner, schwört jede Gemeinde auf ihre ganz besondere Methode: Die Ungarn bevorzugen Aluminiumboote, während die meisten anderen Fischer vorwiegend mit ihren Holzkähnen auf Fischfang gehen. Mitunter sollen auch noch die seit langem verbotenen elektrischen Schock-Impulse zum Einsatz kommen.

Als beste Kenner der Gewässer und als Meister des Fischfangs sind die Lipowaner berühmt. Bis vor kurzem trugen alle Männer dieser Anfang des 18. Jh. aus Russland vertriebenen Altgläubigen noch immer Bärte, um ihren Protest gegen die ›modernen‹ Reformen des Zaren kundzutun, der damals das Rasieren als westliche Reform einführen ließ. Heute tragen nur noch die Priester den langen Haar- und Bartschmuck, die jungen Männer haben sich dem modernen Leben und dem ›Business‹ angepasst und rasen auch schon mal gern mit Schnellbooten durch die Kanäle. Dann wieder verbringen sie Monate völlig allein unter primitivsten Bedingungen in einsamen Regionen des Deltas, um dort dem Fischfang nachzugehen. Doch auch das Leben im Dorf ist hart: Die Häuser und kleinen Gärten, in denen die Inselbewohner mühsam Gemüse und Obst für den Lebensbedarf anpflanzen, müssen durch hohe Schilfzäune vor dem scharfen, sibirischen Ostwind geschützt werden, oft genug macht das Hochwasser trotzdem alle Arbeit zunichte.

Für die Frauen gibt es im Delta kaum Möglichkeiten, einen Beruf zu ergreifen, auch die Männer können im Winter meist nur außerhalb des Deltas Geld verdienen. Doch viele Bewohner mögen selbst in der Schonzeit ihre Freiheit und Unabhängigkeit in der Natur nicht aufgeben und leben dann von der (weitgehend akzeptierten) Wilderei. Mitunter kommt sie das sehr teuer zu stehen: die Wildhüter greifen inzwischen auch im Delta rigoros durch, wenn die Regeln zum Schutz der Region nicht eingehalten werden. Die Deltabevölkerung steht daher den Reformen der politischen Wende eher skeptisch gegenüber – die meisten empfinden die ökologischen Regeln und Neuerungen als Schikane. Andererseits ist der ›sanfte‹ Weg, der auch im Delta-Tourismus propagiert wird, die einzige Chance, sowohl den Bewohnern wie auch den dort beheimateten Tieren auf Dauer dieses Naturparadies zu erhalten.

stuft. Wer im Donaudelta den Wechsel vom braunen Flusswasser zum tiefen, klaren Blau der hinter Schilf versteckten Kanäle und Seen erlebt hat, wird nicht umhin können, der Natur dafür großen Respekt zu zollen.

So wurde das gesamte Delta auch von der UNESCO zum Biosphärenreservat erklärt, mit mittlerweile 18 ausgewiesenen Naturschutzgebieten, weitere sollen hinzukommen. Auch die durch Ceaușescus größenwahnsinnige Deichbau- und Landwirtschaftsmaßnahmen entstandenen Schäden versucht man nun vorsichtig zu beheben. Der Diktator ließ durch politische Häftlinge im Delta Hunderte von Hektar Wald roden und trockenlegen, um hier Reis, Getreide und Mais anzubauen. Statt gute Erträge zu bringen, versalzten und vertrockneten die Böden – heute zeigt sich dem Besucher hier eine karge Steppenlandschaft. Unter Mithilfe des WWF ist bereits eines der Gebiete wieder geflutet worden.

Das Delta streckt sich ab **Tulcea** zwischen drei großen Armen aus: Der nördliche, breiteste, teilweise aber seichte **Chilia-Arm** bildet die Grenze zwischen Rumänien und der Ukraine und ist für Hochseeschiffe (noch) nicht zugänglich. Die Ukraine versucht hier durch den Bau des umstrittenen Bystre-Kanals endlich einen eigenen Verbindungsweg zum Innland zu schaffen.

Vorerst ist es noch der mittlere, begradigte und ausgebaggerte **Sulina-Arm**, der russischen, türkischen und ukrainischen Frachtern vom Schwarzen Meer aus die Fahrt nach Tulcea ermöglicht. Entlang des befestigten Kanals beginnt sich allmählich eine touristische Infrastruktur zu entwickeln. Weitaus einsamer und malerischer ist der südlichste, der **St.-Georgs-Arm.** In vielen Windungen strebt der Fluss hier durch eine urwüchsige Natur dem gleichnamigen Küstenort am Schwarzen Meer zu – ein Paradies für Paddler, Angler und Ornithologen.

Der ursprüngliche Verlauf der Donau wird allerdings sehr viel weiter südlich vermutet, weshalb man vielfach auch das südlich des St.-Georgs-Arms gelegene Festland zwischen Tulcea und Histria mit seinen sanften Hügeln und fruchtbaren Feldern längs kilometerlanger Seen zum Delta rechnet. Bei **Histria,** wo die Ausgrabungen einer griechisch-römischen Hafenstadt zu besichtigen sind, soll der mythische Jason aus der Argonautensage vormals den Fluss ›Istros‹ vom Meer aus emporgefahren sein, um den Kolchern zu entkommen. Statt am Meer liegt die verlassene Stadt nun am Sinoe-Süßwassersee, der durch eine schmale Sandbank vom Meer getrennt ist.

Tulcea

Reiseatlas: S. 239, E 1

Tulcea, ursprünglich als griechische Siedlung begründet, ist heute weniger eine schöne als nützliche Stadt. Die hiesigen Fabriken und Werften sowie zunehmend der Tourismus sind zu wichtigen Arbeitgebern der Deltabevölkerung geworden. Auch Touristen sind auf die Stadt angewiesen: Fast alle Kreuzfahrten enden im Hafen der Stadt; durch das Delta führen nur wenige Autostraßen, die wiederum bei Hochwasser nicht passierbar sind. So wird die Stadt als ›Tor zum Donaudelta‹ zum Treff- und Umsteigepunkt für alle Deltaerkundungen. Bevor man eines der Linien- und Ausflugsschiffe besteigt, kann man sich im **Archäologischen Museum** (Str. Glorei [im Park], Sommer Di–So 8–20, sonst Di–So 10–18 Uhr), im **Ethnographischen Museum** (Str. 9. Mai 4, Sommer Di–So 10–18, sonst Di–So 10–16 Uhr) und im **Naturkundlichen Museum** (Str. Progresului 14, Saison Di–So 8–20, sonst 10–18 Uhr) landeskundlich einstimmen.

Ökologisches Informationszentrum Biosphärenschutz Donaudelta: Str. Portului 34 a, Tel. 02 40-51 89 45, Fax 51 89 75, arbdd@ddbra.ro. Der riesige Glasbaukasten am Donaukai ist Anlaufstelle für all diejenigen, die das Delta auf eigene Faust erkunden möchten. Hier erhält man Genehmigungen zum Campen (ca. 6 €), Sportfischen und Jagen, Auskünfte über die Region und Hotels sowie die notwendigen Einreiseunterlagen für die Ukraine. Man sollte als Individualtourist, wenn überhaupt im Alleingang, dann auf den großen Donauarmen zum Meer fahren – die verwirrenden Seitenkanäle, die schnell wechselnden Wetterbedingungen und die Sprachbarriere können dem Reisenden im Labyrinth des Deltas ohne Hilfe eines kundigen Führers schnell zum Verhängnis werden.
Reiseveranstalter Donaudelta: Tioc Natur- und Studienreisen, Tel. 07 43 02 51 54 (mobil), www.tioc-reisen.ro. Die uneingeschränkt beste Empfehlung gilt den Angeboten des Deltabiologen Tiberiu Tioc, der fließend Deutsch und Rumänisch spricht. Paddeltouren, Forschungsausflüge und Naturerlebnis stehen auf dem Programm, bequeme Unterkünfte und reichhaltige Verpflegung auf Hausbooten oder in authentischen Fischerpensionen werden ebenso selbstverständlich präsentiert wie eine Fülle von Informationen zur Tier- und Pflanzenwelt des Deltas.

Hotel Delta: Str. Isaccei 2, Tel. 02 40-51 47 20. Direkt am Kai gelegen, beherbert das 3-Sterne-Hotel Delta die meisten ausländischen Gäste. Gute deutsche und englische Sprachkenntnisse an der Rezeption, klimatisierte, saubere Zimmer und ein angenehmes Hotelrestaurant rechtfertigen Preise und Sterne. DZ 60–80 €.
Restaurantreservierungen können auch über die Reiseagenturen auf den Ausflugsschiffen verabredet werden.

Rund um den Zentrumsplatz finden sich Cafés und Restaurants, weniger mit lokalen als international gängigen Speisen und Stiltrends.

(Bus-)Bahnhof: Str. Portului, am Anlegekai. Von hier verkehren in kurzen Intervallen die schnellen kleinen Minibusse Richtung Constanța, Isaccea und Bukarest sowie mehrmals täglich Linienbusse und Fernbahnen.
Schiffstouren: In direkter Nachbarschaft zur Kreuzfahrtanlegestelle werben private rumänische Schiffseigner Kunden, die sie dann mit ihren kleinen Fischkuttern, Schnellbooten oder Außenbordmotorschiffchen in das Mündungsgebiet bringen. Die meisten Kurztouren (ca. 2–4 Std.) für Kreuzfahrtreisende oder Individualtouristen führen noch vor der Gabelung von Sulina- und St.-Georgs-Arm in den kleinen ›Mila‹-Seitenkanal, der sich zwischen weidenbestandenen Ufern zu etlichen kleinen Seen hin windet. Schon hier wird man einiges von der Schönheit des großen Biosphärenreservates erahnen können. Manch einer wünscht sich allerdings ein wenig mehr Muße oder auch das Abstellen des Motors zwischendurch,

Ochsenkarren – noch heute ein alltägliches Transportmittel im Donaudelta

was meist im eng gesteckten Rahmen der Kreuzfahrt-Zeitpläne nicht machbar ist.
In allen drei Mündungsarmen besteht regulärer **Fährverkehr,** wobei vor allem der Hauptarm nach Sulina bedient wird. Hier kann man mit dem seit Juni 2005 verkehrenden Katamaranschiff, dem Tragflügelboot oder dem Fährschiff aus kommunistischen Zeiten zu moderaten Preisen (bis Sulina ca. 10 €) vorwärts kommen. Die größeren Linienschiffe machen nicht in den kleinen Ortschaften Station.
Offizieller Fährverkehr in die Ukraine bestand trotz gegenteiliger Information im Jahr 2005 noch nicht. Informationen zum Grenzübertritt erhält man beim Biosphäreninstitut oder über private Agenturen.

Chilia-Arm: Von Tulcea nach Periprava

Reiseatlas: S. 239, E–F 1
Die wenigen Ortschaften diesseits und jenseits des Flusses sind vom Aufschwung und Tourismus noch weitgehend unberührt, Arbeitslosigkeit und Depression prägen den Alltag, der für viele Männer nur noch darin besteht, in den Bars zu sitzen und zu trinken. Touristen, die mit dem eigenen Boot unterwegs sind, werden auf ukrainischer Seite immer noch endlos mit Einreiseformalitäten aufgehalten, ohne spezielle Genehmigung der Behörden, die man sich vorab in Tulcea zu besorgen hat, kommt man innerhalb des Deltas als Individualtourist von rumänischer Seite aus erst gar nicht an das andere Ufer. Auf diese Weise ist auch das ehemals wirtschaftlich und kulturell interessante **Izmail** ins touristische Abseits geraten. Bis 1791 konnten die Osmanen sich in der Festung behaupten, dann übernahmen Russen, Rumänen und schließlich die Ukraine die Stadt. Von der Schlacht um die Festung zeugt

Solch reicher Fang ist selten – viele Fischer kämpfen ums nackte Überleben

heute noch ein Mosaik, das in Verbindung mit englischsprachigen Tonbandaufnahmen den seltenen Touristen einen Einblick in die dramatische Geschichte geben soll. Die Festungsanlage selbst jedoch ist weitgehend verschwunden, nur die Reste der alten Moschee sind zu besichtigen.

Chilia und **Chilia Veche,** zwei Stadtteile an verschiedenen Donauufern, sind ebenfalls touristisch völlig unerschlossen, obwohl die Altstadt (Veche) auf rumänischer Seite mit dem kathedralenartig anmutenden Bau einer 42 m hohen, schön gestalteten Kirche lockt. Doch bleibt das Innere des 1998 renovierten Sakralbaus bis auf die Zeiten des Gottesdienstes verschlossen.

Wer mit dem Linienschiff unterwegs ist, sollte daher bis **Periprava** bzw. **Vylkove** besser an Bord bleiben. Von Tulcea aus erreicht man nach etwa sechs Stunden diese beiden Fischerdörfer mit fast ausschließlich lipowanischer Bevölkerung. Vylkove, das auf Pfahlbauten in eine kleine Inselwelt der Donau integriert ist, wird oft als ›kleines Venedig‹ der Ukraine angepriesen. Ein bisschen übertrieben ist dies gewiss, dennoch hat die kleine Ortschaft mit ihren Fischerhütten, der Kirche und dem geschäftigen Bootstreiben einen ganz eigenen Reiz. Seit 2004 werden von Vylkove aus die Bauarbeiten am ukrainischen ›Bystre-Kanal‹ durchgeführt. Was der Bevölkerung zu Lohn und Arbeit verhilft, schadet gleichzeitig ihrer Lebensqualität, da durch die Senkung des Wasserspiegels große Schäden bei Flora und Fauna zu befürchten sind.

Ebenfalls emsig gebaut, wenn auch eher für den privaten Bedarf, wird im gegenüberliegenden Periprava: Weiß gekalkte, hübsch ausgebaute Fischerpensionen und Ausflugsboote warten auf Kundschaft. Die Nähe zur landschaftlich eindrucksvollen Region des **Letea-Waldes** berechtigt zur Hoffnung auf stetig steigende Touristenzahlen. Dieser von Sanddünen durch-

zogene Eichenwald in der Nachbarschaft des Ortes mit über 500 Jahre alten Bäumen, wildem Hanf und Orchideen ist zweifelsohne ein Highlight im Donaudelta. Herden wilder Pferde, Marderhund und Wildkatzen bevölkern neben zahlreichen Vogelarten das Gebiet, erweisen sich aber als ungleich scheuer als die hier wirklich wilden Mücken, die im Schatten des Waldes über jedes freie Stückchen Touristenhaut herfallen.

Sulina-Arm: Von Tulcea nach Sulina

Reiseatlas: S. 239, E–F 1
Nur 72 Flusskilometer sind es von Tulcea über den Hauptverkehrsarm der Donau nach Sulina, doch sollte man sich auf dieser Strecke Zeit für Abstecher und Pausen lassen. Unter Umständen muss man schon am Beginn des Kanals bei der Ortschaft Partizan eine Weile warten – 1991 sank hier ein

Unberührte Natur am Puyu-See bei Crişan

russischer Frachter, die Bergungsarbeiten erweisen sich als kompliziert und sind zeitweise mit Sperrungen der Passage verbunden. Von hier ist es jedoch nicht mehr weit bis **Maliuc,** einer kleinen, schattigen Ortschaft, in der mehrere Hotelhausboote Unterkunft, Verpflegung und Ausflüge zu den umliegenden Seen und Ortschaften anbieten, u. a. nach Mila 23, einem sehenswerten Lipowanerdörfchen mit hübscher Kirche. Mila 23 heißt übrigens nichts anderes als Meile 23 – im Delta wird der Fluss in Meilen gemessen.

Das Herz des touristischen Deltas befindet sich noch etwa eine Schifffahrtsstunde weiter in **Crişan.** Über mehr als 7 km ziehen sich hier die von Blumen umrankten Fischerhäuser am Ufer hin, viele von ihnen bieten Übernachtung und Vollpension in bequemen Apartments mit großen Bädern und Familienanschluss zu günstigen Preisen (28–35 €). Alle Betreiber offerieren Ausflüge mit ihren Fischerbooten in die Umgebung. Neben den Fischerpensionen haben sich inzwischen drei Hotels und ein Hotelhausboot etabliert, eines von ihnen, das rosafarbene ›Sunrise‹, lockt sogar mit einem Swimmingpool. Der kleine Ort punktet nicht nur durch seine ebenso günstige wie malerische Lage unweit vieler Seen, hier befindet sich auch ein Infocenter zum Donaudelta, mit zahlreichen Karten, Fotos und Materialien zur geologischen Entstehung, zum Umweltschutz und zum Leben in der Region. Nur wenige Schritte weiter kann man den Fischern über die Schulter schauen, wenn sie ihren Fang verkaufen: Der Alltag ist hart, für 1 kg Fisch bekommen die meisten nicht mehr als ca. 0,30 €.

Von Crişan führt der begradigte Kanal durch weitgehend menschenleere

Landstriche zum Schwarzen Meer. Nur Pferde und Kühe grasen an den kargen Ufern, auf der Wasserstraße hingegen herrscht reger Verkehr: Mit Baumaterialien überladene Kähne, Fischkutter, Schnellboote, Linienschiffe und immer mal wieder ein schwerer rostiger Frachter befahren den Fluss, dessen Bett hier regelmäßig auf die erforderlichen 8 m ausgebaggert wird. **Sulina** selbst, vormals Hafenstadt und Sitz der europäischen Donaukommission, die inzwischen in Budapest residiert, liegt heute auf dem Festland. Vom Leuchtturm aus hat man einen herrlichen Rundblick über den auf fast zwei Kilometer angewachsenen Dünenstreifen bis zum Schwarzen Meer, auf den Hafen im allmählich zum See werdenden Golf Musura und auf das **C**onfederation **E**uropean **D**anube, dessen Grundriss die Buchstaben C.E.D. nachbildet. Leider hat die einstmals blühende Handelsstadt mit ihren schönen Bürgerhäusern, Kirchen und Moscheen von ihrem nostalgischen Charme wenig bewahren können. Früher lebten hier Menschen aus 25 Nationen, darunter Italiener, Briten, Deutsche und Türken. Unweit des Leuchtturms in den Dünen zeugt ein großer Friedhof mit orthodoxer, jüdischer und türkischer Abteilung von dieser multinationalen Epoche. Durch die Fotos und Texte auf den Grabsteinen wirkt der Friedhof wie ein biografisches Mosaik der alten Zeit.

Zentrum des städtischen Lebens ist der Donaukai mit seinen Schänken und Hotels. Hier treffen sich Händler, Touristen und Geschäftsleute, abends zieht die ›Szene‹ dann in die Hafendisko ›Yellow Submarine‹ zum Tanz.

Hotel-Restaurant Sulina: Tel. 02 40-54 30 17, schlichtes, aber günstiges Hotel mit 150 Betten, Restaurant und Bar. DZ ab 28 €.

Linienschiffe nach Tulcea, **Ausflugsangebote** Richtung Periprava, Caraoman und Crișan.

St.-Georgs-Arm

Reiseatlas: S. 239, E–F 1/2
Der südliche Deltaarm ist der längste und windungsreichste Wasserlauf im Delta. Das Linienschiff braucht für die etwa 110 km bis zur Mündung bei der Ortschaft **Sfântu Georghe** ca. 6–7 Std., mehr als die Hälfte davon ist man umgeben von dichtem Grün, dem Quaken der Frösche und Zwitschern der Vögel – ohne jegliches Zeichen menschlicher Zivilisation. Der lange Weg lässt sich etwas abwechslungsreicher gestalten, wenn man von Tulcea aus übers Festland, vorbei an der Hügelkette von Bestepe, nach **Murighiol** und erst hier per Schiff weiterfährt. Murighiol, am gleichnamigen See gelegen, bietet eine kleine touristische Infrastruktur mit einigen Ferienhäusern und Fischerpensionen, Ausflüge zu den umliegenden Flüsschen und Seen eingeschlossen. Auf dem Weg zum Lacul Isaak oberhalb der durch einen Stichkanal abgekürzten Donauschleife erlebt der Naturfreund bei **Uzlina** eine merkwürdige Überraschung: Inmitten des abgeschiedenen Delta-Dschungels hat sich hier eine modernistische Urlaubsoase mit Hotel, Swimmingpool und Bungalows eingenistet. Auf dem Programm stehen Wasserski, Disko und Feuerwerk, Jagen und Paintballshoo-

ting (wobei die Jagdgewehre mit Farbbeutel-Munition geladen werden).

Doch schon wenige Kilometer weiter im urwüchsigen Eichenwald von **Caraorman** bzw. in den weiten Ebenen rund um Sfântu Georghe sind Natur und Einsamkeit wieder vollkommen: Pelikane, Säbelschnäbler und Reiher haben hier ihre Kolonien, mitunter entdeckt man sogar das Nest eines Seeadlers. Vor dem Fischerdorf an der Mündung haben sich mehrere kleine Inseln abgelagert, am langen Muschelsandstrand vor der Ortschaft baden Kinder, Fischer holen ihre Netze und Boote ein – ohne Dramatik, ganz leise verschwindet die Donau im Meer.

Hotel Safo: Uzlina, Tel. 07 44 68 99 45. DZ ca. 28 €.

Ausflug nach Histria

Reiseatlas: S. 239, E 2

Von Tulcea über die E 87 fährt man durch die weite, leicht gewellte Region der Dobrudscha, die für ihre fruchtbaren Böden und guten Weine bekannt ist. Endlose Felder dehnen sich hier bis an den Rand des Dobrudscha-Gebirges, erst bei der Ortschaft **Babadag** wird die Gegend etwas waldiger und hügeliger. Das auf einem Plateau gelegene Städtchen verdankt seinen Namen den seit dem 3. Jh. hier ansässigen Türken: ›Baba dag‹ bedeutet nichts anderes als ›Vater Berg‹. Auch heute bilden die türkischstämmigen Einwohner die Mehrheit: Kopftuch tragende Frauen in den traditionellen weiten ›Pluderhosen‹ prägen das Straßenbild, im Zentrum dominiert die Moschee Gazi Ali Pascha. Ein kleines Mausoleum und ein Museum zur türkischen Stadtgeschichte gehören zum Ensemble. Die Moschee aus dem 17. Jh. ist gerade erst mit finanzieller Hilfe der Türkei sehr schön restauriert worden, ein freundlicher Imam führt die Besucher herum.

Von Babadag über eine kleine, nach Razim-See führende Straße lohnt sich ein Abstecher zur **Festung Enisala.** Auf einer kleinen Anhöhe im Südosten des Sees ragen die Ruinen dieser byzantinischen Burg in die Höhe. Von oben hat man eine herrliche Aussicht und wird zudem von einem skurrilen Naturphänomen überrascht: Die wellenartig geformten Terrassen der umliegenden Hügel sind nicht etwa künstlich angelegte Weinhänge, sondern durch Erosion entstanden.

Zurück auf der E 87 gelangt man über Baia und Mihail Viteazu bald zu dem Abzweig nach **Histria.** Die alte Stadt am Rande des Sinoe-Sees ist längst verlassen, einsam liegt das Museum in einer kargen Weidenlandschaft. Doch wer durch die Ruinen dieser auf das 5. Jh v. Chr. zurückgehenden griechischen, später römischen Hafenstadt spaziert, wird beeindruckt sein, wie wohldurchdacht und komfortabel die Bürger der alten Schwarzmeerhafenstadt sich eingerichtet hatten: Tempelanlagen, Thermen, Marktplätze und großzügige Wohnhäuser erstehen vor dem inneren Auge, die solide Festungsmauer mit zehn Türmen und zwei Toren ist teilweise erhalten. Neben dem Freilichtgelände können Besucher in einem Glashaus weitere Fundstücke wie Münzen, Keramiken

Im Hafen von Constanța

und Skulpturen besichtigen – die wertvollsten Stücke sind mittlerweile jedoch im archäologischen Museum von Constanța untergebracht (tgl. 9–16 Uhr).

Bevor man weiter eilt oder den Rückweg antritt, kann man in dem Museumscafé eine Rast einlegen – Schwalben fliegen hier durch das Gebälk, während Hunde vor der Eingangstür um Futter betteln. Die frisch zubereiteten Gerichte sind lecker und preiswert.

Ausflug nach Constanța

Reiseatlas: S. 239, E 3
Die Hafenstadt am Schwarzen Meer liegt zwar rund 40 km vom heutigen Hauptarm der Donau entfernt, ist ihr aber dennoch verbunden. Hier mündet der von Ceaușescu als Prestigeobjekt gebaute Donaukanal ins Schwarze Meer. Etliche Funde des **Archäologischen Museums** (Vidiu 12, Sommer Mi–So 9–20, sonst 9–17 Uhr) aus thrakischer, römischer und byzantinischer Zeit stammen von den Donauufern und in dem ehrwürdigen, düsteren **Aquarium** (Boulevard Elisabeta 1, gegenüber vom Casino. Sommer tgl. 9–20, sonst 9–16 Uhr) schwimmen Donaufische. Ein Highlight ist das **Städtische Marinemuseum** (Traian 53, Sommer Di–So. 10–18, sonst 9–17 Uhr). In dem Gebäude wird die Geschichte der rumänischen Kriegs- und Handelsmarine und die Fluss- und Seefahrt anschaulich, und witzig präsentiert. Unzählige Schiffsmodelle, seltene Exponate wie ein Sternenglobus aus dem 17. Jh., eine uralte Taucherausrüstung mit ›bügeleisenähnlichen‹ Beinbeschwerern und nicht zuletzt ein Modell des großen Staudammes am Eisernen Tor gehören dazu. Sämtliche Kriege, aber auch die zivile Handelsschifffahrt werden thematisiert. Die Besichtigung des Museums endet im Freien, wo alte Kriegsschiffe, Schiffsschrauben, Anker und Minen auf dem Gelände verteilt sind.

Hotel Sacher
WIEN

REISEINFOS VON A BIS Z

Alle wichtigen Informationen rund ums Reisen auf einen Blick – von A wie Anreise bis Z wie Zeitungen

Süße Versuchung – Wiener Sachertorte

REISEINFOS VON A BIS Z

Anreise

... mit dem Flugzeug
Über die Flughäfen in Linz, Wien, Bratislava, Budapest, Belgrad, Bukarest und Constanța ist die Donau direkt an den internationalen Luftverkehr angeschlossen. Von den Flughäfen in Sofia und in Timișoara (Rumänien) lassen sich die Donauufer am Eisernen Tor recht schnell erreichen.

... mit der Bahn
Internationale Schnellzüge verbinden die größeren Städte längs der Donau, fast alle kleineren Orte sind in das jeweilige nationale Bahnnetz eingebunden. Auskunft unter http://reiseauskunft.bahn.de (international), www.oebb.at (Österreich), www.zsr.sk (Slowakai), www.elvira.hu (Ungarn), www.bdz.bg (Bulgarien), www.cfr.ro (Rumänien).

... mit dem Bus
Vor allem in den osteuropäischen Ländern ist der klimatisierte Bus oft die schnellere Alternative zur Bahn. Verbindungen bestehen mittlerweile zwischen allen Orten längs der Donau. Auskunft zu Bus- und Bahnverbindungen über http://fahrplan.bahnen-und-busse.de und www.eurolines.co.yu.

... mit dem Auto, Mietwagen, Taxi
Alle Länder längs der Donau verfügen über gut ausgebaute Autobahnen und Nationalstraßen. Rechnen sollte man jedoch mit Autobahngebühren in Österreich, Ungarn (teils mit Vignette), Serbien, Rumänien (Vignette) sowie mit Wartezeiten an den Grenzübergängen (ab Serbien/Kroatien). Infos unter www.adac.de, www.oeamtc.at, www.auswaertiges-amt.de. Mietwagen sind in allen größeren Städten zu den üblichen Konditionen zu leihen (ca. 35–45 €/Tag), Taxen sind in Osteuropa vor allem in kleinen Orten sehr viel günstiger als im westlichen Donauraum. In Ungarn, Bulgarien und Rumänien liegt die Promillegrenze für Alkohol am Steuer bei Null.

... mit dem Schiff
Zwischen Anfang April und Anfang November wird der Abschnitt zwischen Regensburg – Passau – Linz – Wien – Bratislava – Budapest fahrplanmäßig durch Linienschiffe bedient. Weiter stromabwärts ist man bei grenzüberschreitenden Schiffsreisen auf pauschale Arrangements oder individuelle Absprachen angewiesen, der öffentliche Schiffsverkehr bleibt jeweils innerhalb seiner Landesgrenzen. Für private Schiffseigner stehen in größeren Orten Anleger und Tankstellen zur Verfügung. Auskunft zu Linienverkehr, Preisen und Zeiten sowie zu Kreuzfahrten und Ausflügen unter www.danube-river.org, www.donauschifffahrt.com und www.donaustationen.at.

... mit dem Rad
Bis Bratislava bzw. Budapest wird die Donauradtour von vielen Veranstaltern mit Schiffsrücktransport, Unterbringung etc. pauschal angeboten. Die unteren Donauländer (außer Ukraine und Moldawien) bemühen sich ebenfalls um ein gemeinsames Radwege-Projekt, einzelne Routen sind bereits erarbeitet. Länderspezifische Informationen erhält man unter: *www.donauradweg.de, www.donauradweg.at* sowie *www.bettundbi*

ke.de: Beschreibungen, Tipps und Programmvorschläge in Deutschland und Österreich. *www.adfc.de* und *www.argus.at:* Fahrradvereine Deutschlands und Österreichs. *www.kerosz.hu:* Seite des ungarischen Fahrradclubs mit Zentrale in Budapest. *www.bickl.hr:* kroatischer Fahrradverband, englischsprachige Verständigung, Zusammenarbeit mit der GTZ. *mirko@yuginos.com* und *wolfgang.limbert@gtz.de:* Ansprechpartner des serbischen Fahrradclubs bzw. Programmkoordinator des GTZ-Projekts ›Donauradweg‹ in Belgrad. *www.bikeromania.de:* beste Informationsseite über Radtourismus in Rumänien. *www.ccn.ro:* rumänischer Fahrradverein (Englisch, Deutsch im Aufbau). *www.natours.de* und *www.luckytours.hypermart.net/Radreisen:* Angebote zu organisierten Radreisen in Bulgarien und am Eisernen Tor. *www.ecf.com:* europäischer Fahrradverband mit aktuellen Nachrichten, Links und Adressen der nationalen Fahrradclubs (siehe auch Kapitel ›Tipps für Ihren Urlaub‹, S. 53, sowie unter dem Stichwort ›Karten‹ und ›Informationsstellen‹).

Apotheken und ärztliche Versorgung

Gemäß EU-Vereinbarungen zahlen die gesetzlichen Krankenversicherungen die Kosten für eine ärztliche Versorgung innerhalb der europäischen Mitgliedstaaten und in den Staaten des ehemaligen Jugoslawien über die European Health Card. Dennoch wird für alle Länder längs der Donau eine Auslandskrankenversicherung empfohlen, möglichst mit dazugehöriger Rücktransportversicherung. Dadurch erhält man die Möglichkeit, Arzt und Krankenhaus selbst zu wählen. Alle Länder längs der Donau verfügen zwar über Krankenhäuser und Apotheken mit medizinischem Grundinventar, doch von der ungarischen Grenze donauabwärts lassen Hygiene und technische Ausstattung oftmals zu wünschen übrig, und vor allem in kleineren Orten müssen Medikamente und Behandlungsmaterial oft privat dazugekauft werden. Die Mitnahme regelmäßig benötigter Medikamente ist daher in jedem Fall sinnvoll. Privatpatienten sollten sich über die Auslandskonditionen ihrer Versicherungen vorab informieren.

Behinderte auf Reisen

Selbst Kreuzfahrtschiffe sind nur selten gänzlich behindertengerecht ausgestattet. Man sollte sich unbedingt vorab über Kabinengröße und Treppenlifte informieren! Insgesamt verfügen an der oberen Donau (bis Ungarn) zumindest alle größeren Orte über behindertengerechten Service in vielen Hotels und Restaurants sowie an Bahnhöfen und Flughäfen. Zwischen Serbien/Kroatien und dem Schwarzen Meer sind behindertengerechte Rampen, Toiletten oder Lifte eher die Ausnahme.

Einreise-, Ausreise- und Zollbestimmungen

Staatsbürger der EU und Staatsangehörige der Schweiz sind in allen Donauländern außer Moldawien von der Visumpflicht befreit. Die Ukraine ist visumfrei bis zu einem Aufenthalt von

90 Tagen. Zur Einreise in die Länder außerhalb der EU ist die Vorlage eines noch mindestens drei Monate gültigen Reisepasses erforderlich. Bei der Ein- und Ausreise müssen wertvolle Waren angemeldet werden. Gegenstände von hohem kulturellen, historischen oder künstlerischen Wert dürfen nicht oder nur mit spezieller Genehmigung ausgeführt werden. Aktuelle Information erhält man beim Auswärtigen Amt, 11013 Berlin; Bürgerservice Tel. 030-5000-2000, www.auswaertiges-amt.de.

Elektrizität

Deutschland und Ungarn 230 V, 50 Hz, alle anderen 220 V, 50 Hz Wechselstrom. Die Steckdosen entsprechen dem mitteleuropäischen Standard. In der Ukraine sind Adapter erforderlich.

Feiertage und Feste

Übereinstimmend ist Neujahr am 1. Januar in allen Ländern ein Feiertag, in einigen Ländern wie Serbien und Kroatien auch der 2. Januar. Weihnachten und Ostern wird nach dem orthodoxen Ritus eine Woche später als im katholisch-evangelischen Kirchenkalender gefeiert. Hinzukommen die jeweiligen Nationalfeiertage und eine Vielfalt kirchlich-nationaler Feiertage und regionaler Volksfeste. Einige Donauregionen in Deutschland und Österreich haben ihren eigenen donauspezifischen Festkalender erarbeitet (siehe z. B. www.deutsche-donau.de, www.donaukalender.de, www.donaubuero.de), in dem von Jahr zu Jahr bestimmte Themen gewürdigt werden. Der ›Internationale Donautag‹, der jährlich im Juni stattfindet, verbindet alle Donauländer durch aufeinander abgestimmte Veranstaltungen. Infos unter www.danubeday.org.

Fotografieren

Alle gängigen Markenprodukte sind in den touristisch erschlossenen Orten der Donau problemlos zu kaufen. In Kirchen und Museen darf zumeist nur mit Genehmigung und mitunter gegen eine Gebühr fotografiert werden.

Geld

In allen großen Donaustädten finden sich Banken und Bankautomaten, an denen man gegen eine Gebühr Geld in der jeweiligen Landeswährung abheben kann. Durchgehend bis zum Schwarzen Meer kann man auch in den größeren Hotels, Tankstellen und Autoverleihen in aller Regel mit Kreditkarten zahlen. Nicht so in kleineren Hotels, Restaurants und Geschäften an der mittleren und unteren Donau – hier wird fast immer Bargeld in der jeweiligen Landeswährung verlangt. Da hier selten (funktionstüchtige) Bankautomaten zu finden sind, die Wechselstuben oftmals eine versteckte überhöhte Gebühr verlangen (übrigens auch in den Großstädten!), sollte man die Öffnungszeiten der Banken im Auge behalten und nur dort oder in den offiziellen Wechselstuben der Flughäfen, Grenzstationen oder in den Hotels wechseln! Vom Schwarztausch ist abzuraten. Wechselquittungen sollte man zur Vorlage an den Grenzen aufbewahren (Wechselkurse s. vordere Umschlagklappe).

Gesundheitsvorsorge

Hinreichender Sonnenschutz sowie eine Hausapotheke mit Mitteln für leichte Darmerkrankungen, Insektenstiche, Fieber und Schmerzen sowie Medikamente des persönlichen Bedarfs sollte jeder Donaureisende dabeihaben. Außer den allgemein üblichen sind zusätzliche Schutzimpfungen für keines der Donauländer erforderlich. Wer längere Touren durch die Naturschutzgebiete plant oder sich in touristisch abgelegenen Regionen aufhalten möchte, sollte auch die Gefahren beachten, die mit Schlangen, Insekten und der oft mangelhaften Hygiene einhergehen. In vielen Dörfern an der unteren Donau wird Wasser noch direkt aus dem Fluss geschöpft.

Informationsstellen

Deutschland: Amt für Tourismus, Theresienplatz 20, 94315 Straubing, Tel. 094 21/94 43 07, www.straubing.de. Passau Tourismus e.V., Bahnhofstr. 36, 94032 Passau, Tel. 08 51/95 59 80, Fax 5 72 98, www.passau.de. Tourismusverband Ostbayern, Luitpoldstr. 20, 93047 Regensburg, Tel. 04 41/58 53 90, Fax 585 39 39, www.ostbayern.de

Österreich: OÖ Tourismus, Freistädter Str. 119, 4040 Linz, Tel. 07 32/22 10 22, Fax 7 22 77 71, www.oberoesterreich.at. Werbegemeinschaft Donau OÖ, Lindengasse 9, 4040 Linz, Tel. 070-27 78 00, Fax 727 78 04, www.danube.at. Donau NÖ Tourismus, Schlossgasse 3, 3620 Spitz, Tel. 027 13/30 06 00, www.donau-tourismus.at. Internationale. Werbegemeinschaft ›Die Donau‹, Margaretenstr. 1, A-1040 Wien. Wien Tourismus, Obere Augartenstr. 40, 1025 Wien, www.wien-tourismus.at.

Slowakei: Department of Tourism, Primacialne nám. 1, 814 99 Bratislava, Tel. 02-9 35 62 22, Fax 59 35 65 51, www.bratislava.de.

Ungarn: Ungarisches Tourismusamt, Vérmezó út 4, 1012 Budapest, Tel. 01-3 22 40 98, 4 88 87 45, Fax 488 87 41. Infotelefon (im Inland kostenlos) 00 800 36 00 00 00, www.hungarytourism.hu.

Kroatien: Kroatische Zentrale für Tourismus: Iblerov trg 10/ 1V, pp 251, 10000 Zagreb, Tel. 01-469 93 33, Fax 01-455 78 27, www.kroatien.hr.

Serbien: Serbisches Tourismusamt, Knez Mihajlova 18, Belgrad, Tel. 011-361 27 54, www.serbia-tourismus.org.

Bulgarien: Tourismusinformation pl. Sveta Nedelja 1, 1000 Sofia, Tel. 02-9 87 07 78, Fax 9 89 69 39, www.bulgariatravel.org. Nationales Informations- und Werbezentrum ul. Sveta Sofia 1, 1000 Sofia, Tel. 02-9 67 97 78.

Rumänien: Es gibt bisher kein Büro der offiziellen Tourismusvereinigung Rumäniens im Inland. Auskunft erhält man unter www.romaniatravel.com.

Moldawien und Ukraine: Die Donau ist von den jeweiligen nationalen Fremdenverkehrsämtern noch nicht aufgenommen worden. Informationen zu den Ländern erhält man über die Länderportale beim Auswärtigen Amt unter www.auswaertiges-amt.de.

Internet: Die Websites der größeren Städte sind im Internet in der Regel meist mit ›www+Stadtname+Länderkürzel‹ zu finden. Hilfreich sind oft Hinweise, die von Reisenden im Internet hinterlassen werden.

Offizielle Websites zur Donau:
www.danube-river.org: Kurzportraits der zehn Donauländer mit nützlichen Adressen, Infos zu Radtouren, Schiffsreisen und Fachmessen sowie Essays von dem bekannten Autor Ernst Trost.
www.danubecom-intern.org: Website der Donaukommission (Budapest), auf der Regelungen, Projekte und Maßnahmen zum Donauverkehr präsentiert werden. Mitglieder sind die zehn Anrainerstaaten und Russland.
www.argedonau.at: Die ›Arbeitsgemeinschaft Donauländer‹ verbindet deutsche, österreichische, slowakische und ungarische Mitglieder, die in wirtschaftlicher und administrativer Hinsicht zusammenarbeiten. Hervorragende Kulturkarte, die eine detaillierte Übersicht über die Sehenswürdigkeiten entlang der Donau vermittelt.
www.donau-info.org: Seite der GTZ/WBF, die die Regionalförderung entlang der Donau in den Anrainerstaaten Kroatien, Serbien, Bulgarien und Rumänien unterstützt. Noch im Aufbau.
www.via-donau.org: Österreichische Wasserstraßengesellschaft, mit Infos zu Schifffahrt (Schleusen, Häfen, Gebühren) und Gewässerschutz sowie aktuellem und archiviertem Pressematerial.
www.deutsche-donau.de: Arbeitsgemeinschaft der Deutschen Donau mit Infos zu Donaustädten und Radtouren sowie Bestellmöglichkeit für Radkarten.
www.donauauen.at: Detaillierte Infos zu Flora und Fauna, Geschichte und den Sehenswürdigkeiten der Region.
www.danubedelta.ro: Sehr informative Seite über das Delta.
www.StrassederKaiserundKoenige.com: Der erlebnisreiche Reiseweg von Regensburg bis Budapest wird von der Arbeitsgemeinschaft ›Straße der Kaiser und Könige‹ touristisch vermarktet. Infos zu Hotels, Angeboten und Events.

Karten und Pläne

... für Schiffsreisende: Donaukarte der Donaukommission Kelheim-Sulina (1:10 000 bzw. 1:25 000) in russischer und französischer Sprache. Über freytag & berndt, Kohlenmarkt 1, 93047 Regensburg. Donaukarte Pierre Verberght (Hg.) über NV-Verlag oder Roekstraat 30, 2170 Merksem, Belgien, Fax +32 364 499 74. The Danube. A river guide, freytag & berndt (s. o.): Beschreibungen und Pläne zur schiffbaren Donau. Karte des Wasser- und Schifffahrtsamts Regensburg unter www.fgs.wsv.de
... für Fahrradtouristen, Autofahrer und Wanderer: bikeline Radtourenbuch, Donauradweg 1–3, Verlag Esterbauer. Karten 1:50 000, von Donaueschingen bis Budapest. Streckenbeschreibungen, Tipps. Das Format und die Ringbindung erleichtern die Handhabung. Für die Strecke Budapest bis Constanta gibt es vom Huber-Verlag seit 2006 acht topaktuelle Karten (Maßstab 1: 100 000) mit Angaben zu Radwegen, Stationen, Unterkünften und Sehenswürdigkeiten. Bestellung bei GTZ/WBF Serbien und Montenegro, Programmkoordinator W. Limbert, Decanska 8, 11000 Belgrad, Tel. 00381-63 51 94 11, wolfgang.limbert@gtz.de.

Lesetipps

Esterházy, Péter: Donauabwärts. Roman über eine Donaureise (1992).

Magris, Claudio: Donau. Biografie eines Flusses (1988). Witzig und mit philosophischem Hintergrund wird die Donaugeschichte verarbeitet.

Mehling, Marianne (Hg.): Knaurs Kulturführer in Farbe. Die Donau (1993). Knappe Darstellung der Architektur- und Kunstgeschichte der wichtigsten Donausehenswürdigkeiten in alphabetischer Reihenfolge, teilweise mit Fotos und Grundrissen.

Setzwein, Bernhard: Die Donau. Eine literarische Flussreise von der Quelle bis Budapest (2004). Kurze Einblicke in das Leben der Literaten, die sich mit der Donau beschäftigt haben oder hier leb(t)en, mit Zitaten und Literaturverzeichnis.

Trost, Ernst: Die Donau. Lebenslauf eines Stroms (1968). Verbindet eigene Reiseeindrücke gekonnt und kenntnisreich mit Informationen. Weitere thematische Beiträge des Autors finden sich im Internet.

Weithmann, Michael W.: Die Donau. Ein europäischer Fluss und seine Geschichte (2000). Von den Anfängen bis zum Ende des 20.Jh. Mit thematischer Gliederung der Epochen und wichtigen Ereignisse.

Notruf

In fast allen EU-Ländern ist die 112 als Notrufnummer gültig. Weitere Nummern längst der Donau (Polizei, Krankenwagen, Feuerwehr): Deutschland: 110; Österreich: 133, 141, 144; Slowakei: 158, 155; Ungarn: 107, 104, 105; Kroatien 92, 94, 93; Serbien: 92, 94, 93; Rumänien: 955, 961, 981; Bulgarien: 166, 150,160.

Öffnungszeiten

Übereinstimmend ist in allen Ländern der Sonntag Ruhetag. Geschäfte haben etwa von 9–20 Uhr, Ämter von 9–18 Uhr (mit Mittagspause, die vor allem Richtung Osten bisweilen individuell ausgedehnt wird, Samstag ist meist nur halbtags geöffnet). Die Museen haben in der Regel montags Ruhetag. In kleineren Orten an der unteren Donau sind Museen und Kirchen während der angegebenen Öffnungszeiten mitunter verschlossenen. Meist erhält man über den Nachbarn oder Pfarrer Einlass.

Post

Briefe sind mitunter recht lang unterwegs, auch wenn der Postverkehr offiziell höchstens 4–14 Tage dauern soll (von Moldawien sind es tatsächlich mitunter mehr als 2 Monate!).

Preise

Die EU-Mitgliedsstaaten haben sich mittlerweile preislich einigermaßen aufeinander abgestimmt. Das Preisniveau in Deutschland und Österreich ist ähnlich, in Ungarn und der Slowakei sind Speisen, Getränke, Dienstleistungen und öffentliche Verkehrsmittel etwas günstiger als in den westlicheren Donauländern. ›Großstadtzuschläge‹ muss man natürlich einkalkulieren. Auch in den östlichen Donaustaaten sind die Preise für Hotels gestiegen und entsprechen oft genauso wie die Benzinpreise dem westeuropäischen Niveau. Immer noch günstig sind hier Dienstleistungen und die der öffentlichen Verkehrsmittel. Auch Restaurants und Privatpensionen sind im Vergleich günstig. In einigen Donaustaaten (z. B. Bulgarien) zahlen dagegen Touristen aus dem westlichen Ausland in Museen und Hotels einen höheren Preis als die Einheimischen. Dennoch liegen z. B. die Museumspreise zumeist unter dem westeuropäischen Preisstandard.

Rad fahren

Siehe ›Tipps für Ihren Urlaub‹, S. 53, sowie unter den Stichworten ›Anreise‹, ›Karten‹ und ›Informationsstellen‹.

Radio und Fernsehen

Je weiter gen Osten, desto größer der Fernseher im Hotelzimmer und desto vielfältiger die Programmauswahl. Die aktuellen Frequenzen der Deutschen Welle können über Tel +49/228-4 29 32 08 oder im Internet über www.dw-world.de angefordert werden.

Sicherheit

Wie in allen beliebten Urlaubsregionen sind es vor allem Taschen- und Trickdiebe, die längs der Donau aktiv sind. Wem ein Safe zur Verfügung steht, sollte daher seine Wertsachen dort deponieren. Autofahrer sollten ihre Wagen in Osteuropa möglichst nur auf bewachten Parkplätzen abstellen. Eine eigene Gefahr bilden in Kroatien die Landminen, die in einigen Naturparks noch aus dem Bürgerkrieg von 1991–95 zurückgeblieben sind. Wanderer sollten sich vorab bei den zuständigen Büros über die Situation informieren.

Souvenirs

Von Kunst und Antiquitäten bis zur Markenkleidung und Kosmetik haben die Großstädte an der Donau alles zu bieten. Trachten und Stickereien, Keramiken und vor allem Holzschnitzkunst geben Einblick in die jeweiligen regionalen Traditionen. Allgemein gilt, dass Preise und Qualität der Waren oft besser ›vor Ort‹ als in den Souvenirbasaren der Großstädte sind. Ebenso schmackhafte wie variantenreiche Mitbringsel lassen sich auf den Märkten erstehen: Hier kann man sich aus regionalen Weinen, Schnäpsen, Marmeladen und landesspezifischen Süßigkeiten einen ›Donauerinnerungskorb‹ zusammenstellen.

Sprachen

Aufgrund der gemeinsamen slawischen Wurzeln lassen sich Slowakisch, Serbokroatisch und Bulgarisch mit Russischkenntnissen ein wenig verstehen, vor allem aber die Kenntnis des kyrillischen Alphabetes ist in Serbien und Bulgarien sehr nützlich. Rumänisch können Lateinkundige bzw. Reisende mit Kenntnissen des Italienischen, Französischen, Portugiesischen oder Spanischen oft in Alltagswendungen einigermaßen verstehen, in Ungarn hingegen hat man als Laie – außer über das Finnische – wenig Chancen, von den phonetischen Geheimnissen etwas mitzubekommen.

Telefonieren

Internationale Direktdurchwahl ist von allen größeren Städten längs der Donau möglich. In den östlichen Donaustaaten ist es deutlich günstiger, von Telefonzellen als vom Hotel aus zu telefonieren. In Österreich sind Ferngespräche zwischen 18 und 8 Uhr etwa um ein Drittel billiger. Telefonkarten sind in Hotels, Kiosken, Postämtern oder über die Reiseleitung erhältlich. Verbindungen per Mobiltelefon sind über GSM 900/1800 aus allen Donaustaaten (Kroatien und Moldawien nur über GSM 900) möglich. In den Gebirgsregionen ist der Sende- und Empfangsbereich mitunter eingeschränkt. **Vorwahlen:** Deutschland 00 49, Österreich 0043, Slowakei 00421, Ungarn 0036, Kroatien 00385, Serbien 00381, Bulgarien 00359, Rumänien 0040, Moldau 00373, Ukraine 00380.

Unterkunft

Fast alle Donauländer (Ausnahme Moldawien und Ukraine) geben jährlich ein Unterkunftsverzeichnis heraus, in dem Hotelkategorien, Lage und Ausstattung angegeben werden. Man erhält es über die Fremdenverkehrsämter und Tourismuszentralen.
Hotels, Pensionen und Privatzimmer: 4–5-Sterne-Hotels liegen in allen Donauländern in etwa auf demselben Qualitäts- und Preisniveau. Die vielen neuen Pensionen und Familienbetriebe im 2–3–Sterne-Bereich an der mittleren und unteren Donau bieten komfortabel eingerichtete Zimmer und Bäder sowie guten Service. Die Preise sind hier unter Umständen etwas, aber nicht viel günstiger. Über die örtlichen Tourismusbehörden kann man von der Slowakei bis ans Schwarze Meer auch Privatzimmer buchen.

Ferienwohnungen, Jugenherbergen, Camping: Den Standard, den Jugendherbergen und Campingplätze in Österreich und Deutschland besitzen und der sich auch in der Slowakei und Ungarn allmählich durchsetzt (auch preislich), kann man in den anderen osteuropäischen Donauländern noch nicht voraussetzen. Jugendherbergen an der Donau gibt es Richtung Osten kaum noch. Dafür sind Platzgebühren bzw. das Mieten eines Bungalows, wie es zumeist auf osteuropäischen Campingplätzen üblich ist, deutlich günstiger als im Westen. Immer häufiger stehen nun auch im östlichen Donauraum Ferienhäuser und Appartements zur Verfügung. Beliebt sind die ›Bauernhofferien‹, bei denen die Touristen zwar ihre eigene Unterkunft haben, aber an dem Leben der Familie teilnehmen können.

Verkehrsmittel

siehe Stichwort ›Anreise‹

Zeit

Von Deutschland bis Serbien besteht an der Donau mitteleuropäische Zeit (MEZ). In Bulgarien, Rumänien, Moldawien und in der Ukraine beträgt die Differenz zur MEZ + 1 Std.

Zeitungen und Zeitschriften

An den Flughäfen, Bahnhöfen und in den größeren Hotels und Buchläden sind ausländische Zeitungen und Zeitschriften zu erwerben. In Budapest und Bukarest erscheinen zudem deutschsprachige Wochenzeitschriften.

REGISTER

REISEATLAS

LEGENDE

1 : 1.500.000

0 — 50 km

A 9	Autobahn mit Straßennr. und Anschlussstelle
	Schnellstraße mit Anschlussstelle
E 85	Fernstraße mit Europastr.-Nr.
	Hauptstraße
	Nebenstraße
	Staatsgrenze mit Übergang
	Nationalparkgrenze / Naturpark
900 km	Flusskilometer
	Flughafen; Hafen; Flussfähre
	Sehenswürdigkeit
	Berggipfel; archäologische Stätte
	Kirche; Kloster

A
B
C
1
2
3
4
Schwandorf
Burglengenfeld
Kallmünz
Maxhütte-Haidhof
Bruck
Bodenwöhr
Rötz
Pemfling
Furth im Wald
Cham
Roding
Neukirchen
Kötzing
Nýrsko
Běšiny
Horažďovice
Javorná
Sušice
Železnov
Strakonice
Drahonice
Volyně
Strašin
Lam
Großer Arber
1457 m
Železná Ruda
Regenstauf
Falkenstein
Traitsching
Arnbruck
Drachselsried
Vacov
Stachy
Bavo
Viechtach
Zwiesel
Vimperk
Husinec
Donaustauf
Walhalla
Regensburg
2350 km
2400 km
Ascha
Patersdorf
Kvilda
Prachati
Perasdorf
E 53
Regen
Finsterau
Mötzing
Straubing
Kirchberg
Strážný
Volary
Schierling
Geiselhöring
Deggendorf
Schönberg
Grafenau
Haidmühle
93
Langquaid
2300 km
Hengersberg
Freyung
Horní Planá
Neufahrn
Leiblfing
Plattling
Schöllnach
Tittling
Waldkirchen
Hohenthann
Mengkofen
Pilsting
Ergoldsbach
92
Landau
Osterhofen
Donau
Hauzenberg
Aigen
2250 km
3
Thyrnau
Dingolfing
Eichendorf
Vilshofen
Passau
Wegscheid
Obernzell
Rohrbach
Isar
Landshut
E 53
Frontenhausen
Unterzeitlarn
Fürstenzell
Kraftwerk Jochenstein
NSG Donauleiten
Engelhardtszell
2200 km
Leo
Buch
DEUTSCHLAND
Bad Griesbach
Neuhaus
Moosburg
Geisenhausen
Vilsbiburg
Pfarrkirchen
Schärding
Altenfelden
Mü
Gangkofen
Rott
Schlögen
Pocking
Taufkirchen
Velden
Neumarkt-St. Veit
Eggenfelden
Rotthalmünster
Enzenkirchen
Waizenkirchen
Aschach
Ö
Erding
Tann
Inn
2150 km
Dorfen
Zell
St. Martin
Wilheri
Schwindegg
Mühldorf
94
Braunau
Gurten
Eferding
Isen
Altötting
Grieskirchen
Altheim
E 552
Salzach
A 8
E 552
Waldkraiburg
Alz
Helpfau-Uttendorf
Eberschwang
Gaspoltshofen
Haag
Burgkirchen
Burghausen
St. Johann
Wels
Ebersberg
Inn
Tacherting
Ostermiething
Lambach
A 9
E 60
Dorf
Grafing
Wasserburg
Gundertshausen
Stadl Paura
A 1
Trostberg
Völklabruck
Aßling
Obing
Friedburg
Murchdor
Traunreuth
Mattsee
E 60
Bad Aibling
Schochen
E 57
Bad Endorf
Oberndorf
Zell am Moos
Attersee
Gmunden
Waging
Rosenheim
Chiemsee
Altmünster
Traunstein
A 1
E 55
Scharnstein
E 45
E 52
Prien
Attersee
Traunsee
8
E 52
Freilassing
Grassau
Salzburg
E 60
Bergen
St. Wolfgang
E 60
Aschau
Ostermiething
Ruhpolding
Bad Reichenhall
Totes Gebirge
Bayrischzell
93
Weiße Achen
E 55
Hallein
Bad Ischgl
Win
Berchtesgaden
Bad Goisern
A 10
Kaisergebirge
Landl
Kufstein
Watzmann
Golling
Bad Aussee
A 12
Waidring
2719 m
Abtenau
Steina
E 45
Hallstadt
Bad Mitterndorf
Fieberbrunn
Dachstein
Wörgl
Kirchberg
Kitzbühel
Saalfelden
Werfen
2995 m
Enns
Stein
Hopfgarten
Radstadt
Kitzbühler Alpen
Saalbach
Zell am See
Diennten
Bischofshofen
Schladming
Taxenbach
St. Nikolai
Mittersill
St. Johann im Pongau
E 55
Neukirchen
Piesendorf
Obertauern
Schladminger Tauern
Bad Fusch
Bad Hofgastein
Schöder
Mauterndorf
Großvenediger
3674 m
Großglockner
3798 m
A 10
Badgastein
Tamsweg
St. Michael

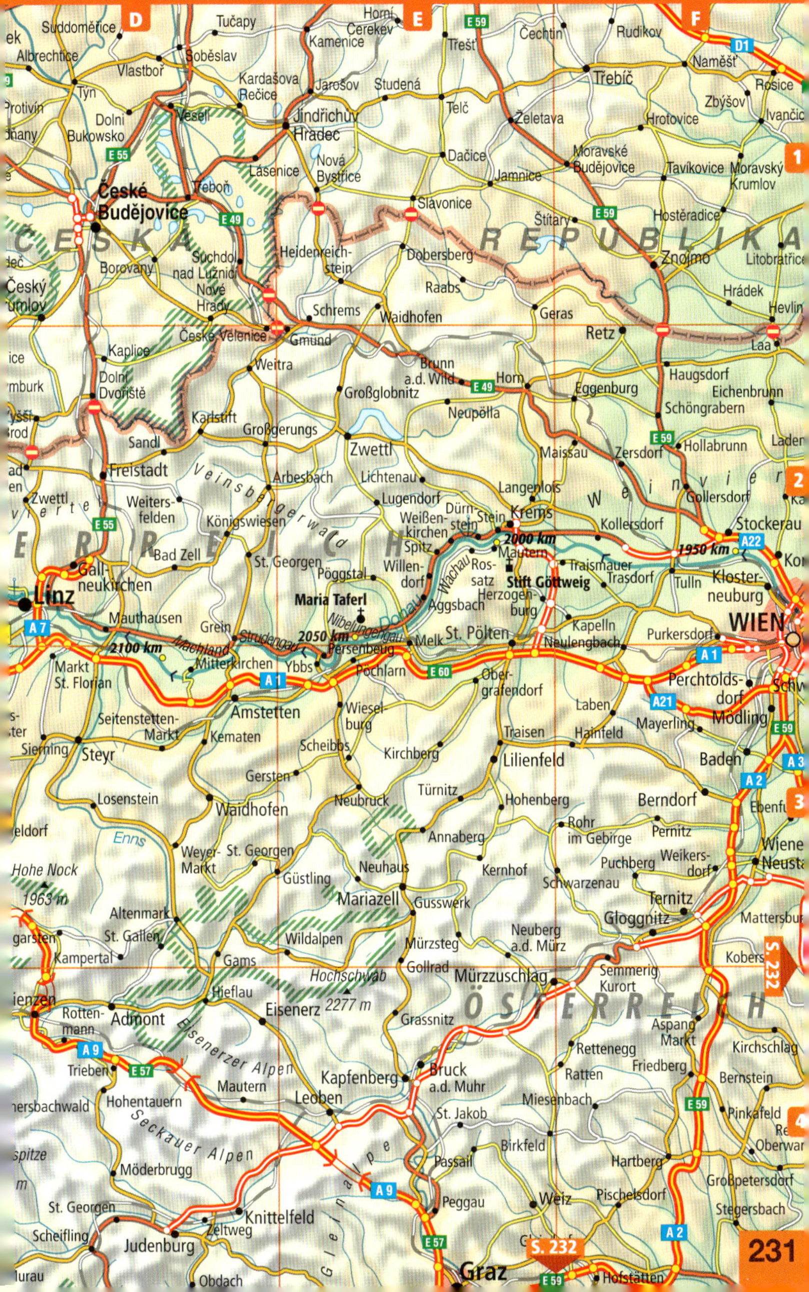
D
E
F
1
2
3
4
Suddoměřice
Tučapy
Horní Cerekev
Kamenice
E 59
Třešť
Čechtín
Rudíkov
D1
Náměšť
Albrechtice
Soběslav
Vlastboř
Kardašova Řečice
Jarošov
Studená
Třebíč
Rosice
Týn
Protivín
Dolní Bukovsko
Veselí
Jindřichův Hradec
Telč
Želetava
Hrotovice
Zbýšov
Ivančic
E 55
Nová Bystřice
Dačice
Moravské Budějovice
Tavíkovice
Moravský Krumlov
Lásenice
Jamnice
Třeboň
České Budějovice
Slavonice
Štítary
E 49
E 59
Hostěradice
ČESKÁ REPUBLIKA
Heidenreichstein
Dobersberg
Znojmo
Litobratřice
Borovany
Suchdol nad Lužnicí
Nové Hrady
Český Krumlov
Raabs
Hrádek
Schrems
Waidhofen
Geras
Hevlín
České Velenice
Gmünd
Retz
Laa
Kaplice
Weitra
Brunn a.d. Wild
E 49
Horn
Haugsdorf
Eichenbrunn
Dolní Dvořiště
Großglobnitz
Eggenburg
Schöngrabern
Neupölla
Karlstift
Großgerungs
E 59
Hollabrunn
Sandl
Zwettl
Maissau
Zersdorf
Freistadt
Arbesbach
Lichtenau
Langenlois
Weinviertel
Veinsberger Wald
Gollersdorf
Zwettl
Weitersfelden
Lugendorf
Dürnstein
Krems
Weißenkirchen
Stein
Kollersdorf
Stockerau
E 55
Königswiesen
Spitz
2000 km
A22
Bad Zell
Mautern
1950 km
Willendorf
Traismauer
Trasdorf
Klosterneuburg
St. Georgen
Rossatz
Tulln
Gallneukirchen
Pöggstal
Wachau
Stift Göttweig
Maria Taferl
Herzogenburg
Linz
Aggsbach
WIEN
Mauthausen
Nibelungengau
Donau
Kapelln
A 7
Grein
Strudengau
2050 km
St. Pölten
Purkersdorf
2100 km
Machland
Persenbeug
Melk
Neulengbach
A 1
Markt St. Florian
Mitterkirchen
Ybbs
Pöchlarn
E 60
Obergrafendorf
Perchtoldsdorf
A 1
A21
Laben
Mödling
Amstetten
Wieselburg
Seitenstetten-Markt
Mayerling
Traisen
Hainfeld
E 59
Kematen
Scheibbs
Sierning
Steyr
Kirchberg
Lilienfeld
Baden
Gersten
A 2
Losenstein
Türnitz
Hohenberg
Berndorf
Waidhofen
Neubruck
Rohr im Gebirge
Pernitz
Enns
Weyer-Markt
St. Georgen
Annaberg
Puchberg
Weikersdorf
Hohe Nock
Güstling
Neuhaus
Kernhof
Schwarzenau
1963 m
Mariazell
Ternitz
Gusswerk
Altenmark
Gloggnitz
St. Gallen
Wildalpen
Mürzsteg
Neuberg a.d. Mürz
Kampertal
Gams
Gollrad
Semmering Kurort
Hochschwab
Mürzzuschlag
S. 232
Hieflau
2277 m
ÖSTERREICH
Rottenmann
Admont
Eisenerz
Grassnitz
Aspang Markt
Eisenerzer Alpen
Rettenegg
Kirchschlag
A 9
Trieben
E 57
Kapfenberg
Bruck a.d. Muhr
Friedberg
Ratten
Bernstein
Mautern
Hohentauern
Leoben
Miesenbach
E 59
St. Jakob
Pinkafeld
Seckauer Alpen
Birkfeld
Oberwart
Passail
Hartberg
Möderbrugg
Gleinalpe
A 9
Großpetersdorf
Pischelsdorf
St. Georgen
Peggau
Weiz
Stegersbach
Knittelfeld
Scheifling
Zeltweg
A 2
Judenburg
E 57
S. 232
Graz
E 59
Hofstätten
Obdach

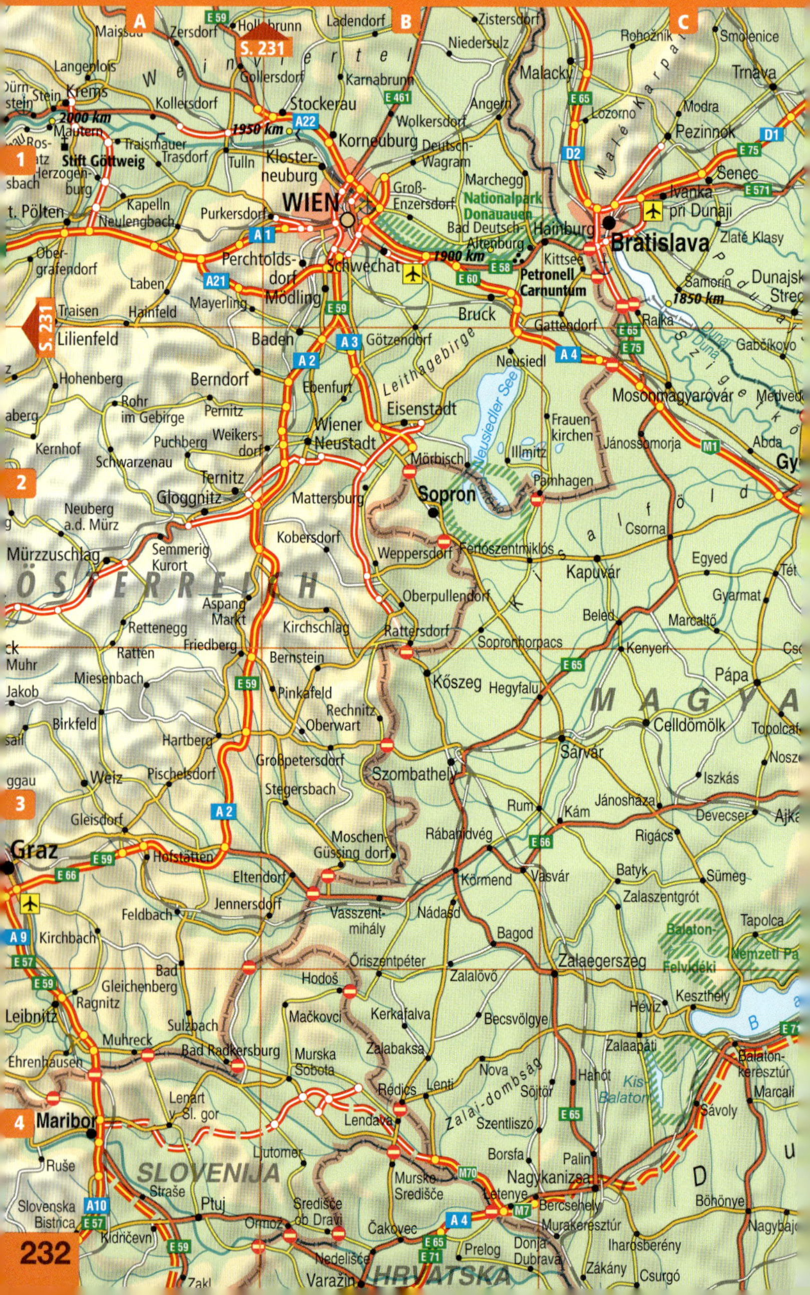
A
B
C
1
2
3
4
S. 231
S. 231
Maissau
Zersdorf
Hollabrunn
Ladendorf
Zistersdorf
Niedersulz
Rohožník
Smolenice
Langenlois
Weinviertel
Gollersdorf
Karnabrunn
Malacky
Trnava
Dürnstein
Stein
Krems
Kollersdorf
Stockerau
Angern
Lozorno
Malé Karpaty
Modra
2000 km
Mautern
1950 km
Wolkersdorf
Pezinok
Traismauer
Korneuburg
Deutsch-Wagram
Senec
Stift Göttweig
Trasdorf
Tulln
Kloster-neuburg
Marchegg
Herzogenburg
Groß-Enzersdorf
Nationalpark Donauauen
Ivanka pri Dunaji
St. Pölten
Kapelln
WIEN
Bad Deutsch-Altenburg
Hainburg
Bratislava
Zlaté Klasy
Neulengbach
Purkersdorf
1900 km
Kittsee
Ober-grafendorf
Perchtoldsdorf
Schwechat
Petronell Carnuntum
Šamorín
Dunajská Streda
Laben
Mödling
Bruck
1850 km
Traisen
Hainfeld
Mayerling
Gattendorf
Rajka
Lilienfeld
Baden
Götzendorf
Leithagebirge
Neusiedl
Szigetköz
Gabčíkovo
Hohenberg
Berndorf
Ebenfurt
Neusiedler See
Mosonmagyaróvár
Medveďov
Rohr im Gebirge
Pernitz
Eisenstadt
Frauenkirchen
Abda
Puchberg
Weikersdorf
Wiener Neustadt
Jánossomorja
Kernhof
Schwarzenau
Mörbisch
Illmitz
Ternitz
Pamhagen
Gloggnitz
Mattersburg
Sopron
Neuberg a.d. Mürz
Kisalföld
Csorna
Kobersdorf
Mürzzuschlag
Semmering Kurort
Weppersdorf
Fertőszentmiklós
Kapuvár
Egyed
ÖSTERREICH
Oberpullendorf
Gyarmat
Aspang Markt
Kirchschlag
Beled
Rettenegg
Rattersdorf
Marcaltő
Friedberg
Sopronhorpacs
Kenyeri
Ratten
Bernstein
Muhr
Kőszeg
Hegyfalu
Pápa
Miesenbach
Pinkafeld
MAGYAR
Birkfeld
Rechnitz
Oberwart
Celldömölk
Hartberg
Sárvár
Großpetersdorf
Szombathely
Weiz
Pischelsdorf
Iszkás
Stegersbach
Jánosháza
Gleisdorf
Rum
Kám
Devecser
Ajka
Moschendorf
Güssing
Rábahidvég
Rigács
Graz
Hofstätten
Batyk
Eltendorf
Körmend
Vasvár
Sümeg
Jennersdorf
Zalaszentgrót
Feldbach
Vasszentmihály
Nádasd
Kirchbach
Bagod
Tapolca
Balaton-felvidéki Nemzeti Park
Bad Gleichenberg
Őriszentpéter
Zalaegerszeg
Hodoš
Zalalövő
Ragnitz
Keszthely
Leibnitz
Mačkovci
Kerkafalva
Hévíz
Becsvölgye
Sulzbach
Muhreck
Zalabaksa
Zalaapáti
Bad Radkersburg
Murska Sobota
Balaton-keresztúr
Ehrenhausen
Nova
Hahót
Kis-Balaton
Marcali
Lenart v. Sl. gor
Rédics
Lenti
Söjtör
Zalai-dombság
Maribor
Lendava
Szentliszló
Sávoly
Ljutomer
Borsfa
Palin
Ruše
SLOVENIJA
Mursko Središće
Nagykanizsa
Straše
Letenye
Slovenska Bistrica
Ptuj
Središće ob Dravi
Bercsehely
Böhönye
Ormož
Murakeresztúr
Nagybajom
Kidričevn
Čakovec
Prelog
Donja Dubrava
Iharosberény
Nedelišće
Zákány
Csurgó
Zakl
Varažin
HRVATSKA
A1
A2
A3
A4
A9
A10
A21
A22
E 57
E 58
E 59
E 60
E 65
E 66
E 71
E 75
E 461
E 571
D1
D2
M1
M7
M70

1 cm = 15 km **1 : 1.500.000**

0 50 km

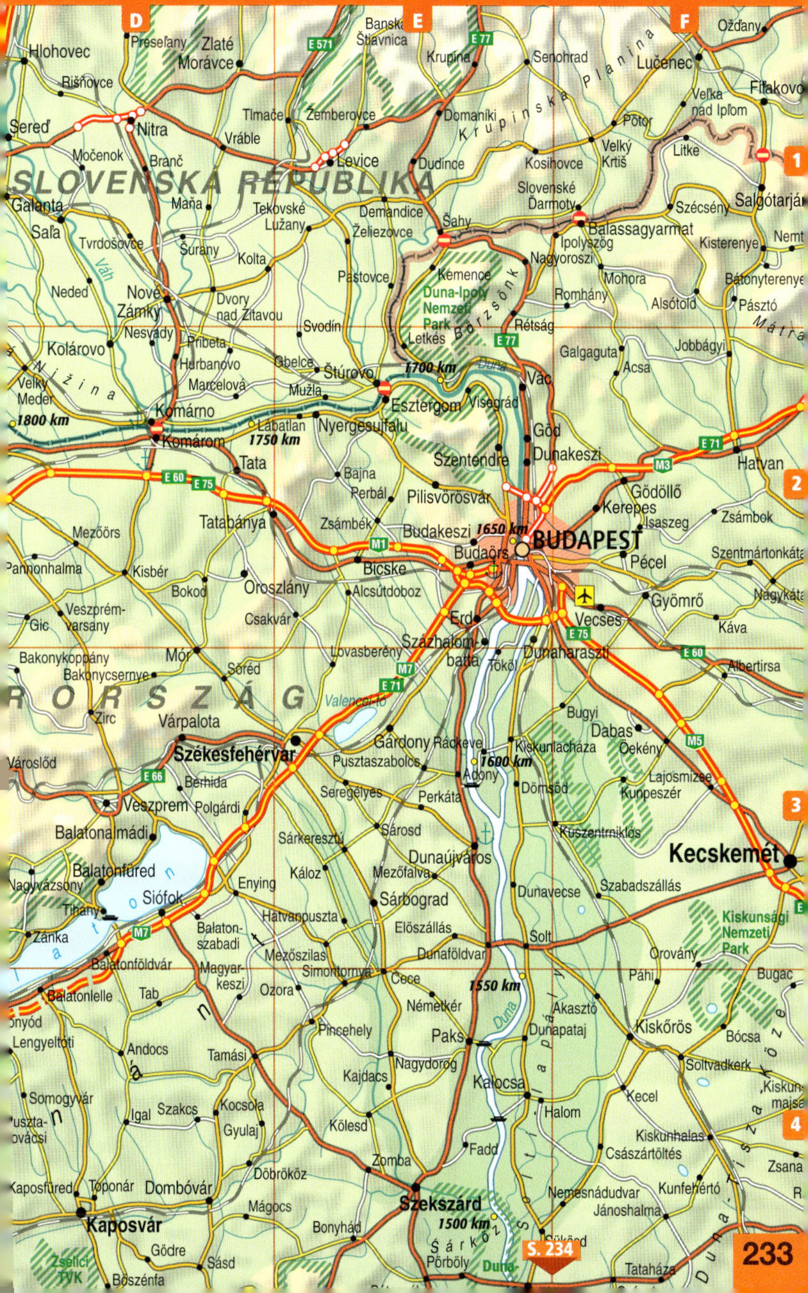

S. 234

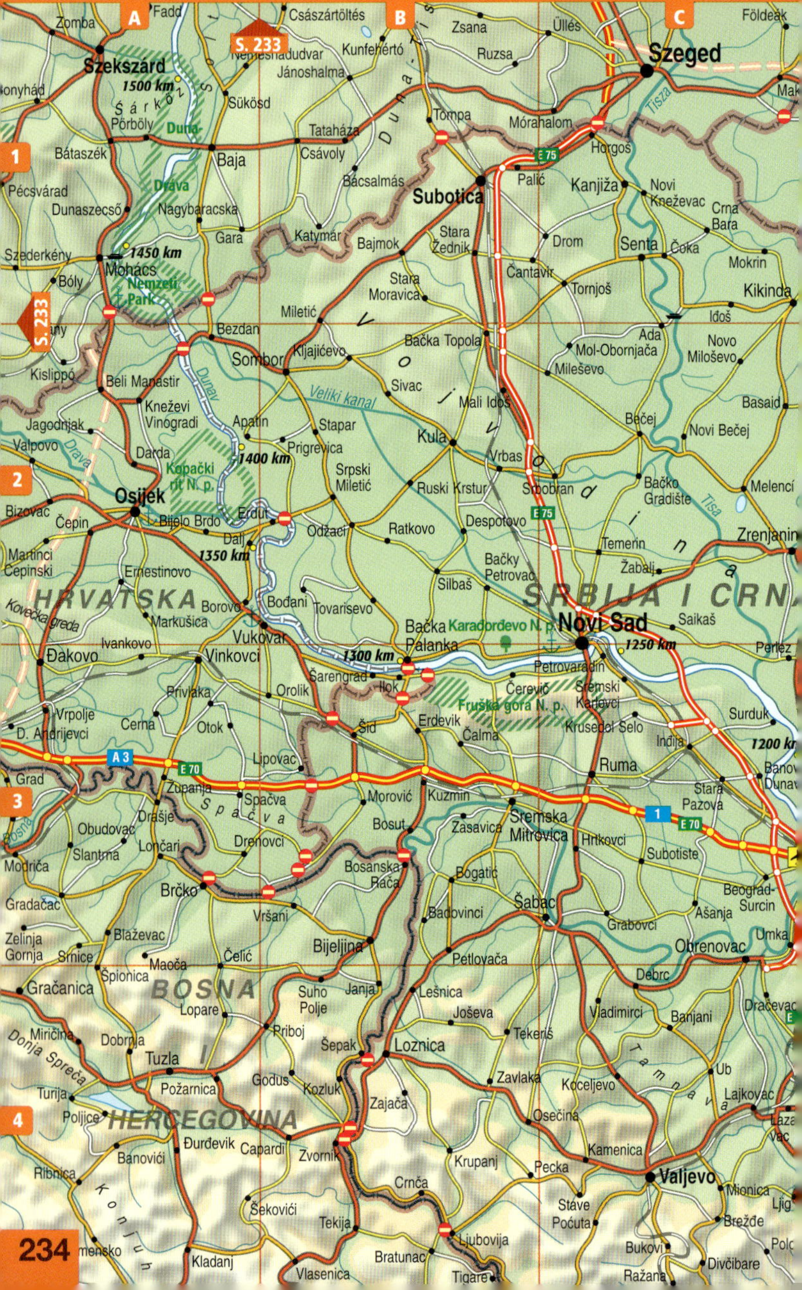
A
B
C
1
2
3
4
S. 233
S. 233
Zomba
Fadd
Császártöltés
Zsana
Üllés
Földeák
Szekszárd
Nemesnádudvar
Kunfehértó
Ruzsa
Szeged
1500 km
Jánoshalma
Bonyhád
Sárköz
Sükösd
Duna-Tisza
Tompa
Mórahalom
Tisza
Mak
Pörböly
Duna
Tataháza
Horgoš
Bátaszék
Baja
Csávoly
E 75
Dráva
Bácsalmás
Subotica
Palić
Kanjiža
Novi Kneževac
Pécsvárad
Dunaszecső
Nagybaracska
Crna Bara
Gara
Katymár
Bajmok
Stara Žednik
Drom
Senta
Čoka
Szederkény
1450 km
Mohács
Čantavir
Mokrin
Bóly
Nemzeti Park
Stara Moravica
Tornjoš
Kikinda
Miletić
Idoš
Bezdan
Ada
Novo Miloševo
Kislippó
Sombor
Kljajićevo
Bačka Topola
Mol-Oornjača
Mileševo
Sivac
Beli Manastir
Veliki kanal
Mali Iđoš
Basaid
Kneževi Vinogradi
Dunav
Vojvodina
Jagodnjak
Apatin
Stapar
Bečej
Novi Bečej
Valpovo
Drava
Darda
Prigrevica
1400 km
Kula
Vrbas
Kopački rit N. p.
Srpski Miletić
Bačko Gradište
Melenci
Osijek
Ruski Krstur
Srbobran
Tisa
Bizovac
Čepin
Bijelo Brdo
Erdut
E 75
Odžaci
Ratkovo
Despotovo
Zrenjanin
Dalj
Martinci Čepinski
1350 km
Temerin
Ernestinovo
Bački Petrovac
Žabalj
HRVATSKA
Silbaš
SRBIJA I CRN
Borovo
Bođani
Tovariševo
Kovačka greda
Markušica
Bačka Palanka
Karađorđevo N. p.
Novi Sad
Saikaš
Vukovar
1250 km
Ivankovo
Perlez
Đakovo
Vinkovci
1300 km
Petrovaradin
Šarengrad
Ilok
Čerević
Sremski Karlovci
Privlaka
Orolik
Fruška gora N. p.
Vrpolje
Cerna
Otok
Erdevik
Krušedol Selo
Surduk
D. Andrijevci
Šid
Čalma
Inđija
1200 km
A 3
Lipovac
Ruma
Grad
E 70
Županja
Stara Pazova
Spačva
Morović
Kuzmin
Bosna
Drašje
Bosut
Sremska Mitrovica
Zasavica
1
E 70
Obudovac
Drenovci
Hrtkovci
Subotište
Modriča
Slantina
Lončari
Bosanska Rača
Bogatić
Gradačac
Brčko
Beograd-Surčin
Badovinci
Šabac
Ašanja
Vršani
Grabovci
Zelinja Gornja
Blaževac
Bijeljina
Umka
Srnice
Obrenovac
Maoča
Čelić
Petlovača
Špionica
BOSNA
Debrc
Gračanica
Suho Polje
Janja
Lešnica
Draževac
Lopare
Vladimirci
Jševa
Banjani
Miričina
Priboj
Tekeriš
Donja Spreča
Dobrnja
Šepak
Loznica
Tuzla
Tamnava
Godus
Zavlaka
Ub
Turija
Požarnica
Kozluk
Koceljevo
Lajkovac
Zajača
Poljice
HERCEGOVINA
Osečina
Đurđevik
Capardi
Zvornik
Kamenica
Banovići
Krupanj
Ribnica
Pecka
Valjevo
Konjuh
Mionica
Crnča
Šekovići
Stave
Počuta
Tekija
Brežđe
Ljubovija
Bukovi
Kladanj
Bratunac
Divčibare
Vlasenica
Tigare
Ražana
Kalesija

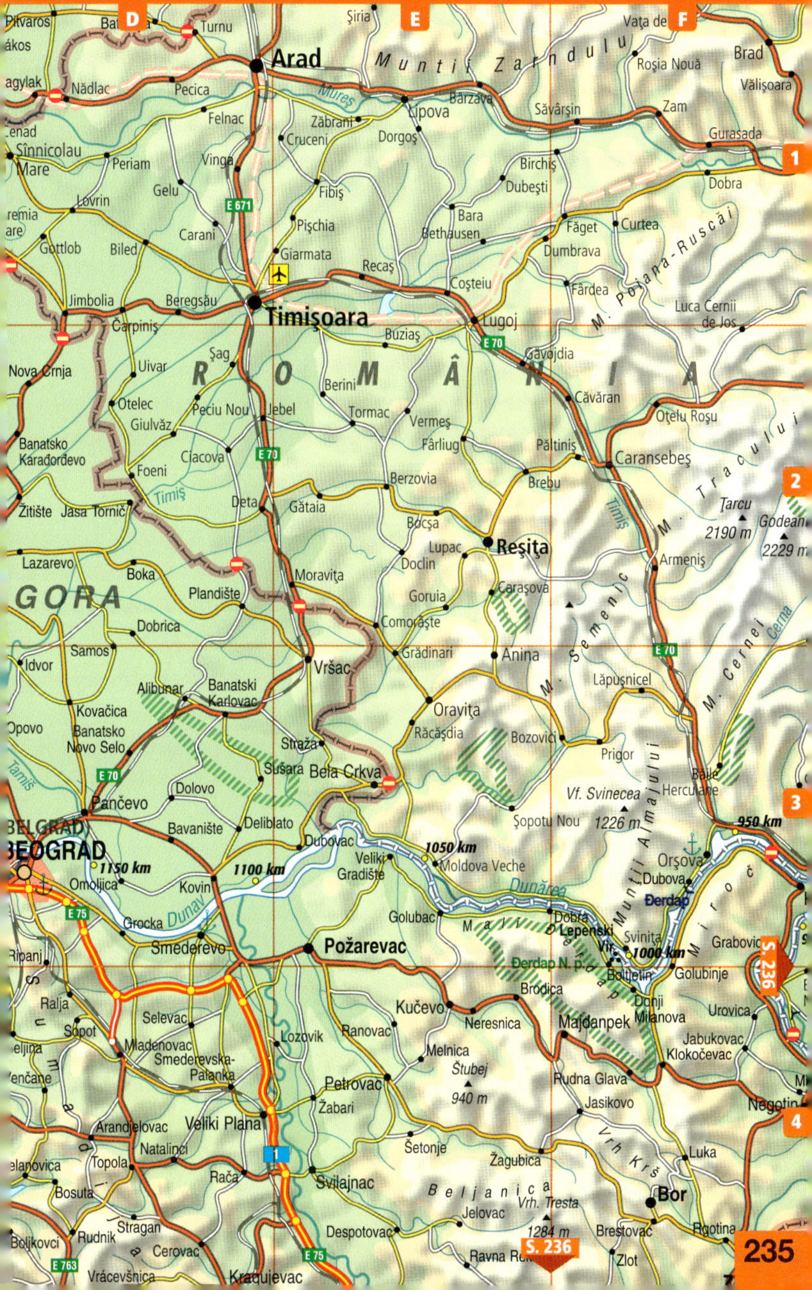
D
E
F
1
2
3
4
Arad
Turnu
Şiria
Vaţa de
Muntii Zarandului
Brad
Roşia Nouă
Vălişoara
Nădlac
Pecica
Mureş
Lipova
Bârzava
Săvârşin
Zam
Gurasada
Felnac
Zăbrani
Cruceni
Dorgoş
Sînnicolau Mare
Periam
Vinga
Birchiş
Dobra
Dubeşti
Gelu
Fibiş
Lovrin
Bara
Făget
Curtea
Carani
Pişchia
Bethausen
Gottlob
Biled
Giarmata
Dumbrava
M. Poiana-Ruscăi
Recaş
Coşteiu
Fârdea
Jimbolia
Beregsău
Timişoara
Luca Cernii de Jos
Lugoj
Buziaş
Cărpiniş
E 671
E 70
Găvojdia
Nova Crnja
Uivar
Şag
ROMÂNIA
Berini
Otelec
Peciu Nou
Jebel
Tormac
Cavăran
Oţelu Roşu
Giulvăz
Vermeş
Fârliug
Păltiniş
Banatsko Karađorđevo
Ciacova
Caransebeş
Foeni
Timiş
Berzovia
Brebu
M. Tarcului
Ţarcu 2190 m
Godeanu 2229 m
Žitište
Jaša Tomić
Deta
Gătaia
Bocşa
Lupac
Reşiţa
Doclin
Armeniş
Lazarevo
Boka
Moraviţa
GORA
Plandište
Goruia
Caraşova
M. Semenic
Comorâşte
Dobrica
Samos
Grădinari
Anina
Idvor
Vršac
Alibunar
Banatski Karlovac
Lăpuşnicel
M. Cernei
Cerna
Kovačica
Oraviţa
Opovo
Banatsko Novo Selo
Răcăşdia
Bozoviči
Straža
Prigor
Tamiš
Sušara
Bela Crkva
Dolovo
Vf. Svinecea 1226 m
Băile Herculane
Pančevo
Muntii Almajului
Şopotu Nou
BELGRAD
BEOGRAD
Bavanište
Deliblato
Dubovac
950 km
1050 km
Veliki Gradište
Moldova Veche
Orşova
Dubova
1150 km
1100 km
Omoljica
Kovin
Dunărea
Đerdap
Dunav
Golubac
Dobra
Lepenski Vir
Miroč
Grocka
Svinita
1000 km
Grabovica
Smederevo
Požarevac
Đerdap N. p.
Boljetin
Golubinje
S. 236
Ripanj
Brodica
Ralja
Kučevo
Donji Milanova
Neresnica
Majdanpek
Urovica
Selevac
Sopot
Mladenovac
Ranovac
Lozovik
Jabukovac
Klokočevac
Smederevska Palanka
Melnica
Štubej 940 m
Rudna Glava
Petrovac
Žabari
Jasikovo
Negotin
Arandjelovac
Veliki Plana
Natalinci
Šetonje
Vrh Krš
Topola
Žagubica
Luka
Rača
Svilajnac
Bosuta
Beljanica
Vrh. Tresta 1284 m
Bor
Jelovac
Stragan
Rudnik
Despotovac
Brestovac
Rgotina
Cerovac
Ravna Reka
Zlot
Boljkovci
Vrăcevšnica
Kragujevac
E 75
E 763
S. 236

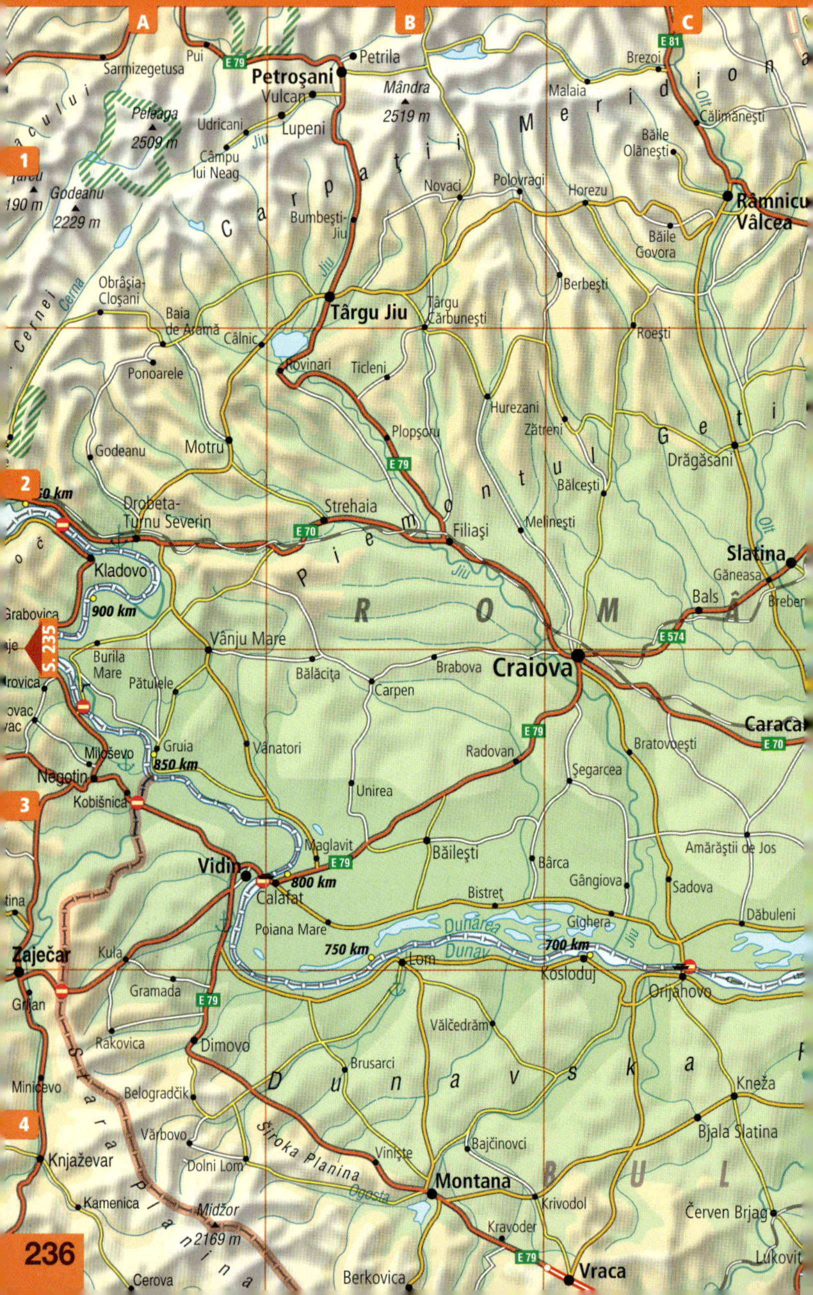
A
B
C
1
2
3
4
Sarmizegetusa
Pui
E 79
Petroşani
Petrila
Vulcan
Lupeni
Udricani
Jiu
Câmpu lui Neag
Peleaga
2509 m
Mândra
2519 m
Malaia
Brezoi
E 81
Olt
Călimăneşti
Băile Olăneşti
Godeanu
2229 m
190 m
Carpaţii Meridionali
Novaci
Polovragi
Horezu
Râmnicu Vâlcea
Bumbeşti-Jiu
Băile Govora
Berbeşti
Obrâşia-Cloşani
Cerna
Baia de Aramă
Câlnic
Târgu Jiu
Târgu Cărbuneşti
Roeşti
Ponoarele
Rovinari
Ticleni
Hurezani
Zătreni
Godeanu
Motru
Plopşoru
E 79
Drăgăşani
Getic
Piemontul
Bălceşti
50 km
Drobeta-Turnu Severin
Strehaia
E 70
Filiaşi
Melineşti
Slatina
Kladovo
Găneasa
Balş
Breben
900 km
ROMÂNIA
E 574
S. 235
Burila Mare
Vânju Mare
Bălăcita
Brabova
Craiova
Pătulele
Carpen
Grabovica
Gruia
Vânatori
E 79
Radovan
Bratovoeşti
Caracal
E 70
Miloševo
850 km
Şegarcea
Negotin
Unirea
Kobišnica
Maglavit
Băileşti
Amărăştii de Jos
Vidin
E 79
Bârca
Calafat
800 km
Gângiova
Sadova
Bistreţ
Poiana Mare
Dunărea
Gighera
Dăbuleni
Dunav
750 km
700 km
Zaječar
Kula
Lom
Kozloduj
Orjahovo
Gramada
E 79
Grljan
Vălčedrăm
Rakovica
Dimovo
Brusarci
Dunavska
Kneža
Minićevo
Belogradčik
Stara Planina
Bjala Slatina
Vărbovo
Knjaževar
Dolni Lom
Široka Planina
Vinište
Bajčinovci
Montana
Ogosta
Krivodol
Kamenica
Midžor
2169 m
Červen Brjag
Kravoder
E 79
Cerova
Berkovica
Vraca
Lukovit

D
E
F
S. 238
Câmpulung
Domnești
Curtea de Argeș
Bălculești
Coșești
Argeș
Mioveni
E 574
E 81
Pitești
Voinești
Dobrești
Topoloveni
Breaza
Câmpina
Fieni
Pucioasa
Moreni
Târgoviște
Dâmbovița
E 60
Băicoi
Măgurele
Boldești-Scăeni
Ploiești
Voinești
Dărmănești
Urlați
Mizil
Amaru
Ciorani
Drăgănești
Cornești
S. 238
1
Vedea
A1
Găești
Titu
Contești
Moara Vlăsiei
E 60
E 85
Afumați
Buftea
Fundulea
Lunca Corbului
Costeșești
Vișina
Tărtășești
Scornicești
Mozăceni
Șelaru
E 81
A1
BUCUREȘTI
(BUKAREST)
Bolintin-Vale
Mihăilești
Frumușani
2
Ungheni
Potcoava
Tătădrăștii de Jos
Siliștea
Roata de Jos
Budești
Tufeni
Argeș
Videle
E 70
E 85
Ghimpați
Călăraș
Comana
Prundu
Dobrotești
N
I
A
Văleni
Olteni
Drăgănești-Vlașca
E 70
Băneasa
Lunca Dunăr
450 km
Drăgănești-Olt
Roșiori de Vede
Radomirești
Toporu
Stăești
Borisovo
Alexandria
Giurgiu
500 km
Ruse
(Russe)
Tetovo
Studina
Slobozia Mândra
Furculești
Putineiu
Vedea
Smârdioasa
3
Piatra
Vetovo
Olt
Turnu Măgurele
Dunărea
Ivanovo
Cai Kalojan
Senovo
Corabia
Orlea
600 km
Zimnicea
550 km
Dunav
E 85
Russenski Lom
E 70
Nikopol
Gigen
550 km
Belene
Svištov
Karamanovo
Guljanci
Opaka
Borovo
a
a
v
n
i
n
Popovo
Bjala
Polski Trămbeš
E 83
Trăstenik
Dolna Mitropolija
Slavjanovo
elovo
Dolni Dăbnik
Kozar Belene
Pleven
Porđim
Levski
Sušica
Stražica
4
E 83
Brestovec
Letnica
Pavlikeni
Antonovo
E 772
A
R
I
A
Dolna Orjahovica
Gorna Orjahovica
Ljaskovec
Beglež
Suhindol
Zlatarica
Loveč
Veliko Tărnovo
Debelec
Ugărčin
Sevlievo
E 772
Drjanovo
E 85
Kilifarevo
Elena

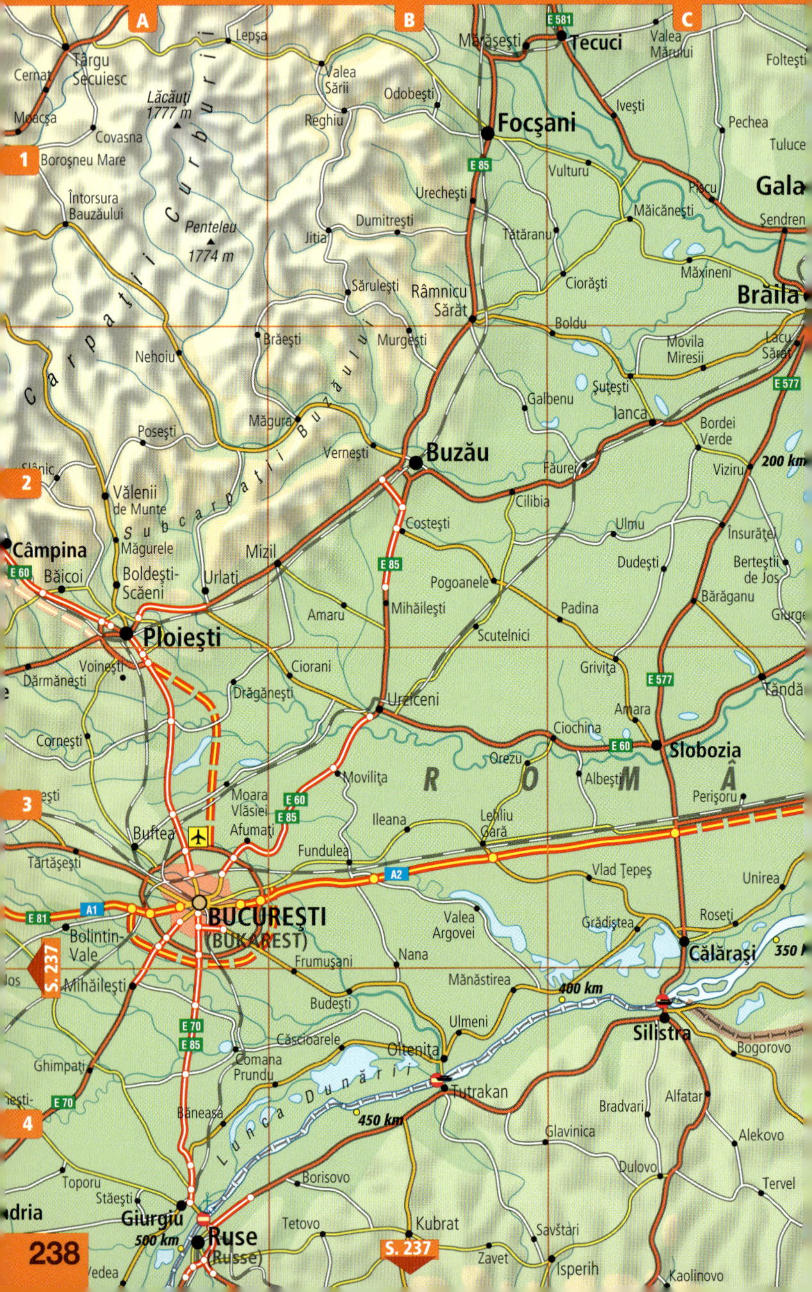
A
B
C
1
2
3
4
E 581
Mărăşeşti
Tecuci
Valea Mărului
Folteşti
Târgu Secuiesc
Cernat
Lepşa
Valea Sării
Odobeşti
Lăcăuţi 1777 m
Moacşa
Covasna
Reghiu
Focşani
Iveşti
Pechea
Tuluce
Boroşneu Mare
E 85
Vulturu
Piscu
Gala
Întorsura Bauzăului
Urecheşti
Măicăneşti
Şendren
Curburi
Penteleu 1774 m
Dumitreşti
Jitia
Tătăranu
Măxineni
Brăila
Săruleşti
Râmnicu Sărat
Ciorăşti
Carpaţii
Boldu
Brăeşti
Murgeşti
Movila Miresii
Lacu Sărat
Nehoiu
E 577
Galbenu
Şuţeşti
Ianca
Bordei Verde
Poseşti
Măgura
Subcarpaţii Buzăului
Verneşti
Buzău
Făurei
Viziru
200 km
Slănic
Vălenii de Munte
Cilibia
Costeşti
Ulmu
Însurăţei
Câmpina
Măgurele
Mizil
Dudeşti
Berteştii de Jos
E 60
Băicoi
Boldeşti-Scăeni
Urlaţi
E 85
Pogoanele
Bărăganu
Amaru
Mihăileşti
Padina
Giurgeni
Ploieşti
Scutelnici
Voineşti
Dărmăneşti
Ciorani
Griviţa
E 577
Ţăndărei
Drăgăneşti
Urziceni
Amara
Corneşti
Ciochina
E 60
Slobozia
Orezu
Movila
Albeşti
Perişoru
R
O
M
Â
Moara Vlăsiei
E 60
E 85
Ileana
Lehliu Gară
Afumaţi
Buftea
Fundulea
Tărtăşeşti
A2
Vlad Ţepeş
Unirea
A1
E 81
BUCUREŞTI (BUKAREST)
Valea Argovei
Grădiştea
Roseţi
Bolintin-Vale
Călăraşi
350 km
Frumuşani
Nana
S. 237
Mihăileşti
Mănăstirea
400 km
Budeşti
Silistra
E 70
E 85
Ulmeni
Căscioarele
Bogorovo
Olteniţa
Ghimpaţi
Comana
Prundu
Lunca Dunării
Tutrakan
Alfatar
Bradvari
E 70
Băneasa
450 km
Glavinica
Alekovo
Dulovo
Toporu
Borisovo
Tervel
Stăeşti
Giurgiu
Tetovo
Kubrat
Savştari
500 km
Ruse (Russe)
S. 237
Zavet
Isperih
Kaolinovo

D
E
F
1
2
3
4
Vulcăneşti
Bolhrad
E 87
Pryocerne
Suvorove
MOLDOVA
U K R A J I N A
Slobozia Mare
Krynyčne
Kilija
Vylkove
Oz. Katlabuch
Chilia Veche
Periprava
E 87
E 577
Ozero Jalpuh
50 km
Căşliţa
Reni
0 km
Izmajil
Ozero Kahul
D e l t a D u n ă r i i
150 km
100 km
0 km
Novosil's'ke
Parcul Naţional Delta Dunării
Dunaj
Maliuc
Sulina
Crişan
E 87
Dunărea
100 km
Măcin
Isaccea
50 km
Ţutiatul
Tulcea
Uzlina
457 m
Cataloi
Sfântu Gheorghe
Murighiol
Balta Brăilei
Agighiol
Cerna
Nalbant
Horia
Lacul Razim
Dorobanţu
Babadag
Topolog
Podişul Dobrogei
Junlovca
Baia
Saraiu
Casimcea
Lacul Sinoie
Histria
Hârşova
E 87
250 km
Pantelimon
Săcele
Făcăeni
Crucea
E 60
Capidava
Č o r n e M o r e
Stelnica
Mihail Kogălniceanu
Năvodari
Mamaia
A2
Cernavodă
Feteşti
300 km
Medgidia
Ovidiu
Constanţa
Dunărea
Basarabi
Eforie Nord
Aliman
Techirghiol
Adamclisi
Topraisar
Cobadin
Şipotele
E 675
Băneasa
Olimp
Comana
Mangalia
Rosica
Coto Văii
Negru Vodă
Kruşari
Durankulak
Spasovo
E 87
General Toševo
Paskalevo
Šabla
Karapelit
Konare
Dobrič
Vranino
E 675
Senokus
Kavarna

Abbildungsnachweis

AKG (Berlin): S. 178
Arbeitsgemeinschaft Straße der Kaiser und Könige (Linz): S. 2/3, 34, 44/45, 52, 66/67, 72, 98 (Spitter, Wilkin)
Bilderberg (Hamburg): S. 164, 182 (Drexel, Rainer), 168/169, 174 (Ernsting, Thomas), 48 (Heimann, Jörg), 8, 119, 209, 210/211, 212 (Jakob, Angelika), 130 (Kallay, Karol), 60, 113 (Madej, Hans), 26, 113 (Wirtz, Manfred)
Eickhoff, Matthias (Münster): S. 136
f1 online (Frankfurt/M.): S. 10, 201 (Austrophoto), 69 (Schwind, Herbert)
Freyer, Ralf (Freiburg): S. 14, 57, 143, 154
Hackenberg, Rainer (Köln): S. 163
HB-Verlag (Ostfildern): S. 186, 192/193, 205 (Schulze, Tom)
Huber (Garmisch-Partenkirchen): S. 161 (Cogoli, Franco), 89 (Mehlig, Manfred), 198 (Pinn, Matthias), 215 (Schmid, Reinhard), 101 (Simeone, Giovanni)
laif (Köln): S. 146/147 (Barth, Theodor), 47, 116, 144, 151, Umschlagklappe vorn (Hahn, Paul), 42, 111 (Huber, Gernot), 58 (Jung, Matthias), 105 (Krause, Axel)
Look (München): S. 23 (Erber, Hermann), 216 (Pompe, Ingolf)
Oberösterreich Werbung GmbH (Linz): S. 86/87 (Himsl, Leo)
Passau Tourismus e.V.: S. 77, 78
Picture-alliance/dpa (Frankfurt/M.): Titelbild (Sea Cloud Cruises)
Schapowalow (Hamburg): S. 126/127 (Atlantide), Umschlagklappe hinten (SIME)
Tourismusverband Linz: S. 38, 93 (Röbl, Marie)
Tourismusverband Ostbayern (Regensburg): S. 1, 55
transit (Leipzig): S. 31, 37, 158, (Schulze, Tom)
Werbegemeinschaft Donau Oberösterreich (Linz): S. 51 (Weissenbrunner, Reinhold)

Abbildungen

Titelbild: Flusskreuzfahrtschiff bei Passau
Umschlagklappe vorn: Budapest, Kettenbrücke
Umschlagklappe hinten: Kloster Melk
Vignette S. 1: Donaunixe bei Thyrnau
Seite 2/3: Blick auf Dürnstein

Kartografie

DuMont Reisekartografie, Puchheim
© MAIRDUMONT, Ostfildern

Dank

Herzlichen Dank an die vielen Menschen, die mir auf und an der Donau freundlich und hilfsbereit begegnet sind, sowie an die Lektoren, Frau Waleczek und Herrn Konze, die das Buch vorm ›Ausufern‹ bewahrten. Dank auch an meine Familie, die mein ›Auf- und Abtauchen‹ während des Projekts ausgehalten hat.

1. Auflage 2006

Grafisches Konzept: Groschwitz, Hamburg
Druck: Rasch, Bramsche
Buchbinderische Verarbeitung: Bramscher Buchbinder Betriebe